# Los cinco elementos

DONDI DAHLIN

# Los cinco elementos

*Compréndete y mejora tus relaciones*
*con la sabiduría del sistema de personalidad*
*más antiguo del mundo*

Prólogo de Donna Eden

EDICIONES OBELISCO

**Colección Psicología**
Los cinco elementos
*Dondi Dahlin*

1.ª edición: septiembre de 2018

Título original:
*The five elements: understand yourself and enhance your relationships
with the wisdom of the world's oldest personality type system*

Traducción: *Juan Carlos Ruíz Franco*
Corrección: *M.ª Ángeles Olivera*
Maquetación: *Juan Bejarano*
Diseño de cubierta: *Enrique Iborra*

Fotografías de Narrative Images Photography
www.narrativeimagesphoto.com

© 2016, Dondi Dahlin
Edición publicada por acuerdo con TarcherPerigee,
sello editorial de Penguin Publishing Group, división de Penguin Random House LLC.
(Reservados los derechos)
© 2018, Ediciones Obelisco, S. L.
(Reservados los derechos para la presente edición)

Edita: Ediciones Obelisco, S. L.
Collita, 23-25 - Pol. Ind. Molí de la Bastida
08191 Rubí - Barcelona - España
Tel. 93 309 85 25 - Fax 93 309 85 23
E-mail: info@edicionesobelisco.com

ISBN: 978-84-9111-382-9
Depósito Legal: B-21.271-2018

*Printed in Spain*

Impreso en España en los talleres gráficos de Romanyà/Valls, S. A.
Verdaguer, 1 - 08786 Capellades (Barcelona)

*Dedico este libro a mi padre, Raymond «Don» Dahlin, que era un madera/fuego/agua. Como republicano conservador y agnóstico, habría pensado que este libro es «entretenido pero no científico», y aun así me habría animado a escribirlo. Su nombre forma parte de mi nombre y he heredado su elemento madera, que me ha ayudado a escribir este libro y a alcanzar mis objetivos. Mi elemento agua intenta dar sentido a su muerte cada día de mi vida.*

*Te quiero, papá. Yo soy dos mitades de ti y de mamá; dos de los más carismáticos e increíbles seres humanos que el mundo ha conocido.*

*Estoy bendita.*

# Prólogo

NINGUNA COSA NOS HACE VER QUE ES MÁS evidente que cada uno somos una combinación única de fuerzas internas que tener un segundo hijo. Para mí, comenzó durante el embarazo. Mi primera hija, Tanya, parecía el modelo de la dulce amabilidad. Nunca tuvo pataletas. Fue como si estuviera conectada con mis necesidades y quisiera adaptarse a ellas. Cuando yo estaba acostada, ella se movía de forma que se acomodaba a mi nueva posición. Incluso sus patrones de sueño coincidían con los míos. Esperaba que mi segundo embarazo fuera similar. ¡Me llevé una gran sorpresa! Para empezar, los patrones de sueño de Dondi nunca coincidieron con los míos. Cuando me quedaba dormida, sus diminutas manos empezaban a moverse de forma fuerte y deliberada. Yo solía bromear con que tenía una pequeña jugadora de baloncesto que regateaba allí dentro. En lugar de intentar adecuarse a mis necesidades, era evidente que este bebé tenía sus propios tiempos, una individualidad distinta que no se domesticaría siendo tan diminuta y al estar confinada en un oscuro espacio tan ajustado.

Al intentar averiguar cómo dos hijas que nacieron con la misma herencia genética, e incluso pertenecían al mismo signo astrológico (nacieron con tres años de diferencia el mismo día, el 30 de septiembre), podían ser tan diferentes, obtuve el beneficio de poder basarme en tantos sistemas psicológicos y espirituales que intentaban dar sentido a las diferencias humanas. Ninguno me ha sido más útil que el más antiguo de ellos, la teoría china de los cinco elementos, que Dondi (la que no se domesticó) explica muy bien en este libro.

Comprender los cinco elementos es como tener un par de gafas especiales que nos permiten curiosear en las profundas obras de lo que vemos en la superficie. Podemos ser testigos de dos personas que fluyen juntas como un equipo o que luchan como enemigos, pero eso nos aporta conocimiento sobre lo que les mueve. El sistema de los cinco elementos nos proporciona ese conocimiento.

Los cinco elementos se esquematizaron hace más de dos mil años gracias a los médicos chinos que clasificaron toda la vida en cinco elementos, cinco fases o cinco estaciones. Este modelo fue la base para comprender cómo funciona el mundo, cómo se organizan las sociedades y qué necesita el cuerpo humano para conservar la salud. Es un elegante marco de referencia para apreciar con simpatía el carácter, el temperamento, los ciclos y las enfermedades del ser humano.

El libro que el lector tiene entre sus manos ofrece una maravillosa introducción a este sistema profundamente sofisticado, aportando una visión de cada uno de los cinco elementos, de forma que podamos empezar a identificar nuestro elemento primario (o combinación), los elementos de los demás y aprender cómo este conocimiento puede ofrecernos más equilibrio, eficacia y felicidad en nuestra propia vida.

El nombre del sistema chino suele traducirse como los «cinco elementos», porque los antiguos pictogramas describían lo familiar, concreto y observable: los elementos de agua, madera, fuego, tierra y metal. Pero no nos engañemos. Como el lector verá en este dinámico libro, el sistema siempre se ha concentrado en *procesos* naturales, no en la naturaleza en sus formas estáticas (la traducción literal es «los cinco paseos» o «los cinco movimientos»). Como aclara Dondi, el elemento del agua se corresponde con la estación del invierno; la madera con la primavera; el fuego con el verano; la Tierra con el tiempo del solsticio o equinoccio, y el metal con el otoño.

Aunque cada uno de nosotros contenemos los cinco elementos, uno de ellos, o una combinación particular de dos o tres, será predominante. Vibrarás más fácilmente con la gente, los ambientes y las actividades cuyo elemento se corresponda con el tuyo propio. No serán más difíciles para ti, pero serán enriquecedores en potencia, porque su influencia te expandirá.

Empecé a enseñar a mis hijas los cinco elementos cuando eran adolescentes, y estuvieron más expuestas de manera indirecta a estas enseñanzas cuando eran más jóvenes, como una forma de entender a la gente e incluso prosperar en este mundo. Yo había visto la energía de los elementos en las personas durante toda mi vida y sentía cinco personalidades distintas en la gente. E incluso, aunque enseñé sistemas energéticos y medicina energética desde 1977, no aprendí por completo el sistema real de los cinco elementos hasta que estudié con una maestra acupuntora, Nancy Post, en 1988, quien me enseñó a utilizar los cinco elementos de un modo estratégico en mi puesto de trabajo. Nancy me presentó los términos agua, madera, fuego, tierra y metal para las energías que yo siempre había sentido. Los cinco elementos pronto se convirtieron en la conversación más habitual e interesante en nuestro hogar. Estaba impresionada por la compresión de Dondi sobre lo útil que podía ser el sistema cuando, durante sus veintitantos años, se integró con un fuerte interés en el teatro y el cine: ella y su hermana analizaron una producción de acuerdo con los elementos de los personajes y los de los actores y actrices que representaban a esos personajes. Podían explicar lúcidamente lo que el actor tenía que hacer para apartarse de su propio elemento y captar el elemento del papel que representaba. Fueron fascinantes charlas que mostraron una increíble y profunda compresión de los cinco elementos. Y el lector puede obtener el beneficio de todo ese análisis, porque el libro explica los elementos de varias personas bien conocidas para ilustrar algunos de sus principios clave.

Los elementos explican dos aspectos muy distintos de la experiencia humana, lo que los convierte en un sistema exquisito. En primer lugar, está tu naturaleza básica. Las energías de cada persona están caracterizadas por uno de los elementos o una mezcla personal de dos o tres de ellos. En segundo lugar, tenemos que, en el ciclo de la vida humana, viajamos por períodos o fases que son análogos a los elementos (o las estaciones de la naturaleza) en tiempo, intensidad y función, y cada uno dura en principio años. Lo que es digno de señalar, como el lector descubrirá en este libro, es que la misma lente, el esquema proporcionado por el sistema de los cinco elementos, ofrece un profundo conocimiento de cada uno de estos aspectos divergentes del viaje humano.

Entonces, ¿cómo Dondi, la jugadora de baloncesto embrionaria, llegó a escribir este libro? En el vientre mostraba las cualidades del elemento madera. Los madera son reflexivos. No suprimen su expresión individual. Son fuerzas a tener en cuenta. En lugar de mover los puños, devuelven el golpe. Y, sin duda, como persona adulta, Dondi tiene muchas de las cualidades de un elemento madera fuerte. Pero estas cualidades no eran evidentes en su niñez. No obstante, aunque tenía todos los indicios de ser un madera mientras estaba en mi vientre, sus primeros años se caracterizaron por los elementos tierra y agua. Recordemos que todos contenemos los cinco elementos. El elemento que predomina en un momento concreto del tiempo, aunque siempre refleja nuestra naturaleza básica, puede estar fuertemente influido por la situación o por dónde se encuentre uno en su ciclo vital.

El elemento madera de Dondi sí se expresó en las cualidades de la justicia y la ecuanimidad, aunque principalmente era su elemento tierra el que se expresaba en sus primeros años como una niña dulce, emocional, compasiva y amable. Pero quizás porque era también la más pequeña y una de las más jóvenes de todos los sobrinos que jugaban juntos, exhibió el elemento agua (el primer elemento del ciclo y, por tanto, apropiado para los más pequeños), en ocasiones siendo propensa a quejarse y a sentir pena de sí misma. Pero ni los quejidos ni ser siempre dulce funcionaba muy bien en su caso, y en el momento en que cumplió once años, sus otras cualidades madera, que parecían haber estado dormidas desde que nació, se pusieron de manifiesto. Casi de la noche a la mañana, se convirtió en decidida, lógica y determinada.

Estos potenciales siempre estaban ahí, como yo sabía por mi embarazo, pero para activarse parecían requerir que surgieran situaciones en su vida que reclamaran las cualidades madera. Por ejemplo, la habitación de Dondi estaba siempre desordenada. Después, un día ordenó su habitación y la limpió por completo. Barrió, pasó la aspiradora, colgó la ropa y puso todo en su sitio correcto. Ese día anunció a la familia: «¡He limpiado mi habitación y nunca volverá a estar desordenada!». Ahora, más de treinta años después, sigue teniendo un ambiente meticuloso allá donde vive. Cumplió su promesa: nunca más volvió a ser desordenada. Ésa es la determinación de un madera.

Con esa determinación llegó la capacidad de sobresalir. En la universidad logró el primer lugar en charla expositora en Estados Unidos. Su interés por la actuación la llevó a convertirse en un brillante miembro del Gremio de actores de la pantalla, a lograr una etapa destacada y a intervenir en películas, donde aplicó su conocimiento de los elementos. Luchó durante dos años para que su casa fuera considerada histórica, e incluso la defendió en los tribunales, un papel que suele estar reservado para los abogados y los conservacionistas históricos. También le encantaba la danza y destacó como bailarina profesional y profesora de formas de danza polinesia y de Oriente Medio, lugares donde bailó; fue una celebridad en Estados Unidos y ganó el prestigioso premio Belly Dancer [bailarina del vientre] en una competición mundial. Su formación en danza era una de las muchas formas con que llegó a comprender y aplicar el sistema de los cinco elementos, al haber desarrollado con su hermana una asombrosa clase que enseña los cinco elementos mediante la danza del vientre. Cada día de esta clase de cinco días, que Dondi y Tanya llevan enseñando cerca de dos décadas en lugares distinguidos como el Instituto Omega, los estudiantes se sumergen en uno de los elementos y aprenden los ritmos, la música, el vestuario, la historia, la cultura y los movimientos de la danza del vientre que expresan ese elemento.

Puesto que Dondi y Tanya crecieron conmigo inmersas en los cinco elementos, llevan el sistema en su sangre. Y del mismo modo estoy encantada de que Tanya haya aportado el epílogo al libro de Dondi, y me siento profundamente honrada y orgullosa de escribir este prólogo. Estás a punto de recibir un regalo.

DONNA EDEN
Abril de 2016
Waikoloa, Hawái

# MI VIDA CON LOS CINCO ELEMENTOS

MI AMIGA KELLY HABÍA estado intentando encontrar pareja en páginas web de solteros. Me dijo que hay muchas preguntas en de formación de parejas sobre gustos, cosas que no gustan, deseos y el empleo y la familia de una persona que en realidad no dicen mucho sobre ella. Por ejemplo, las páginas web de solteros no te dicen cómo se comporta la persona bajo una situación de estrés. Ésta puede ser la clave más importante para una relación, y es tal vez la principal razón de las rupturas y los divorcios: porque las personas se comportan de forma distinta con estrés, y muchas veces no pueden ponerse de acuerdo. Kelly decía: «Me gustaría poder entrar en uno de esos sitios, decir que soy principalmente del tipo agua/tierra, y hacer saber a todo el mundo lo que significa eso. Entonces encontraría mi alma gemela con mucha más rapidez y, sin duda, estaríamos juntos durante el resto de nuestras vidas.

# Lograr confianza y claridad con la ayuda de un antiguo sistema

Los cinco elementos han formado parte de mi vida cotidiana desde que era una adolescente. Mi madre me crio a mí y a mi hermana para que fuéramos por la vida comprendiendo cómo el agua, la madera, el fuego, la tierra y el metal se manifiestan en el mundo y en las personas, y este entendimiento me ha ayudado de verdad a convertirme en quien soy hoy. He aprendido a tener paciencia, conocimiento y comprensión de las personas cuando el estrés, la rabia y la frustración podían robarme lo mejor de mí. Mi profundo conocimiento de este sistema ha fortalecido mi capacidad para llevarme bien con los demás en lugar de dejar que los detalles esenciales de la vida me pusieran en dificultades. Me ha ayudado a negociar en situaciones engañosas en el trabajo y en fases incómodas de mis relaciones, así como a descubrir una profunda y duradera confianza en mí misma.

## Crecer con los cinco elementos

Mi madre, Donna Eden, nos enseñó a mí y a mi hermana los cinco elementos cuando éramos jóvenes. Dijo que nunca nos fallarían. Como sanadora de fama mundial que puede ver las energías del cuerpo (oscuridad y luz, flujo [bienestar] y ausencia de flujo [enfermedad]), sabía de lo que estaba hablando. Mi madre tiene un tipo de visión de rayos X que le permite percibir no sólo las vibraciones y la energía de los cuerpos de las personas, incluidos sus órganos y sus huesos, sino también las vibraciones y la energía de sus corazones y sus almas. Ella no puede recordar ningún momento en que no pudiera ver, sentir, conocer y experimentar los «ritmos» de las personas y sus elementos primarios de agua, madera, fuego, tierra y metal. Más tarde, cuando ya era una persona adulta, conoció a profesores que le enseñaron el sistema formal de los cinco elementos que se describe en los textos de medicina china y que es fundamental para la medicina china tradicional. Sólo entonces se dio cuenta de lo que siempre había estado experimentando. Actualmente, mamá enseña medicina energética Eden por todo el mundo, un método de sanación desarrollado por ella, basado en nueve sistemas energéticos del cuerpo. Los cinco elementos es uno de esos sistemas.

Ahora, mi hermana y yo trabajamos en estrecha colaboración con nuestra madre cuando viaja por todo el mundo impartiendo seminarios para enseñar y sanar personas. Pero cuando yo era adolescente y una mujer joven, me sentía perpleja por lo diferentes que éramos las tres. Nuestra madre nació con una doble bendición, pero también con una carga espiritual: no sólo puede sanar personas (y saber que nació para sanar personas), sino que también es una combinación tierra/fuego. Los tipos tierra fuertes se ven impulsados desde lo más profundo a servir a la gente y darlo todo para asegurase de que la gente es feliz y que reside la paz en sus corazones. Si los tierra no dedican su tiempo a hacer sentirse bien a la gente, no se sienten bien en la vida. Cuidar de sí mismos siempre queda en un segundo plano. Igual que los tierra, los fuego también aman a la gente, y les encanta sentir alegría y placer. Si pueden reunir a todo el mundo a su alrededor para sentir la misma alegría que ellos sienten, entonces su vida es maravillosa.

Pero esta apremiante necesidad de dar, ayudar y sanar tiene también un inconveniente. La urgencia de mamá por reconfortar y ayudar a la gente procede de un lugar profundamente espiritual que ha tenido desde que nació, y no puede desconectarse mediante la lógica. Mamá llevaba a la gente a nuestra casa y le ofrecía dinero, comida y todo lo que pedían, incluso aunque fueran completos extraños y nosotros no tuviéramos mucho dinero en principio. Como adolescente empecé a moverme con fuerza en mi elemento madera, y descubrí que estaba enfadada y frustrada. Estaba empezando a formarme las poderosas opiniones que se suelen tener al ser un madera. Una de estas opiniones era que la gente debía hacerse responsable de sí misma. Además, a comienzos de la década de 1980, vivíamos con cupones de alimentos y trozos de queso, así que, ¿cómo podíamos meter a completos extraños en nuestra casa y darles nuestra valiosa comida?

Cuando yo era joven no entendía la tierra/fuego de mi madre. Como madera, mi tendencia era pensar que la gente que hacía el bien debía ser recompensada, y la gente que no lo hacía debía ser castigada. Cuando pude entender mejor los cinco elementos, me di cuenta de que para los tierra es una verdadera tortura no ayudar a los demás. No pueden soportar el dolor de ver a alguien sufrir o luchar. He visto a tipos tierra (incluida mi madre) marchitarse y debilitarse si su capacidad para servir a las personas o a los animales se veía coartada o impedida de algún modo. Mi madre y los cinco elementos me enseñaron que no es justo juzgar ni ver el mundo en blanco y negro, nunca.

Al crecer también vi que mis amigos no tenían un sistema como los cinco elementos para explicar o despersonalizar los eventos vitales normales pero complicados. Todos experimentamos los divorcios de nuestros padres, la presión del grupo, los confusos arrebatos hormonales y las primeras relaciones sentimentales. Cuando los padres empezaban a divorciarse (como hicieron los míos), mis amigos lloraban en el colegio. Parecían estar perdidos. El divorcio nunca está libre de dolor, pero yo parecía tener más espacio en mí misma para aceptar el divorcio de mis padres porque estaba familiarizada con los cinco elementos. Entendí que la tierra de mi madre y la madera de mi padre reñían (*véase* «Pulsadores de botones», en el capítulo 6). Cuando mi padre se enfadaba o incluso se enfurecía, yo veía que era un estresado tierra/fuego. No sólo procedían de diferentes generaciones con distintos valores, sino que sus elementos eran diversos, y debido a esto no podían razonar el uno con el otro y ser una pareja feliz los dos juntos.

## ¿Eres equilibrado o desequilibrado?

En este libro hablamos sobre el equilibrio y el desequilibrio, y lo que significa ser un agua, madera, fuego, tierra o metal equilibrado. Dicho en términos sencillos, el equilibrio es la armonía de nuestro cuerpo y nuestra mente. Tener equilibrio no consiste en aceptar tener problemas emocionales, mentales, espirituales o psicológicos. Consiste en tener totalidad, armonía y júbilo en la mente, el cuerpo y el espíritu. El desequilibrio puede consistir en emociones reprimidas o enfermedades físicas que limitan todo el potencial de nuestra personalidad y nuestro yo auténtico, para brillar.

En cada fase de mi vida, los cinco elementos me han mostrado que el desequilibrio de otras personas tiene poco que ver conmigo. No se trata de ningún comentario sobre mi valía o incluso sobre sus sentimientos hacia mí. Aun así, puedo cuidarlas y tomar decisiones lúcidas. Por ejemplo, cuando una amiga querida decidió dar por terminada nuestra amistad porque yo no tenía tiempo para hacer meditación diaria con ella, entendí que se trataba de su metal desequilibrado. Los metales necesitan mucha veneración, y si no compartimos sus valiosas ideas y estándares, bajo su supervisión, pueden causar rechazo. Mi vida tan ocupada simplemente no me permitía venerarla en la forma que ella necesitaba. Puesto que estoy familiarizada con el elemento metal, no me tomé mal su decisión. De igual modo, cuando en cierta ocasión pasé un tiempo con un amigo que programaba todo su día con paseos en bicicleta, paseos a pie y ejercicio físico, seguidos por fiestas toda la noche, yo sabía que se trataba de su energía fuego, no una prueba para ver cuánta resistencia tenía yo. Si no hubiese conocido los elementos, podría haber supuesto que estaba compitiendo conmigo. Cuando un novio agua sintió lástima por sí mismo y parecía que yo no podía influir en él, en lugar de pensar que era culpa mía, entendí que es lo que hacen con frecuencia los agua desequilibrados. Cuando mi padre madera era muy severo y me hablaba en términos de blanco o negro, yo sabía que era su elemento madera que le hacía sentir más enfadado de lo que en realidad estaba. Y, cuando mi tía parecía estar molesta porque yo no la visitaba más, me di cuenta de que era su necesidad de tierra de servir y hacerme feliz, no sólo un pariente que intentaba culparme. De hecho, los conflictos y las diferencias en raras ocasiones son personales. Con mayor frecuencia se debe a que los elementos están desequilibrados.

Los cinco elementos han llenado un vacío para mí, un vacío que mucha gente llena con culpa innecesaria, vergüenza, miedo, frustración y tristeza. He visto a amigos y familiares luchar y sufrir porque no tenían este sencillo y útil sistema para ayudarles a entender, en tiempos difíciles, a ellos mismos y a los demás, o para permitirse aceptar los buenos tiempos y las buenas conexiones. Como persona que ha pasado la mayor parte de su vida en el negocio del espectáculo, en representaciones por todo el mundo, los cinco elementos también me han ayudado a guiarme por agendas frenéticas, culturas desconocidas, críticas intensas y la extrema competición que supone trabajar en escena, en películas y televisión.

Estoy profundamente agradecida por las primeras enseñanzas de mi madre. En lugar de dejar que mis verdaderos elementos me destruyeran en la escuela o en el hogar, ella me enseñó a aceptar y a sentirme orgullosa de mi configuración de elementos. Y tenía razón: por innumerables relaciones personales, sociales y de negocios de mi vida, los cinco elementos nunca me han fallado. Por el contrario, este sistema me ha ayudado a brillar en todo lo que he emprendido, y para estar bien cuando no lo he conseguido. Ha «salvado» mi vida más de una vez. En última instancia, ayuda a todos, sin excepción, a fomentar una aceptación más sincera y profunda de ellos mismos y de los demás de lo que tal vez podrían haber conseguido por sí mismos.

## Un antiguo sistema de China

El sistema de los cinco elementos comenzó con la acupuntura, una práctica curativa que se desarrolló en una tradición médica asiática de cuatro o cinco mil años. En *The Inner Canon*, un texto médico de hace dos mil años, los médicos y eruditos chinos teorizaron que el universo está compuesto de fuerzas representadas por agua, madera, fuego, tierra y metal, los cinco elementos. Propusieron que la conducta humana, las emociones y la salud están influidas por estos elementos, y que la personalidad de la gente puede distinguirse gracias a ellos.

Una de las razones por las que este sistema es difícil de entender en Occidente es porque la energía innata, la intuición y el ritmo personal con que nacemos suelen ser destruidos por la familia, la escuela y la sociedad.

Al profesor J. R. Worsley (1923-2003) se le atribuye el hecho de dar a conocer la acupuntura de los cinco elementos en occidente. Después de obtener su doctorado en acupuntura en Asia, en la década de 1950, fundó el Colegio de Acupuntura China Tradicional, en Inglaterra, en 1956, y, hacia 1975, también inauguró una sucursal en Estados Unidos. Worsley enseñaba que todo ser humano nace con un desequilibrio en los cinco elementos, y que ese desequilibrio es la causa subyacente de las enfermedades. Si podemos encontrar el desequilibrio, podemos curar la enfermedad y prevenir otras patologías. También enseñaba que los desequilibrios en los cinco elementos podían influir más que la salud física: influían en el extremo al que crecemos social y emocionalmente para ser más conscientes de nosotros mismos y, en último término, más felices. Era evidente que estaba difundiendo un sistema que se había practicado durante miles de años en China y que estaba basado en leyes que no cambian y no cambiarán. También advertía que nosotros somos más complejos que tan sólo los cinco tipos, y que es importante no extraer conclusiones basadas en clasificaciones. Los juicios y las etiquetas basadas en categorizaciones llevan a conclusiones erróneas.

Worsley enseñaba que, en última instancia, era posible reconocer el auténtico yo mediante el conocimiento de los cinco elementos. Entender este sistema y cómo nuestra combinación de elementos influye en nuestra vida puede generar iluminación y libertad porque puede librarnos de los juicios. Él quería que sus estudiantes se quisieran los unos a los otros y que pensaran, más allá de la individualidad, en el corazón y el alma verdaderos de la persona.

## ¿Por qué no tengo ninguna noticia sobre los cinco elementos?

Es posible que hayas oído algo sobre la acupuntura, un sistema chino para devolver el equilibrio al cuerpo utilizando finas agujas colocadas en distintas partes de la piel para activar ciertos puntos de acupresión. Tal vez conozcas el feng shui, un método para equilibrar las energías en habitaciones y espacios de forma que puedan fluir libremente y aseguren la salud y la buena suerte de las personas que viven allí. Integrado en estos sistemas se encuentra la teoría de los cinco elementos: tanto la acupuntura como el feng shui se basan casi en exclusiva en su sabiduría.

Sin embargo, puede que no hayas oído hablar demasiado de los cinco elementos. Y tal vez esto se deba al presidente Mao-Tse-Tung, el dictador chino que dominó el país durante muchos años del siglo XX. Llegó al poder en 1949, y hacia la década de 1960 había suprimido los cinco elementos y el feng shui, así como muchas otras prácticas culturales y espirituales de China; en definitiva, cualquier cosa que fomentara la individualidad. Después creó la medicina tradicional china, que en realidad no es un método histórico, sino una serie de modalidades sin relación y que en ocasiones compiten, de modo que pudiera tener una medicina unificada. En su deseo por «modernizar» China, intentó borrar el pasado porque los sistemas antiguos como el de los cinco elementos, un sistema que reconocía a las personas como individuos y que les ayudaba a tener vidas más felices y saludables, amenazaban su permanencia. Quería que todo el mundo pensara igual, sintiera igual, tuviera el mismo aspecto y fuera igual, para poder controlarlos por completo. El deseo de Mao de tener el poder definitivo sobre su pueblo parece la razón por la que reunió las cinco vastas zonas en una sola (lo cual es un problema en la actualidad), y todo porque quería que la gente comiera su arroz al mismo tiempo.

Se dice que Mao comprendió muy bien que el feng shui tenía el poder de hacer a la gente rica y poderosa. Estaba preocupado por el hecho de que alguien pudiera usarlo para hacer que un emperador ascendiera al trono. Por ello, quemó y destruyó muchos documentos, edificios y artefactos que recordaban la antigua sabiduría de los cinco elementos y del feng shui. Gran parte de la historia de la tradición se ha esfumado para siempre.

## Los cinco elementos amplían tu comprensión

Incluso así, gracias a la obra de personas como el profesor J. R. Worsley, y el valiente pueblo de China, el conocimiento de los cinco elementos ha sobrevivido al poder de Mao. El sistema es sencillo, directo y profundamente iluminador, y nos ayuda a mantener el equilibrio físico, espiritual, emocional y mental, o a recuperar el equilibrio después de una vida poco saludable, enfermedades, estrés u otras alteraciones. Una vez que conoces las tendencias del agua, la madera, el fuego, la tierra y el metal, también empiezas a entender el ritmo de ciertas eras, la arquitectura y el sentimiento emocional de los edificios, la cultura y la herencia de los países, el comportamiento y personalidad de los animales, e incluso el clima político y las actitudes de ciertas partes del mundo.

Al principio puede que creas que los elementos clasifican a las personas (o a las situaciones) en categorías o cajones, o que les endosa etiquetas superficiales y arbitrarias. Sin embargo, por mi experiencia, cuando empiezas a trabajar con este sistema, te obliga a reexaminar y ampliar lo que crees que sabes sobre la gente y los acontecimientos. Termina con nuestras generalizaciones y supuestos, recordándonos que todos y todo somos individuos, y que cada uno tiene un ritmo distinto. Por ejemplo, es fácil para un agua, que pasa mucho tiempo pensando sobre la vida, se deprima o se sienta abrumado por el estrés. La respuesta de un madera al estrés, por otra parte, consiste en enfadarse y ponerse agresivo con la gente. Un fuego necesita personas animadas y energéticas con actividades divertidas para mantenerse en equilibrio. Un tierra quiere amigos que le apoyen y familiares en torno a él. Y un metal probablemente se apartará de las personas y de las cosas mientras se encuentra bajo la influencia del estrés.

Una vez que hayas entendido que *todo el mundo* tiene un reto con su elemento dominante, y que reacciones al estrés a tu propia manera, entonces ya no te sentirás solo en tus experiencias. Los elementos nos recuerdan que todos somos humanos, todos tenemos defectos, y la mayoría de nosotros tenemos un punto de colapso cuando estamos estresados. Los elementos te ayudarán a perdonarte a ti mismo y a los demás cuando llegues a ese punto. Tener consciencia de ello facilitará tu tendencia al juicio y te permitirá sentir verdadera admiración y valoración por ti mismo y por todos los seres humanos.

Creo que los cinco elementos pueden permitirnos pensar más allá de las individualidades. Esto es algo que valoro profundamente en ellos. Aunque no todos tenemos que ser amigos, podemos tener un verdadero conocimiento los unos de los otros, saber que todos estamos conectados mediante la experiencia humana. Conocer esto hace que la vida y las relaciones resulten menos estresantes. Nos lleva de forma natural más allá de nuestros genes y nuestra educación. Es como tener un bote salvavidas que te ayudará a permanecer a flote y no chocar contra las rocas. También puedes ofrecer tu bote salvavidas a otros para evitarles dolores y sufrimientos innecesarios.

## Qué esperar de este libro

Los tests de personalidad desarrollados por Katharine Cook Briggs e Isabel Briggs Myers han ayudado a hombres de negocios de todas partes a crear trabajo en equipo entre sus empleados, por no hablar de ayudar a la gente a encontrar su verdadera vocación en la vida y el verdadero amor en páginas web de citas. El sistema de eneagrama (nueve tipos), popularizado por Óscar Ichazo y Claudio Naranjo, basado en la obra de G. I. Gurdjieff y autores antiguos, ha aportado un modelo útil para entender la personalidad humana. De igual modo, los cinco elementos te empoderarán para entenderte a ti mismo y comprometerte con los demás de una forma inmediata, práctica, potente y duradera. Generará un nuevo conocimiento de todas las relaciones y cultivará un yo más feliz.

Este libro es para ti si alguna vez has pensado alguna de las siguientes cosas:

- «¡No puedo creer que dijera eso!».
- «¡Ni en mil años haría lo que él ha hecho!».
- «¡Eso es increíble!».

O si has:

- Preguntado por qué la gente hace lo que hace.
- Estado confuso sobre por qué la gente dice lo que dice.
- Querido llorar, gritar o reír histéricamente por culpa de cómo actúa la gente.
- Estado confuso sobre por qué tu pareja nunca cambia, o tu hermano, madre o hermana se comportan de la misma manera disfuncional una y otra vez.
- No has sabido comunicarte con alguien porque es muy distinto a ti.
- Quedado conmocionado y sin habla por la forma en que alguien te ha tratado.
- Estado interesado en sentir menos incomprensión, enfado o soledad.
- Estado interesado en vivir más fácilmente y en tener sentido del humor en la vida.

Los cinco elementos pueden ayudarte a conocer a personas y situaciones de forma que no te dejen confuso nunca más. Los conceptos te ayudarán a poder hablar con las personas, a comprender los acontecimientos, a tener verdadera compasión y a pasar por la vida sin tomarte todo tan a la tremenda. Te ofrecen una clave para poder aceptar y dejarte ir, en lugar de juzgar y aguantar. Te invitan a ser auténtico, a conectar con los otros de una manera que tal vez no hayas experimentado antes, y a olvidar las creencias limitadoras.

Como verás, podrás relajarte, respirar y entender que todas las personas tienen sus propias limitaciones (especialmente bajo situaciones de estrés), incluso cuando intentan hacer lo mejor. Podrás conectar con otros y derribar barreras energéticas que hay incluso donde tus ojos no pueden ver. Este sistema te traerá paz, alegría y un conocimiento que puede ayudarte en todas partes con todo el mundo: en tu lugar de trabajo, en casa y en tu vida social. Es un modo demostrado de hacer que tu vida resulte más fácil y menos complicada.

De hecho, entender los cinco elementos te ayudará a ser tu mejor yo.

### NIKE ⇒ Simplemente hazlo

AGUA

Cenemos mientras hablamos sobre cómo hacerlo.

MADERA

Está hecho. Lo hice ayer.

FUEGO

¡Bien! ¡Todo el mundo lo está haciendo!

TIERRA

¿Podemos hacerlo juntos?

METAL

No consiste en hacer; consiste en ser.

# CAPÍTULO UNO

# LA PERSONALIDAD AGUA

## BUSCAR EL SENTIDO

*¿No hay camino fuera de la mente?*
SYLVIA PLATH, poetisa

**ARQUETIPOS DE AGUA:**
El filósofo ⇒ El pensador ⇒ El bebé ⇒ El príncipe/la princesa

**LA ESTACIÓN:**
Invierno (hibernación)

**RESPUESTA AL ESTRÉS:**
Internalización y aislamiento

**PERSONAS FAMOSAS
CON ELEMENTO AGUA:**
Kurt Cobain
Stevie Nicks
Janis Joplin
Nicholas Cage
Kevin Costner

KURT COBAIN

**SI LAS PERSONAS AGUA
FUERAN ANIMALES:**
La tortuga
(sabia y con su propio ritmo lento)

Las cafeterías de París, las salas de cachimbas de Oriente Medio y los cafés de Estados Unidos están llenos de ellos. Les encanta sentarse con amigos íntimos, hablar sobre la vida, tratando con elocuencia sobre todo lo que está bien y mal en el mundo. Son grandes conversadores, y cuanto más profundas sean las conversaciones, mejor.

Los agua son emotivos en sus conversaciones. El filósofo de agua (más adelante profundizaremos en los dos tipos de agua) no quiere perder el tiempo hablando de cosas estúpidas o viendo cosas en la televisión que no parecen tener mucho sentido. La mayoría prefiere no hablar antes que hacerlo sobre cosas triviales. Pero comparte algo significativo, sincero y valioso con un agua, y él o ella será todo oídos. Déjale profundizar en tus palabras para que pueda descubrir algo nuevo, y tendrás un amigo para toda la vida.

A las personas agua les encanta explorar las profundidades de la vida. Se pierden felizmente en las artes, con un carácter juguetón como un niño, y quedan hipnotizados por complejas partituras musicales. Los agua son las personas que van a los museos y se quedan delante de un cuadro durante horas, hablando sobre sus líneas, sus colores, su uso de los ángulos y las curvas. Son los que caminan poco a poco bajo la lluvia, respirando el olor fresco del pavimento mojado y escuchando cómo caen las gotas sobre el suelo. Los pasillos de los supermercados están repletos de ellos, de pie, mirando fijamente y eligiendo entre los cincuenta tipos distintos de pan que llenan los estantes. Los agua siempre se toman su tiempo. La palabra *prisa* no está en su vocabulario, y esta tranquilidad se refleja en la forma en que hablan, caminan, actúan, reaccionan y viven. El suyo es un ritmo más lento.

Muchos agua parecen un poco desordenados. Se mueven bien en el desorden. Las ropas de los agua pueden estar arrugadas, con los faldones por fuera. La comodidad lo es todo, lo que para los hombres significa pantalones cortos con un par de feas zapatillas deportivas y calcetines negros, mientras que las mujeres llevan ropas indescriptibles que no tienen por qué hacer juego. A los agua ya les va bien una cazadora de poliéster con un pantalón de chándal y unas playeras de color púrpura. ¿Y el cabello? Probablemente en un moño en lo alto de su cabeza, ya sea varón o mujer. Si no es un moño, lo llevan liso y despeinado. Los cortes de pelo modernos y la moda no están en su lista de prioridades; hay cosas mucho más importantes en la vida.

Los agua quieren construir vidas del todo alineadas con sus valores personales y con todo lo que consideran importante en la vida. Los dones que estos agua traen a nuestro agitado mundo son la capacidad para ir más lentos, tener paciencia y no perderse los detalles. Los agua tienen dominio sobre sus mentes, y si tienen suficiente suerte, lo registrarán en un libro, en una canción o en la gran pantalla.

Las personas más creativas y artísticas tienen un fuerte componente agua, y el arte que producen es el más impresionante. Son poetas y escritores seductores y sabios, bailarines y pintores hipnotizantes y dinámicos. En el ámbito musical, les gustan las canciones de folk étnicas y el blues, así como la poesía como la de Rumi, Hafiz y Anaïs Nin, o las letras de canciones como las de Joan Báez y Judy Collins: todo eso es el elemento agua.

Los músicos agua como Bob Marley y Cat Stevens (en la actualidad Yusuf Islam) han cambiado el mundo con sus letras. Ernest Hemingway escribió novelas muy influyentes. Beatrix Potter, querida por sus libros infantiles, era también una conservacionista que ayudó a mantener el parque Lake District de Inglaterra para las generaciones futuras. Jean Houston, una pensadora y filósofa visionaria de nuestro tiempo, inspira a la gente con sus palabras habladas y escritas, como hizo en sus últimos años Wayne Dyer con sus sabias citas y sus libros atemporales. Éstos son sólo algunas de las personas con un fuerte elemento agua que hacen que nuestro mundo siga teniendo sentido y sea sincero y significativo.

Los agua descubren sobrecogimiento en los rituales, símbolos y tradiciones con sentido. Japón es fuerte gracias a su elemento agua (y también metal). Los japoneses todos los días aceptan tareas y las convierten en refinadas, razonadas y hermosas. Los dependientes de tiendas, los limpiadores, los cocineros, los oficinistas, los trabajadores de gasolineras y otros tratan su trabajo como un arte. Los japoneses tienen muchos rituales: de salud, para el agua, para comer y beber, para las distintas estaciones, e incluso de suicidio. Estos rituales están fusionados con la mitología y las metáforas e historias, y dan sentido a sus vidas. Son filosóficos y profundos. La película *Despedidas*, que obtuvo el Oscar de la Academia de Cine a la mejor película de lengua extranjera de 2008, muestra el poder del ritual de la muerte en Japón. Se emprenden acciones para lavar el cuerpo de los fallecidos, el cuerpo se viste y maquilla de un modo ritual, y se colocan varios artículos relevantes en el ataúd para que el finado se los lleve a la otra vida. La cabeza se orienta hacia el norte o el oeste, lo cual refleja la orientación del budismo occidental. El ritual se celebra con creatividad, belleza y significado; en gran medida al estilo agua.

Los agua utilizan rituales, además de simbolismos, para dar sentido a los acontecimientos de la vida. Si los agua no pueden dar sentido a la vida, quedan muy afectados. Tienden a vivir profundamente dentro de ellos mismos, donde pueden sentirse aislados y solitarios. Imagina bucear en una piscina, después abrir los ojos bajo el agua y mirar hacia arriba. Puedes ver los bordes de la piscina, e incluso las personas y las actividades que se realizan sobre el agua, pero todo está distorsionado: las personas están desproporcionadas y sus voces están amortiguadas. Así es como ven y oyen la vida los agua cuando profundizan en sí mismos. Con sus pensamientos interminables, son propensos a la depresión. Cuando están deprimidos, todo puede convertirse en exagerado y observan todo de forma muy distinta a lo que otros ven, oyen y sienten. Empiezan a creer que no vale la pena ocupar el tiempo de nadie. ¿Recuerdas la canción infantil, «no gusto a nadie, todo el mundo me odia, creo que comeré algunos gusanos»? Ésa es la realidad de un agua desequilibrado. Yo soy agua en segundo lugar, y si me desequilibro debido al estrés o a las dificultades de la vida, entro en Facebook y me muestro muy desanimada. Veo cosas como «33 animales que están extremadamente decepcionados contigo» y creo que el artículo se escribió para mí; no capto el chiste. Mientras estoy sentada mirando fijamente a la pared pensando «qué sentido tiene todo esto», recuerdo los peligros de ser un agua y llamo a un amigo fuego, quien me dice que el artículo es un chiste. ¡Vaya! Sé que, cuando están deprimidos, los agua no deben ver las noticias ni las noticias de Facebook. Aunque las noticias pueden ofrecernos una visión más amplia del mundo a nuestro alrededor y de lo que sucede en otros países, a un agua le puede enviar a la fosa de la perdición. ¡El mundo es demasiado en algunas ocasiones! El titular de los niños sirios lavándose en las playas turcas provocará tristeza y desesperación en cualquiera. Pero los agua también pueden deprimirse si leen que «50.000 personas se están abrazando en este momento», porque todo agua se siente como el único en el mundo que no recibe un abrazo en ese instante. Todos los agua ¡levantad el ánimo! A todos nos encanta abrazarnos, y tú estás entre las mentes más profundas, penetrantes, imaginativas e inteligentes que existen.

## Los agua viven en sus mentes

Hacer un viaje a París con mi novio, Brian, fue todo lo bueno que la vida pudo ofrecerme. Paseamos por las calles bordeadas de árboles, disfrutamos de las pintorescas cafeterías francesas y del ritmo tranquilo de los camareros. Brian observó todos los detalles de la ciudad. Bebía su vino tinto poco a poco y hablaba poéticamente sobre el mensaje de las uvas. Mientras los sonidos de los músicos callejeros llegaban a sus oídos, describía las diferencias entre el acordeón y el violín. Se ponía romántico sobre filosofía, política y el estado del mundo, y añadía sus propias ideas brillantes. Hay que leer mucho para seguir el ritmo de Brian, y yo recibí con agrado el reto. Sus historias estaban llenas de ingenio y referencias sociopolíticas.

Pero todo iba a paso muy lento con Brian. La energía de París era suave y alegre, pero la de Brian a menudo era lenta y pesada. Brian no tenía prisa por ir a ninguna parte, y, por lo general, llegaba tarde. Después de horas de estar sentados en los restaurantes de las aceras planificando el futuro, se volvía agobiado y triste, con el peso de lo que parecía el mundo sobre sus hombros. A menudo se sentía deprimido. La escasa energía era uno de sus puntos débiles.

Cuando íbamos a algún lugar negativo, la depresión de Brian se convertía en miedo y paranoia. Entonces hablaba de sus amigos como si sus éxitos se pusieran de algún modo en su contra. Siempre se daba cuenta de lo que sus amigos y familiares no habían hecho por él (en lugar de lo que *habían* hecho por él). Tan sólo el pensamiento o la visión de ellos cuando se encontraba en este estado era suficiente para desencadenar estos pensamientos en su persona. Sentía resentimiento de quienes tenían más dinero, más fama o más reconocimiento público. Cuando Brian se hundía profundamente en su elemento agua, su visión del mundo podía ser del todo irreal. Necesitaba a un fuego para que le levantara el ánimo. Por desgracia, yo soy sobre todo madera, eficiente y determinada, por lo que la depresión de Brian me desorientaba y me parecía narcisista. Por mucho que yo quisiera, no era capaz de ofrecerle demasiada ayuda.

Los agua funcionan de formas misteriosas, y para la mayoría de la gente son la más difícil de entender de las personalidades de los cinco elementos. Una razón para la confusión es que hay dos tipos distintos de personas agua. A veces un individuo es sólo un tipo de agua, y a veces es los dos.

## El primer tipo de agua

El primer tipo de persona agua tiene el arquetipo del filósofo. Este agua es el profundo pensador que se describe en las páginas anteriores, alguien que reflexiona y busca sentido en todas las partes de la vida. Pasa el tiempo dentro de su mente y, a menudo, le gusta leer, escribir, llevar un diario y pensar, pero no se siente atraído por los grandes grupos ni las multitudes de gente.

Este tipo de agua suele estar interesado en el pasado, desde historias personales hasta historias de países y acontecimientos. Los conservacionistas suelen pertenecer al elemento agua: dan sentido al presente entendiendo el pasado.

Cuando conocen a una nueva persona, estos agua están deseosos de descubrir información sobre su lugar de nacimiento, su casa y su infancia. Tanto el hogar como los viajes significativos lejos de casa son importantes para ellos. Son como las tortugas mordedoras que salen del cascarón en las playas de todo el mundo. Poco después de su nacimiento, entran en el océano para comenzar una migración épica, a veces viajando miles de kilómetros. Después, normalmente décadas más tarde, las tortugas vuelven a la playa donde nacieron para aparearse y poner sus propios huevos. Las tortugas hembra sienten el campo magnético de la costa y lo utilizan para encontrar su camino a casa. Igual que la atracción de una tortuga por su casa, existe una atracción magnética de la persona agua por su hogar.

# Este hippy que monta en una motocicleta Harley es un tipo agua

Peter Fonda estaba rodeado de chicas jóvenes y bellas del siglo XXI que habían sido invitadas a su fiesta de cumpleaños en una mansión histórica del rancho Santa Fe, en California. Formaban parte de una clase de teatro de la Universidad de California en San Diego. La celebración era para él, pero también para las estudiantes, que se habían documentado sobre sus películas durante varios meses.

A mí me habían contratado para hacer la danza del vientre para él por segundo año consecutivo. En ambas ocasiones, me pregunté si el gentío de estudiantes femeninas de universidad entendía de verdad el lugar de Peter Fonda en una de las dinastías de élite de Hollywood, que engloba también a su padre, Henry, y a su hermana, Jane, que se convirtieron en iconos del cine en la década de 1960, hace cuarenta años.

Peter Fonda, como adinerado filantrópico, organizaba fiestas de cumpleaños. Siempre estaban bailando con una música alegre y a un volumen elevado, todo ello coronado con una tarta gigante de cumpleaños con una enorme motocicleta de color rojo, blanco y azul, elaborada con glaseado. El actor estaba inextricablemente relacionado con Capitán América, el nombre de la motocicleta en la que se subió en la película *Easy Rider*, considerada la motocicleta más famosa del mundo. Las conversaciones eran animadas, el alcohol seguía fluyendo y platos de comida salían continuamente de la cocina. La energía estaba en niveles muy altos, pero Peter estaba tranquilo, incluso despreocupado.

El primer año que bailé para Peter capté enseguida sus elementos. Era un agua con un poco de metal, y su agua me resultaba muy interesante de observar. Hablaba suave y elocuentemente con estudiante tras estudiante sobre actuar, dirigir, representar, la humanidad y profundizar en uno mismo para autodescubrirse. Cualquier estudiante que quería hablar con él podía hacerlo, pero era una tarea privada. No hablaba para las masas, no reía con grupos de gente y no iba de sala en sala. Peter era el anfitrión de la fiesta, permanecía en una esquina y permitía que la gente se acercara a él. Permanecía tranquilo y más bien silencioso, conteniendo su energía; no de manera rígida, sino de forma fluida. Se comprometía con cada persona como si fuera la única de la sala y no había nada más que atrajera su atención.

Yo escuché a propósito sus conversaciones, que expresaban ideas sobre el mundo, una enorme sabiduría sobre las artes y la espiritualidad, y una filosofía poética sobre la conexión con la gente y nuestra vulnerabilidad como seres humanos. Después de que cada persona hablaba con él, emitía un sentido de unidad, y después pude advertir el entusiasmo de los invitados que se sentían todos unidos en la fiesta. El actor había logrado unir a todos esos jóvenes y les había ayudado a sentirse importantes.

Después llegó el momento de mi representación. Bailé fuera, bajo las estrellas, con brillantes luces enlazadas entre los árboles, y los pavos reales deambulando por las superficies escalonadas y los jardines.

Peter se sentó en una silla en el centro del escenario y captó cada movimiento. Observaba mis manos y mis pies, y asentía cuando yo hacía algún gesto o me movía de alguna forma específica. Parecía intrigado por la danza y continuó con una interesante charla después de la representación.

Comparó la danza con otras formas de movimiento físico y habló sobre su naturaleza espiritual. Utilizó las palabras *intuición*, *corazón* y *sentimiento* cuando habló sobre el baile. Y, como haría un occidental típico, acogió la creatividad, la reflexión y la excentricidad, mientras alababa la individualidad y la libertad. Habló sobre lo femenino divino y sobre la mujer como esencia de la vida. Tenía buena onda y era poderoso al mismo tiempo, una fuerza concentrada y fluida de amabilidad e intensidad.

## El segundo tipo de agua

El segundo tipo de persona agua tiene el arquetipo del niño recién nacido, con su asombro y su carácter juguetón. Disfruta de los abrazos, las risas y siendo consentido. Es el adulto que no ha perdido su entusiasmo e intensidad de la infancia. Suele existir una dulce ingenuidad en este tipo de persona agua. Podría seguir a la multitud o hacerse amigo de un extraño (como hacen los bebés) porque es divertido e interesante. La curiosidad forma parte del «bebé» agua, y esto convierte a estas personas en adorables, espontáneas y alegres.

Sin embargo, hacer las cosas por sí mismos y completar las ideas no son puntos fuertes de este segundo tipo de agua. Esperan que los demás cuiden de ellos mientras ellos deambulan, algo que puede generar egoísmo y narcisismo. Pueden actuar como príncipes o princesas, solicitando comodidad y esperando que les sirvan. Después de todo, el mundo gira alrededor de un bebé.

Las ideas del bebé agua pueden ser únicas e inspiradoras (e incluso brillantes) y suelen destacar en cualquier negocio u organización. Las canciones pegadizas como «Oh, I wish I were an Oscar Mayer wiener», «I am stuck on Band-Aid 'cause Band-Aid's stuck on me», «Like a good neighbor, State Farm is there» y «Plop, plop, fizz, fizz; Oh what a relief it is», probablemente fueron ideadas por tipos agua.

Pero el reto consiste en seguir hasta el final. Poner las ideas en acción es bastante difícil para este tipo de agua, quien suele carecer de motivación y compromiso para llevar a cabo su genialidad (necesitan a un madera para que les dé ánimos). Pueden perderse en la vida y abrumarse tanto por los detalles de tener tantas ideas que lleguen a no hacer nada. Como representante o jefe de un agua, tendrás que acceder a su creatividad, pero no se presionan a sí mismos para completar los proyectos; hay que encontrar a otra persona y ponerla en su compañía para que lo hagan. Ésta es una gran estrategia, porque los agua ansían que otra persona dirija los detalles por ellos, y al final se obtendrá un mejor resultado.

Aunque los dos tipos de agua (el niño juguetón y el filósofo sabio) son muy diferentes, ambos suelen poseer una energía yin. El yin (enfoque interno) tiene un carácter juguetón más suave que el de un fuego, por ejemplo, que es grande, audaz y de amplio alcance (yang). En las relaciones, los agua tienden a ser más silenciosos, más introvertidos y más privados que otros elementos. Esto conforma una mezcla interesante cuando están acompañados de personas que están en primer plano.

Aunque los agua equilibrados pueden ser totalmente cautivadores, los desequilibrados, ante los ojos de los demás, de manera irónica, pueden tener una baja autoestima o egos enormes. Los artistas pueden tener cientos, miles o millones de fans, pero esas muchedumbres de personas tal vez no *les* quieran, y puede que dejen de admirarlos cuando baja el telón. Esto puede hacer que sus grandes egos se vengan abajo de forma tan dolorosa que se depriman. La buena noticia es que, si son aguas equilibrados, se tomarán todo con calma.

Muchos músicos, cantantes y compositores tienen un fuerte elemento agua. Las palabras tienen mucho significado para los agua, igual que el sonido, el timbre, la vibración y las partituras musicales. Con ritmo y tonalidades viajan a otros lugares, y la música actúa como modalidad curativa para librarles de la tristeza, la depresión y la melancolía. Jugar con palabras a través de una canción puede resultar muy terapéutico.

## Dwight Yoakam, un agua visionario

Dwight Yoakam es un músico, actor, director de cine, empresario y pionero de la música country moderna. Es un hombre del Renacimiento del que se dice que es «demasiado único para Nashville y demasiado auténtico para Hollywood». Como declaraba la revista *Vanity Fair*, «Yoakam da el paso entre el deseo del rock y el lamento del country».

En 2005, yo había estado durante todo un año con mis representaciones de Marilyn Monroe por todo el mundo. Había hecho más de doscientas actuaciones. Pero yo no sólo me parecía a Monroe; yo era Marilyn Monroe si hubiese sido una bailarina del vientre. Mi actuación era cómica, poco convencional y única.

Después de tanta actuación estaba realmente cansada de Marilyn y feliz por tener otros contratos para representaciones de danza de Oriente Medio en la India y en África. Pero entonces recibí un correo electrónico del asistente de Dwight Yoakam en el que me preguntaba si me gustaría verle en Los Ángeles para hablar sobre una colaboración en un espectáculo con mi actuación de Marilyn Monroe. ¿Dwight Yoakam? ¿No era un vaquero? ¿O un actor? ¿O había yo oído en algún sitio que tenía veintiuna nominaciones para los premios Grammy? Me informé sobre él en Internet y no podía imaginarme a esta estrella de cantina interesarse por mi espectáculo. Pregunté a mis amigas vaqueras, desde Texas hasta Montana, si habían oído hablar de él. Me preguntaron si estaba loca. Por supuesto que sabían quién era esa leyenda de la música country. Pero no podían entender por qué le interesaba una bailarina del vientre. Yo también estaba intrigada.

Antes de nuestra reunión, tenía en mente todos los estereotipos negativos de una estrella de la música country. Esperaba que Dwight fuera antisocial, físicamente incómodo y sólo semiinteligente. No estaba segura de qué había planeado para mi actuación, y me preguntaba si iba a ser la víctima de una broma cruel. ¿Se reunía conmigo para burlarse? Yo no estaba segura, pero sí sabía que tendría que explicarle cómo era la danza del vientre y, tal vez, el motivo subyacente a mi representación de Marilyn. Me estaba preparando para informarle a muchos niveles, y no me sentía deseosa de intentar que lo captara. Era un juego al que yo había jugado muchas veces.

Entré en la oficina de Dwight, que se encontraba en un rascacielos de Los Ángeles, y no sólo fue un completo caballero, sino que también me hizo preguntas con sentido sobre mi actuación, cómo la creé, de dónde procedía mi instinto como artista y por qué pensaba que Marilyn debería haber sido una bailarina del vientre. Salió de detrás de su mesa y nos sentamos juntos en cómodos sillones mientras charlábamos. Habló sobre el arte de la danza del vientre y captó todos los aspectos de la historia del baile, cómo pasó del folclore al cabaret, y las malas interpretaciones sobre él en Estados Unidos. Habló sobre el baile en los mitos y las religiones, haciendo referencia a diosas griegas como Terpsicore y la evolución del baile desde tiempos antiguos. Conversaba suavemente, pero con una voz potente, como si fuera un profesor de universidad que impartiera clases sobre artes, feminismo y el impacto de las mujeres empoderadas en una forma de danza que Occidente no entiende bien y menosprecia. Hablamos en profundidad sobre mi actuación de Marilyn. Él pensaba que era brillante. Había comprado uno de mis DVD y me comentó cuánto valoraba mi cadencia de comedia y la dificultad de lo que llevaba a cabo.

Dwight Yoakam habló con elocuencia y con un gran respeto hacia mi trabajo. Descubrí que era curioso, inteligente y más que brillante. Conversó conmigo de una forma muy sofisticada, con mucho sentido detrás de cada palabra, y escuchó con gran interés y completa atención. Entre sus frases, yo podía ver su proceso de pensamiento: su mente estaba llena de nuevas ideas a cada segundo. Era un agua con toda su brillantez.

Semanas después fui en automóvil a Hollywood para actuar para Dwight en la casa del blues, que estaba llena a rebosar. Cuando estaba lista entre bambalinas con otros dos artistas, que formaron parte del espectáculo de inauguración, vi a January Jones, Vince Vaughn, Salma Hayek, Josh Groban, entre otros, dando una vuelta por los vestuarios y las zonas entre bambalinas. El lugar estaba lleno de celebridades porque todos adoraban a Dwight.

Dwight Yoakam es un agua/metal y se desborda con todos los mejores rasgos de un agua. Se llama a sí mismo palurdo, pero si eso es cierto, entonces el significado de *palurdo* tiene que ser revisado.

## Los agua se bloquean

A Tom le gustaba ir de compras al supermercado. Le daba tiempo para escapar del estrés de la vida familiar y estar en su propio mundo. Trabajar en un empleo a tiempo completo, cuidar de sus padres ancianos y ser un buen padre para su hijo y un compañero colaborador para su mujer no siempre era fácil. El supermercado era un lugar en el que podía relajarse. Se paseaba poco a poco por los pasillos buscando las mejores ofertas. Los nuevos productos atraían su mirada. Cuando llegaba a sus pasillos favoritos, a menudo se quedaba bloqueado allí. Podía pasar más de una hora en la sección de carnes después de decir a su esposa que volvería a casa en treinta minutos.

El tiempo no era el punto fuerte de Tom; para él lo importante era el jamón con un descuento del 50%. Tom comparaba el jamón con otras carnes, los precios, dónde estaban situadas las granjas, de dónde procedía la carne y la calidad del producto. Preguntaba al carnicero sobre el beicon, los perritos calientes, los filetes y las salchichas. Muchas de las carnes costaban la mitad porque la fecha de caducidad estaba muy próxima. Pero no suponía ningún problema para Tom. Él sabía que comerían la carne varios días después de la fecha de caducidad y, de todas formas, podía introducir la nueva en el congelador, que ya estaba lleno de carne que había comprado antes.

Tom solía quedarse bloqueado también en el pasillo de los cereales. Había mucho donde elegir: ¿salvado con pasas?, ¿trocitos de trigo glaseados?, ¿marca Life?, ¿Special K, ¿proteína Special K? ¿Special K sin gluten?, ¿Special K con bayas? Era abrumador. Tenía cupones de descuento para todas las cosas y los revisaba para utilizarlos tomándose su tiempo. Tom no *coleccionaba* cupones; pensaba en ellos cuando salía de casa para ir de tiendas. Sólo entonces volvía a su propio ordenador y comenzaba el proceso de encontrar los mejores cupones para su significativa búsqueda.

Cuando la mujer de Tom le dijo que ella quería consumir menos azúcar e hidratos de carbono y tomar comida sin gluten, de corral y ecológica, su decisión hizo la vida de Tom aún más complicada. Entonces tenía que pasar más tiempo encontrando cupones para los alimentos saludables más caros, y más tiempo leyendo los ingredientes y las listas de posibles alérgenos, conservantes, toxinas y azúcares. Tom en secreto se sentía liberado con todo ello.

Los tipos agua necesitan su propio espacio y sentirse seguros, estén en casa o fuera de ella. Su espacio personal puede estar desordenado (normalmente lo está) y lleno de mantas, almohadas, sillas viejas y cosas aleatorias, pero es un lugar cómodo para que ellos piensen y descubran; aunque sea en el supermercado.

## Los agua necesitan estar cierto tiempo solos. Sin perderse dentro de sus cabezas

Los agua son muy buenos para estar solos. Cuando un niño agua crece, aprende que estar solo puede ser muy liberador. De hecho, los agua necesitan retirarse y entregarse a la oscuridad, pero también precisan saber que no se quedan socialmente aislados o atrapados en su propia confusión interior. Para los agua, mantener relación con la humanidad evita que se desanimen.

El amor de Tom por ir de compras al supermercado era inofensivo. Le ofrecía espacio para profundizar en sí mismo y relajarse. Pero, en general, para ser buenos compañeros y unos trabajadores eficaces, los agua tienen que recordarse a sí mismos lo que los motiva y les evita retirarse a su propio mundo de pensamientos, obsesiones e incluso negatividad. Si se retraen demasiado, se vuelven paranoicos. Faltan a las citas, dejan de dar prioridad a su agenda y a las personas, y el mañana se convierte en el mantra. Pero, como sabemos, el mañana no llega nunca, y los agua pueden caer en las turbias aguas de la procrastinación.

La procrastinación y la tardanza de una persona agua pueden volver locos a otros individuos, en especial si el agua es muy inteligente. A los demás les desconcierta lo inteligentes que pueden ser los agua, aun sin darse cuenta del paso del tiempo. Es bueno saber que la personalidad agua tiene en cuenta este problema. Ayuda a otros a liberarse de juzgar y a no tomarse personalmente la tardanza.

Entonces, si eres un agua (consulta el test al final de este capítulo), pregúntate a ti mismo: «¿Qué me motiva para ser positivo y seguir adelante? ¿El ejercicio físico? ¿Un grupo de amigos? ¿Una actividad en exterior? ¿Teatro? ¿Música?».

Si, como agua, no puedes pensar en algo que mantenga tu mente ocupada, hazte amigo de un madera. Te sentirás dirigido, inspirado y motivado para hacer las tareas y no distraerte ni perder energía para el trabajo que debes realizar. O entabla amistad con un fuego. Los agua hacen honor al tiempo y los madera les animarán para que concluyan sus proyectos, escriban un libro o terminen un cuadro. Viniendo de un agua, ese proyecto, libro o cuadro probablemente sea una obra maestra.

Como Diana Nyad, una de las mejores nadadoras de larga distancia de la historia, dijo después de nadar desde Cuba hasta Florida por uno de los estrechos más peligrosos del mundo, a la edad de sesenta y cuatro años: «Anima a tu espíritu a hacer algo que te mueva y no temas al fracaso», y «Haz que esto sea lo principal de tu vida, tengas la edad que tengas, cualesquiera que sean las circunstancias de la vida en que te encuentres, y nunca creas en limitaciones impuestas». Aunque ella es sobre todo madera, este consejo funciona especialmente bien para los agua, porque pueden quedarse bloqueados en el miedo y las limitaciones, que les evitan cumplir sus objetivos y sus deseos. Su camino de crecimiento consiste en confiar en la gente que hay a su alrededor y no dejar que sus propios pensamientos dicten su existencia diaria.

### ¡HAZ!

▷ Tómate algún tiempo todos los días para moverte y estirarte, preferiblemente en exteriores y con otras personas.

Los agua tienden a aislarse a nivel físico y emocional. Moverte y estirarte te ayudará a evitar que te aísles y que te alejes de la gente y del mundo..

### ¡NO HAGAS!

▷ No creas siempre en tus peores miedos y tus paranoias.

Si eres agua, te resultará difícil confiar en que la gente es buena y que está de tu lado. Accede a la fe con la ayuda de buenos amigos, afirmaciones positivas y complicidad con personas positivas.

# El ritmo natural de los agua: creatividad y flujo

Yo fui muy desdichada en la escuela. En octavo curso, los estudiantes se burlaban de mí sin piedad, y los profesores me enviaban al despacho del director por mi pelo verde. Me castigaban o me reñían por cualquier otra cosa que creían que molestaba a los otros niños. Ashland, en Oregón, en 1981, era conservadora (al menos en lo relativo a la enseñanza secundaria), y no el hervidero de artistas y sanadores que es hoy en día. Yo quería retraerme y mi madre me hizo caso. Me ofreció diversas opciones, incluyendo educarme en casa con una sabia y profunda mujer llamada Catherine, que era agua.

Una vez crucé el umbral de la casa de Catherine, que me permitió crear mi propio camino, literal y metafóricamente, por su casa. Me servía un pequeño almuerzo y siempre comentaba el color de las zanahorias, el relleno de pasas y cómo combinaban en el pequeño tazón de cristal. Después me invitaba a escribir cualquier cosa que pasara por mi mente, en poesía o prosa; no importaba. Lo importante era dejarme fluir. Cuando seguía sus instrucciones, Catherine se sentaba al piano tocando a Mozart, Beethoven, Brahms, Bach, Chopin, y todo fluía magistralmente de sus dedos. No recuerdo lo que escribía, pero tal vez hiciera referencia a mi no adaptación, a sentir que se burlaban de mí, a sentirme sola e incomprendida por parte de los otros niños. Probablemente lloraba.

Lo que recuerdo ahora (y lo que ha estado conmigo toda mi vida) es que Catherine me permitía ir a cualquier lugar al que me llevaran mi corazón y mi mente, pero no me dejaba complacerme en la depresión o las lágrimas. Me ayudaba a acceder a mi lado creativo y a fluir con él. Con sus cuidados me sentía libre. También me sentía empoderada, lo cual era digno de señalar para una niña de doce años a la que habían excluido y ridiculizado casi cada día. Gracias a que Catherine confiaba en mí para escribir sin reglas, sin límites de tiempo (tan sólo con el trasfondo de una hermosa música), llegué a amar y confiar en mi existencia solitaria. Ella me permitió acceder a mi creatividad y mi soledad. En poco tiempo, presionada por mi padre y como quería tener amigos, volví a la escuela. Pero gracias a una agua, nunca más volví a odiar estar sola, y me enamoré de mí misma.

## Los agua y las emociones: miedo

Cada elemento está gobernado por diferentes órganos y distintas emociones. Puede ser difícil para los occidentales comprender que los puntos fuertes y débiles, y las cualidades de los órganos físicos pueden afectar a las experiencias emocionales y al bienestar, pero esta idea está muy viva en Oriente. De hecho, la medicina tradicional china se basa en este conocimiento. Para un tipo agua, esos órganos son los riñones y la vejiga, y la emoción asociada a ellos es el miedo.

El agua es el primero de los cinco elementos, que están representados por una rueda (*véase* capítulo 6). Cuando trabajes con la rueda comenzarás con el agua. Es el comienzo, el bebé recién nacido. No hay nada antes que él. Tal vez por eso algunos agua se sienten como si no tuvieran padres, solos y sin apoyo en esta vida. Puede existir también cierta influencia del pasado, incluso de vidas anteriores. Muchas personas que creen que la vida no termina del todo con la muerte a menudo también creen que están vinculadas con antepasados que murieron hace mucho tiempo. La medicina china afirma que este conocimiento ancestral está almacenado en los riñones, y que se expresa mediante los tipos agua que, subconscientemente, recuerdan los peligros de la vida, porque saben lo que ha sucedido antes.

## Aprende a trascender el miedo

Cuando tenía unos catorce años, mi amiga Kirstin y yo solíamos ir caminando al centro de la ciudad, juntas, en Ashland, Oregón. Pasábamos delante de la casa victoriana con el hippy de cabeza roja, el moderno apartamento donde vivía nuestra profesora de inglés y el maestro artesano con el gran espejo donde nos arreglábamos el cabello y nos maquillábamos. Entonces aparecía el perro. Ese perro que siempre ladraba ferozmente y enseñaba los dientes. Cuando nos acercábamos, el perro corría a lo largo de la valla metálica, amenazando con saltar. Yo temía que pudiera rompernos las extremidades. Cada vez que pasábamos me quedaba helada y quería volver.

Un día Kirstin me dijo: «Tú sabes que los perros pueden sentir el miedo, ¿verdad?». Yo no tenía ni idea de lo que estaba hablando. Kirstin me comentó que, cuando la gente siente miedo, produce feromonas que los perros pueden oler, incluso desde lejos, y los perros reaccionan al olor de forma violenta. Me dijo que lo comprobara.

La siguiente vez que pasé por la calle East Main decidí que no tendría miedo. Bloqueé por completo todos los miedos. Me concentré en mi propósito de caminar hacia el centro y pasé por delante del perro. Apenas podía fingir que no estaba asustada. Si ponía buena cara, pero aun así sudaba, el perro captaría mi olor a miedo. Pero yo estaba decidida. Eliminé el miedo. Y funcionó. Cuando pasé por delante… no ocurrió nada. Ni siquiera un gemido. El perro no ladró ni corrió a lo largo de la verja salivando con rabia.

Si los agua tienen miedo a algo tangible, como ese perro, o intangible, como el miedo al éxito o al fracaso, necesitan encontrar una forma de cambiar el chip para no quedarse bloqueados. Aunque el agua es mi segundo elemento, aun así necesito trabajar con él, y superar mi miedo fue una lección importante. Me ayudó a decidir qué pensamientos eran útiles y cuáles no, por lo que me convertí en una persona más saludable.

Mi amigo William nunca viaja porque está convencido de que el mundo es un lugar siniestro. Hay ladrones, terroristas, secuestradores, asesinos y estafadores en todo el mundo; por no mencionar diversas pautas sobre el clima y los aviones que se estrellan. Por tanto, en lugar de arriesgarse y disfrutar de diferentes países, ciudades, personas y culturas, se queda en casa. Sin embargo, cada vez que llevo a William a un viaje, le encanta y promete que seguirá viajando. Cuando está de nuevo en casa, vuelve el miedo. Los agua suelen permitir que el miedo tome las decisiones por ellos. Cuando esto ocurre, sus vidas son menos plenas de lo que podrían ser.

Superar el miedo suele ser difícil, pero para los agua que pueden hacerlo, es un gran regalo para sus vidas y las vidas de los demás. De otro modo, hay cierto riesgo de perderse en experiencias reales, conexiones e intimidad con la gente.

Si una persona agua que hay en tu vida tiene miedo de dar un paso al frente como su mejor yo, puedes ayudarle simplificando los pasos que debe dar y recordarle lo que olvide. Ayudar a su identidad y tratar lo que le da miedo para seguir adelante es un paso en la dirección correcta. Después de eso, los pasos de bebé son los mejores. Ayudarle a dividir el proceso de ir hacia delante en trozos manejables, y después estar ahí para él durante el viaje le ayudará a darse cuenta, en su mayor parte, de que la vida diaria no es tan abrumadora como su imaginación le dice que es.

## Un doctor de élite descubre su ritmo y se deja su fortuna

Pacific Beach, en San Diego, California, es un hogar para los patinadores, bebedores de cerveza, bellezas en bikini, fumadores de marihuana, juga-

dores de vóleibol, corredores, ciclistas, turistas, locales, surfistas, ornitó-
logos, amantes de la playa y muchas fiestas. Es una cacofonía de personas
entusiasmadas y soleadas que absorben lo mejor de California. Después
está Slomo, el tipo que monta en patines lentamente por el paseo. Se
mueve en total contraste con la gran energía de la vida de la playa que le
rodea. Está allí todos los días, y si visitas el paseo, sin duda te encontrarás
con él.

Slomo, un agua, no siempre fue Slomo. Era el doctor John Kitchin,
un exitoso y adinerado doctor en medicina, con títulos de neurología y
psicología. Vivía en una mansión, tenía una exótica colección de mascotas y conducía un BMW y un Ferrari. Pero después de un susto médico
lo abandonó todo. Decidió montar en monopatín para escapar del estrés
del mundo de la medicina y conectar con su auténtico ritmo de agua.
Ahora tiene unos setenta años, y todos los días monta en patines a un
lado y otro del paseo, poco a poco, mientras se balancea acrobáticamente
sobre un patín y luego sobre el otro. Cuando la gente ve a Slomo por
primera vez, sacude la cabeza porque lo que hace es demasiado irreal,
patinando lentamente para escapar del ajetreo. Cuesta tiempo adaptarse
a su ritmo porque patina a un paso más lento del que camina la mayoría
de la gente.

Cuando Slomo aún era el doctor Kitchin, se preguntó a sí mismo:
«¿Cuánto de lo que tengo hoy me promueve espiritualmente y cuánto
promuévelo hace a nivel económico?». Como un típico agua, le molestaba que su vida estuviera perdiendo su sentido más profundo debido a su
carrera en el mundo ajetreado de un médico de élite. Después, mediante
un drástico cambio, que hizo a pesar de su miedo a las consecuencias, lo
abandonó todo por un ritmo más lento, un estilo de vida más simple y
una existencia más tranquila, día a día. E igual que el agua, que suave pero
poderosamente, se levanta y se tumba en la orilla de las playas de San Diego, Slomo sube y baja por la costa recorriendo kilómetros sin importarle
el tiempo, con su propio ritmo lento, haciendo honor a su viaje.

# Robert de Niro, un agua talentoso y centrado en el corazón

En 1990, yo era una actriz que luchaba mucho en Fort Lauderdale, Florida. Conseguí un empleo como extra en la filmación de la película *El cabo del miedo*, con Robert de Niro, Jessica Lange, Nick Nolte y Juliette Lewis.

Aunque era nueva en el sur de Florida, había trabajado mucho como extra en Los Ángeles y estaba acostumbrada a la tarea. Esperé en una habitación cálida repleta de otros doscientos actores que también ponían todo su esfuerzo, todos ellos desesperados por ser descubiertos. En cierto momento, el director de la película pasó por la sala y escogió a personas para rellenar el fondo. Yo había estado con Oliver Stone en la filmación de *The Doors* y en programas de televisión, incluida *Dinastía*.

Cuando llegué al plató me dijeron que fuera a la sala de espera. Sabía que podían pasar horas. O nunca. Encontré un rincón, saqué mi crucigrama y me hundí en el calor húmedo de la tarde. Cuando me comentaron que Martin Scorsese iba a venir para escoger a sus propios extras, en realidad no me importó. Me iban a pagar el día, me imaginaba que no me elegirían y estaba contenta de quedarme sentada en el suelo, en una esquina, haciendo crucigramas y leyendo. Marty (como se le conoce) paseó lentamente por el gran número de extras mirando cada cara de la multitud. Llegó a mi rincón, nuestros ojos se encontraron y me eligió. ¡Me eligió a mí! ¿Necesitaba dos personas de los cientos que había y me eligió a mí?

Me llevaron al plató. Yo caminaba con la cabeza baja y tropezando con un hombre de mi altura, 1,62 metros. Lo miré y el hombre se disculpó por chocar contra mí. Dios mío, era Robert de Niro. Fue muy amable. ¡Incluso dulce! Me preguntó si mi cabeza estaba bien. ¿Qué? Mi cabeza estaba espléndida porque estaba hablando con Robert de Niro.

Durante los dos días siguientes, me trataron como parte del equipo. Tuve el privilegio de sentarme y ver a dos tipos agua, Robert de Niro (un agua/madera) y Martin Scorsese (un agua/fuego), trabajar en su arte. Fui testigo de sus conversaciones, sus decisiones, sus sesiones de lluvia de ideas. Las relaciones entre ellos eran como un baile de mutuo respeto y admiración, muy propio de una relación de un agua. Juntos encontraron sentido al guion, examinaron los motivos, profundizaron en las palabras y trascendieron la historia con varias de las mejores actuaciones y direcciones del mundo.

La escena en la que yo salía era breve. Consistía en una confrontación entre los personajes de Nick Nolte y Robert de Niro. Entre tomas, Scorsese y De Niro hablaban bastante sobre los recovecos en que De Niro se tenía que sentar, y cómo su personaje se inclinaba sobre la mesa del bar. Los dos incluso conversaron sobre el mejor ángulo y la presión de cómo De Niro golpeaba con su Biblia sobre la mesa. Scorsese y De Niro se reunían en los rincones más apartados del resto del personal, e indagaban en la forma en que De Niro se tenía que mover, el tomo de voz que tenía que usar y hasta qué punto tenía que sonreír engañosamente… o no hacerlo. Esto, por supuesto, después de meses de preparación de los personajes por sí mismos. Era un método de actuación en su punto álgido, una práctica teatral que funciona bien para los tipos agua. Consiste en profundizar en el personaje y encontrar motivación para cada movimiento, conducta y conversación. Los métodos de los actores a menudo han pasado por meterse en sus papeles de forma extrema. Son capaces de encontrar sentido y razones para lo que dice el personaje, durante semanas o meses, sin hablar con la familia o los amigos en su yo real. Ganarán o perderán grandes cantidades de peso para sus papeles y experimentarán el mismo sufrimiento que el personaje.

Nolte no parecía un actor metódico, y si lo era, no lo demostraba. Tampoco parecía un agua, y no indagaba en el guion o el personaje mientras estaba en el escenario. En lugar de parecer que tenía un poco de prisa, solamente quería llevar bien las cosas, tal como lo haría un madera.

En un momento, durante estas mágicas cuarenta y ocho horas en el escenario, Nick Nolte trató de implicar a De Niro en una conversación sobre fútbol. De Niro no podía ni siquiera programar su mente para ello. Observé cómo De Niro, delicada y amablemente, le decía a Nolte que en realidad no estaba interesado en el fútbol y seguía sobre todo las noticias de la guerra del Golfo. Lo dijo con sensibilidad y propósito, y volvió a su guion, como hacen los agua.

# Los agua y el cuerpo

La mayoría de los cuerpos agua son blandos y carecen de tono muscular, ya sean delgados o gordos. Muchos agua tienen un ligero sobrepeso o son rollizos, con una «cara de pan» redonda y un abdomen prominente. Algunos agua (especialmente las mujeres) pueden parecer bastante delicados y preciosos. El paseo del agua es más bien un pavoneo o un paseo de ritmo lento. Suelen detenerse ante lo insignificante, y pueden soportar a una multitud sin darse cuenta de ello.

Los agua están gobernados por los riñones y la vejiga, los órganos que forman el sistema urinario. Esos órganos necesitan agua para ayudar a evacuar los desechos de la sangre. Los riñones filtran la sangre cuatrocientas veces al día. Los agua tienen que beber bastante agua para ayudar a los órganos que en ellos trabajan de una manera tan ardua. Las personas que no beben suficiente agua pueden padecer con facilidad trastornos de la vejiga y del riñón debido a la orina tan concentrada que filtran.

La buena noticia es que no resulta difícil ayudar a los riñones y a la vejiga. Beber suficiente agua es una forma, y puedes averiguar cuánta necesitas dividiendo tu peso corporal, en kilogramos, por cuatro. El número que obtengas es la cantidad media de agua que necesitas beber al día, en onzas [30 ml]. Por ejemplo, yo peso unos 60 kilogramos, por lo que necesito beber 67 onzas [2 litros] de agua al día, y más si hago ejercicio físico. Tú también puedes encontrar con facilidad en Internet fórmulas del consumo de agua para ayudarte a calcular cuánta agua debes beber.

Además, tomarse un zumo de granada ayudará a prevenir las infecciones del tracto urinario, y consumir suficiente fibra permitirá prevenir el estreñimiento. El zumo de granada y las frutas y las hortalizas con abundante fibra (o los suplementos) están disponibles en la mayoría de tiendas de alimentación. El estreñimiento no sólo es incómodo, sino que también genera otros problemas de salud, porque el colon está cerca de la vejiga y los músculos pélvicos.

Para vivir más y de una manera más intensa, los agua deben evitar comer alimentos procesados y beber refrescos, porque estresan la vejiga y los riñones. Recuerda que no son necesarios la sal, los dulces, los panes y las grasas, que imponen estrés al cuerpo, debido a la necesidad de procesarlos.

Durante décadas, mi madre ha exaltado las virtudes de la sal marina, y ahora está por fin saliendo a la luz que la sal marina, que contiene más de ochenta minerales, puede ser una de las cosas más saludables que puedes llevarte a la boca. La sal de mesa, que está muy procesada, a menudo sólo contiene dos minerales. La asesora de salud Heather Dane recomienda poner una escama de sal marina en la lengua o un poco en el agua para combatir la fatiga y la deshidratación. Si no hay nada que lo contraindique, ésta puede ser una buena ocasión para sustituir la sal de mesa por la sal marina.

Evitar los alimentos procesados, beber más agua, añadir sal marina a la dieta y consumir alimentos y hierbas saludables ayudará a los agua a proteger la vejiga y los riñones. Los órganos de los agua sin apoyo o estresados pueden ser vulnerables a las infecciones, y les producen manchas oscuras bajo los ojos, fatiga, edema y confusión mental.

## A TUS RIÑONES Y A TU VEJIGA LES ENCANTAN ESTOS ALIMENTOS (ecológicos, por favor)

▷ Sandía
▷ Manzanas
▷ Bayas
▷ Aceite de oliva sin refinar
▷ Ajo
▷ Coliflor

## A TUS RIÑONES Y A TU VEJIGA LES ENCANTAN ESTAS HIERBAS

▷ Jengibre
▷ Bayas de enebro
▷ Perejil
▷ Uva ursi
▷ Raíz de hidrastis

## Movimiento para los agua

Los agua necesitan estirarse, moverse y emplear sus energías de forma que no se queden bloqueados. Comienza con respiraciones y movimientos suaves. Además, da paseos de treinta minutos tres o cuatro veces por semana. Caminar ayuda a combatir el edema y la retención de líquidos en las piernas, que pueden ser un problema para los agua. Incluso será útil dar pasos de bebé moviéndote equilibradamente.

Los agua son buenos en los movimientos lentos y fluidos, como el taichí y los deportes como el surfing y la natación, cuando no son competitivos, y no al estilo de deportes extremos. La clave para ellos es mantenerse en movimiento, aunque sea poco a poco; no necesitan entrenar en un gimnasio para mantener en movimiento la energía de su riñón y su vejiga. Los tipos agua pueden hacer algo tan sencillo como caminar para generar curación y energía dentro de sus cuerpos.

## Abraham Lincoln, un presidente agua

Las decisiones y acciones de Abraham Lincoln como decimosexto presidente de Estados Unidos aún influyen en los estadounidenses, más de ciento cincuenta años después. Decidió abolir la esclavitud, incluso a costa de una guerra civil; trabajó para modernizar la economía y las tareas del gobierno. Abe no está presente hoy en día para soportar los factores estresantes de la vida moderna del siglo XXI, pero incluso en su época se decía que tenía que luchar contra el insomnio, nunca se tomaba vacaciones y tenía un agotamiento profundo. ¿Quién sabe cómo influía este desequilibrio en sus actividades diarias?

Abraham Lincoln era principalmente agua (con metal). Hay muchos indicios que apuntan a esto. Se le describía como inteligente, clínicamente deprimido, un visionario, una persona que se retiraba durante horas en privado, una persona a la que le encantaba leer y no disfrutaba con el trabajo físico, y alguien que anhelaba pasar su tiempo pintando, escribiendo y creando poesía. Hablaba lentamente y decía: «Camino poco a poco porque nunca retrocedo».

Los problemas de salud de Lincoln son los típicos puntos vulnerables de los agua. Tenía hipotonía, o bajo tono muscular (también conocido como síndrome del bebé hipotónico), estreñimiento y, probablemente, síndrome de Marfan, que afecta a los tejidos conectivos del cuerpo, que mantienen unidos a todas las células del cuerpo, los órganos y otros tejidos. También pudo tener una enfermedad extremadamente rara llamada neoplasia endocrina múltiple, un trastorno genético que le hacía tener los huesos largos y un excesivo crecimiento de las células nerviosas.

Nadie sabrá jamás cuánto sufría Lincoln por sus trastornos físicos. De lo que podemos estar seguros es de que no tomarse nunca vacaciones, estar clínicamente deprimido y sufrir agotamiento profundo no ayuda a nadie, sobre todo con un cuerpo ya afectado y en especial siendo agua. La falta de sueño, el exceso de trabajo y la ausencia de un consumo adecuado de agua son problemas importantes para los agua, y pueden generar trastornos emocionales.

Los trastornos de Lincoln podrían haberse aliviado por las comodidades modernas, como beber agua potable limpia. Durante la guerra civil, la bebida más popular era el café, que se solía elaborar con agua sucia. La cafeína y la falta de agua pueden causar deshidratación, y la deshidratación genera fatiga, que sufría Lincoln. Si eres agua, aprovecha el agua potable limpia y de fácil acceso que tenemos la mayoría en torno a nosotros, descansa bastante y permanece equilibrado. Somos afortunados por vivir en una época en que podemos hacer todo eso.

## Los agua se funden con la comida

Puede que te hayan dicho «¿Comes para vivir o vives para comer?». Los agua viven para comer. Ni siquiera los alimentos cómodos de consumir pueden describir su entusiasmo por la comida ni la capacidad de darse el gusto y disfrutar. Yo había pasado una gran semana escribiendo, y para celebrar tanta productividad me gratifiqué a cenar patas de cangrejo y langosta. ¡Dios mío! ¡Me sentí contenta de decirme sí a mí misma! ¡Era la chica más afortunada del restaurante! Encargué el plato más grande de la carta y comí hasta reventar. Me encantó estar sola y me sentí mal por todas las personas que comían con amigos y citas. Abrí la langosta y absorbí su parte trasera. Me metí las patatas enanas rojas enteras en la boca. Acabé con tres ramequines de mantequilla clarificada. Llegué a esparcir jugo de cangrejo en las mesas que estaban frente a las mías. La mantequilla me caía por la barbilla hasta el pecho. Trozos de bichos del océano adornaban mi ropa (vaya, ¿se supone que nadie me iba a traer un babero para la langosta?). Me sentía dichosa gracias a la comida.

Me acompañé con una canción de la banda Heart que resonaba por los altavoces de la sala: «¡Es un hombre mágico, yeah, oh, oh, oh!». No tenía que pedir perdón por nada, y, sin duda, no sentía que estuviera dejando pasar esa oportunidad. Me decidí a observar a la gente, a escuchar sus conversaciones, a disfrutar de la comida y a ser yo misma con mis pensamientos, sentimientos y crustáceos. Estaba sentada en una cabina grande, tenuemente iluminada, y escuchaba a escondidas las historias privadas de otros comensales. Tardé algún tiempo en encargar mi comida y tomé todo lo que quise, incluyendo el postre de chocolate más grande de la carta. No tuve que limpiar el plato ni llevarme nada a casa. No tuve que hacer nada por obligación. Para los agua, comer es menos un evento social que una oportunidad para reconfortarse con la comida y para estar a solas con sus pensamientos.

## Encontrar el equilibrio siendo un agua

A la mayoría de los agua les encantan las salsas espesas, las ricas cremas y las raciones generosas. Pero, puesto que sus órganos tienen que trabajar horas extra para procesar estas comidas tan densas, es especialmente importante que ayuden a sus órganos con movimiento físico habitual e hidratación.

La clave para las personas agua es no dejar pasar la vida vacías de energía. Cuando ocurre esto, tienden a aislarse y ser sedentarios.

Los agua también suelen ponerse demasiado cómodos en casa. Fácilmente pueden pegarse al sofá, incluso sentados en la misma posición durante horas. Es importante no dejar que ocurra esto.

### EJERCICIO PARA EQUILIBRAR A LOS AGUA

▷ Qigong
▷ Taichí
▷ Caminar (incluso durante diez minutos)
▷ Nadar

### APORTAR ENERGÍA A TU AGUA

▷ Levantarse y estirarse
▷ Reírse con ganas
▷ Invitar a un fuego a cenar

### EQUILIBRAR TUS RIÑONES Y TU VEJIGA

▷ Acupuntura
▷ Acupresión
▷ Medicina energética Eden

## Medicina energética Eden para los agua: reprogramación con miembros alternos

Este ejercicio de reprogramación resetea el sistema nervioso y ayuda a los patrones fusionados de las energías de tu cuerpo, que son necesarios para tener más energía y vitalidad. Este ejercicio también puede librarte de la depresión o de los pensamientos lóbregos. Como agua, tal vez necesites hacer esto dos veces al día, durante varios días, para sentir alguna diferencia en tu estado de ánimo y nivel de energía.

1. MARCHA HOMOLATERAL: mientras estás de pie, levanta el brazo izquierdo y la pierna izquierda simultáneamente. Cuando los bajes, levanta el brazo derecho y la pierna derecha. Repite varias veces.

2. LEVANTAMIENTOS CRUZADOS: levanta el brazo izquierdo y la pierna derecha simultáneamente. Cuando los bajes, levanta el brazo derecho y la pierna izquierda. Repite varias veces.

La marcha homolateral y los levantamientos cruzados son, en esencia, pasos exagerados. Puedes ir hacia delante y detrás varias veces, pero siempre terminar la secuencia con los levantamientos cruzados.

## Los agua en las relaciones

Noah y Hazel parecían tener una buena relación. Noah era amable y generoso, así como un padre maravilloso para sus hijos. Solía comprar flores a Hazel y se ofrecía para fregar los platos o doblar la ropa. Nunca subestimaba a Hazel.

Todo parecía armonioso hasta que Hazel quiso hablar sobre algo más profundo que las noticias del día o lo que ocurría en el trabajo. Cuando sacaba a relucir un tema que no consideraba difícil en absoluto, Noah cerraba la boca. Afirmaba que no tenía nada que decir, aunque había miles de palabras encerradas en su boca. Si Hazel insistía, Noah parecía perderse en su propia cabeza. Sus frases se volvían breves y vagas. Parecía estar simplemente deseando que acabara la conversación para poder escapar.

Y, sin embargo, Noah dependía en gran medida de Hazel. Él estaba un poco obsesionado con cuánto la amaba. Sin ella, él se alejaba de la sociedad, dejaba de cuidar de sí mismo y perdía la confianza. Quedaba envuelto por el miedo.

Si los agua tienen libertad y tiempo para hablar sobre cosas que les intrigan, lo harán siempre que puedan. Sin embargo, si la conversación es un poco difícil o personal, o si las cosas no parecen ir tan bien, tienden a retraerse dentro de sí mismos y a tener miedo. Los agua pueden personalizar rápidamente los temas difíciles y sentirse culpables y a la defensiva, incluso cuando no se les está culpando y no tienen motivos para defenderse.

Si tienes una relación con un agua que se retrae de esta forma, puedes emplear el tiempo cuidadosamente cuando necesites hablar. Deja que el agua sepa que tienes algo que quieres discutir y más o menos cuánto tiempo crees que tardarás. Por ejemplo: «Jim, tengo algo importante de lo que me gustaría hablar. Creo que te llevará una hora de tu tiempo y me gustaría saber cuándo, en este par de días, vas a tener tiempo para hablar conmigo». De esta forma, el agua no se sentirá atrapado y será menos probable que se tome personalmente el problema y que esté más abierto para escuchar.

Por otra parte, si el agua te presiona para hablar de inmediato (ya asustado por el tema, pero deseoso de acabar con la intriga), entonces puedes hacerlo. Sin embargo, la charla debe tenerse en un espacio privado en que los dos os sintáis cómodos, y de forma que tengáis tiempo suficiente para no apresuraros. Si el agua solo quiere saber de qué trata, dile lo que es y pregúntale por algún momento para hablar en profundidad.

Si tu pareja es agua, querrá una relación profunda con una comunicación iluminadora. La charla trivial será aburrida, y si no compartís más que ligeros detalles sobre el tiempo o lo que sucede cada día, tu agua no va a confiar en ti ni en la relación. Al mismo tiempo, los agua necesitan sentirse suficientemente seguros para profundizar.

# ¿Conoces a algún agua?

Las cualidades fluidas, relajantes y suaves de los océanos, lagos y ríos se parecen a las cualidades de una persona agua. Pero el agua es extremadamente fuerte. El río Colorado generó el Gran Cañón, una de las maravillas naturales de la Tierra, y el sunami del año 2004 en el océano Índico fue uno de los desastres naturales más poderosos de la historia. Igual que sucede en la naturaleza, así ocurre con las personas.

Puedes reconocer a los agua de dos formas: serán los conversadores más interesantes que encuentres, o serán dulces, curiosos y juguetones como un pequeño bebé. Algunos agua son ambas cosas.

Si conoces a alguien que funcione con su propia programación temporal, probablemente será agua o tendrá fuertes tendencias de agua. Puedes probar distintas técnicas para motivarle a interesarse por el mundo, pero los agua lo hacen de manera aleatoria, sin ton ni son. A veces es como intentar utilizar un arce por su savia. Cuando la savia fluye por fin, puedes tomar pequeñas gotas o todo un cubo. Igual que la savia, de ningún modo un agua hará lo que tú quieres que haga. Su voluntad para participar en la vida procede de un lugar misterioso. Igual que sirenas que se arremolinan en el mundo de la magia y la imaginación, siempre que se les permita permanecer en el flujo del agua, serán atractivos, hipnotizantes y cautivadores. Pero si los apartas de su flujo y les obligas a hacer algo, perderán su poder creativo.

Ayudar y criar a un agua es una danza engañosa en ocasiones. A menudo luchan con la vergüenza o el miedo a exponerse, y suelen sentirse «no vistos», por lo que tal vez tengas que prestarles una atención especial. A los agua tampoco se les puede meter prisa más allá de sus fases reconstituyentes. Deben tener un respiro para crear su siguiente proyecto, acoger su siguiente arrebato de energía y extraer sus posibilidades más creativas. Por ahora lo habrás captado: el ritmo de los agua es más lento que el de los demás. Necesitan espacio y tiempo para resonar con su propio ritmo.

# Tú puedes ser un agua si...

Si tienes que leer este libro por partes, piensas en el contenido, lees esas partes de nuevo, piensas un poco más y después te tomas un descanso para una buena comida, probablemente tengas el elemento agua en tu personalidad, en especial si estás leyendo este libro *mientras* comes.

Puede que seas un agua si buscas sentido e importancia en todo lo que haces. ¿Buscas indicios para saber si algo es adecuado para ti? ¿Te sientes inseguro y atemorizado por la vida y por llegar a ser tu yo más brillante? ¿Te pierdes en tu intelecto porque quieres saber por qué ocurren ciertas cosas, dónde comienzan y terminan, e incluso por qué existen? ¿Quieres tener amigos íntimos, pero te sientes mejor tú solo porque no quieres trasladar tus problemas a la gente? ¿Te suelen decir que tienes una mente asombrosa? ¿Sientes que te mueves a un ritmo más lento que cualquier otra persona? ¿Sientes miedo de no conseguir el éxito? ¿Sientes miedo de tener demasiado éxito? ¿Tienes miedo de lo que pueda traer el mañana y cómo encontrar tu lugar en el mundo? De igual modo, ¿te gusta tontear con tu persona amada? ¿Disfrutas de los placeres de un niño pequeño, como abrazarte y hacer cosquillas, ir de campamento y tomar sabrosas comidas con tu amigo más íntimo o tu pareja? ¿Ansías que otra persona haga el trabajo duro por ti, de forma que tú no tengas que hacerlo? ¿Te sientes incómodo al apresurarte, y prefieres tomarte tu tiempo para disfrutar de las comidas y de la compañía?

Si asientes lentamente con tu cabeza mientras lees esto, entonces tal vez seas sobre todo un agua.

## SI CREES QUE ERES UN AGUA...

▷ Recuerda que necesitas tiempo de descanso. No te sientas culpable por ello. Te servirá para recuperarte y te convertirá en mejor persona.
▷ Recuerda que necesitas tiempo para jugar. No renuncies a ello porque no tendrás energía. Probablemente tendrás más energía una vez que empieces a jugar, y el juego te hará más abierto y tendrás menos miedo a largo plazo.

▷ Tu motor corre un poco más despacio que el de los demás. No eres un coche deportivo; eres el autobús Volkswagen con soportes para las tablas de surf (realmente genial, pero puede que no ganes la carrera).

▷ Date a ti mismo tiempo suficiente para completar los proyectos y ser honesto con la gente sobre la cantidad de tiempo que necesitas (siempre más de lo que piensas).

▷ Si has jugado a videojuegos o has visto la televisión durante dos días seguidos, probablemente haya llegado el momento para tomarte una ducha y salir de casa. Tómate un descanso.

▷ No seas tan privado, tan secreto y tan silencioso como para llegar a perder amigos. No les beneficia a ellos ni a ti. Tal vez creas que es misterioso, pero en realidad es solo molesto.

▷ No llegues a creer que la gente debe ser lo bastante inteligente como para leer tu mente si te quieren o te conocen bien. Creer que la gente debe leer tu mente impedirá que prosperen tus relaciones y les molestará.

▷ Cuando tu pareja diga «debemos hablar», tómate tu tiempo para charlar. No tiene que ser en ese mismo momento, pero tiene que ser en un día o dos.

▷ Recuerda que hay más cosas que tan sólo el comienzo. Ten fe y sigue adelante.

▷ No dejes que tu cuerpo tome la forma del sofá. Elige algún modo de movimiento o ejercicio que te guste y hazlo tres veces por semana. Tu cuerpo te lo agradecerá.

▷ Ten cuidado con perderte en tus propias historias y creer solo en ellas. Escucha los puntos de vista de otras personas y mantén tu mente abierta.

▷ Permanece conectado con los seres humanos u otros animales. No dejes que la paranoia te mantenga en un estado primitivo

# Prueba de valoración de la personalidad agua

Haz la siguiente prueba para averiguar lo fuerte que es tu elemento agua. Es probable que seas una combinación de elementos. Esto significa que algunas de estas respuestas serán ciertas para ti y otras no. Aceptar, comprender y trabajar con los elementos que componen tu personalidad es vital para entender las acciones y motivaciones de los demás, y para estar en paz contigo mismo.

Evalúa las siguientes frases de acuerdo con tus tendencias. En una escala del 1 al 5, 1 es nunca verdad y 5 es siempre verdad. Cuando termines, suma tu puntuación y compárala con las puntuaciones de los otros elementos de este libro. Tú te sientes guiado por tu elemento primario (o elementos primarios compartidos), que revelará los rasgos predominantes de tu personalidad, pero te verás muy influido por tu elemento secundario, y, en menor grado, por tu tercer, cuarto y quinto elemento. En determinadas circunstancias, puede que eches mano de elementos como mecanismo o estrategia de afrontamiento, pero tal vez no estén tan presentes en tu vida cotidiana como tu(s) elemento(s) primario(s).

| 1 | 2 | 3 | 4 | 5 |
|---|---|---|---|---|
| Nunca verdad | Casi nunca verdad | A veces | Casi siempre verdad | Siempre verdad |

# ¿Eres un agua?

**BAJO ESTRÉS EXPERIMENTO LO SIGUIENTE:**

- [ ] Tristeza.
- [ ] Pereza.
- [ ] Fatiga.
- [ ] Depresión.
- [ ] Desesperanza.
- [ ] Falta de energía.
- [ ] Tendencia a retirarme a mi interior.
- [ ] Indiferencia.
- [ ] Insomnio.

**EN GENERAL:**

- [ ] El miedo es la emoción que más me incapacita.
- [ ] Prefiero quedarme en casa con una buena película que salir y socializar.
- [ ] Recelo de la gente y de sus motivos.
- [ ] Soy muy introspectivo.
- [ ] Suele faltarme la energía.
- [ ] Me encantan las siestas y las hago siempre que puedo.
- [ ] Tengo mucha curiosidad y puedo tener un asombro infantil.
- [ ] Suelo llegar tarde, pero aun así no me doy prisa.
- [ ] En grupos de gente suelo reservar mis sentimientos y pensamientos para mí mismo.
- [ ] Me siento bien siendo una persona anónima.
- [ ] En clase o en un grupo intento esconderme en la parte posterior.
- [ ] Me encanta leer libros, periódicos y buenos artículos de revistas.
- [ ] Estoy ansioso o me siento motivado para leer o escribir diariamente.
- [ ] Las ideas, más que la gente, mueven mi alma.
- [ ] Tengo ideas brillantes que estimulan a los demás y que pueden cambiar el mundo, pero necesito a alguien más que las haga realidad.

- [ ] Tengo un complejo mundo interior que puede ser difícil para que los demás lo entiendan.
- [ ] Me siento bien con sólo unos pocos amigos, no necesito una gran vida social.
- [ ] Soy lento para expresar mis verdaderos sentimientos y tengo cuidado con lo que digo sobre los demás sobre mí mismo.
- [ ] Quiero descubrir verdades y misterios.
- [ ] Ansío dar sentido a esta experiencia en la Tierra.
- [ ] Soy muy autorreflexivo.
- [ ] Si me molestan mientras me encuentro en un proceso creativo, me resulta difícil retomarlo.
- [ ] Me siento cómodo siendo un seguidor y no un líder.
- [ ] Cuando me siento «visto» soy más cariñoso.
- [ ] Me siento joven y juguetón cuando me aman.
- [ ] Soy persistente.
- [ ] Por encima de todo, quiero ser amado por la gente.
- [ ] Me dejo llevar.
- [ ] Puedo perderme en las artes o en el proceso creativo.
- [ ] Guardo muy bien mi privacidad.
- [ ] Con los amigos puedo ser muy juguetón.
- [ ] He sido acusado de guardar demasiados secretos.
- [ ] Tiendo a creer que el mundo es un lugar peligroso y que hay que tener cuidado.
- [ ] Me cuesta un tiempo confiar de verdad en alguien.
- [ ] Mi hogar es mi refugio seguro, especialmente con mi pijama y palomitas.
- [ ] Cuando estoy sentado, me recuesto y me fundo con el sillón.
- [ ] Cuando camino, me muevo o bailo, fluyo como el agua.
- [ ] No me gusta el ejercicio, pero, cuando lo hago, prefiero que sea algo que fluya y lento, como la natación o caminar.
- [ ] Jugar a juegos como el softball me funciona bien porque la acción es constante.
- [ ] Cuando hablo, suelo charlar sin cesar durante mucho tiempo.

## PROBLEMAS TÍPICOS DE LOS AGUA:

- ☐ Hundirse en el aislamiento. Es habitual que a la gente le cueste acceder a mí.
- ☐ Me retiro en lo más profundo de mí mismo y ofrezco resistencia si la gente intenta darme ánimos.
- ☐ Puedo deprimirme y sentir que nada tiene sentido para mí.
- ☐ Pierdo mi energía fácilmente y necesito echarme una siesta o dormir para recuperarla.
- ☐ Suelo sospechar de la gente y me doy cuenta de lo que no han hecho por mí.
- ☐ Cuando estoy a solas con alguien puedo hablar elocuentemente durante horas.
- ☐ Pierdo la motivación con facilidad.
- ☐ No debería tener que cuidar de mí mismo; quiero que lo haga otra persona.
- ☐ En ocasiones me siento paranoico.
- ☐ Sospecho de la gente y sus secretos, pero no quiero desvelar mis propios secretos.
- ☐ Me asusto mucho.
- ☐ En ocasiones me siento paralizado e inmovilizado.
- ☐ La urgencia no está en mi naturaleza, y puedo perder la pista al tiempo.
- ☐ Puedo volverme «gélido» y ser duro.
- ☐ Soy más consciente de cómo me hacen daño que del daño que hago yo.
- ☐ Me preocupo por el pasado y sus problemas.

## ☐ PUNTUACIÓN DEL ELEMENTO AGUA

# CAPÍTULO DOS

# LA PERSONALIDAD MADERA

## TERMINAR LAS COSAS

*Nunca mandé a nadie al infierno. Simplemente dije la verdad y ellos pensaron que era el infierno.*

HARRY S. TRUMAN, 33.º presidente de Estados Unidos

**ARQUETIPOS MADERA:**
El pionero ⟹ El soldado ⟹ El visionario ⟹ El guerrero

**LA ESTACIÓN:**
Primavera (estallando)

**RESPUESTA AL ESTRÉS:**
Culpar y acusar

**PERSONAS FAMOSAS
CON ELEMENTO MADERA:**
Simon Cowell
Bill Maher
Rachel Maddow
Pink

**SI LAS PERSONAS MADERA
FUERAN ANIMALES:**
El bulldog
(fuerte y con un propósito)

SIMON COWELL

os madera no tienen miedo. Son como el repentino crecimiento expansivo de la primavera después de un largo y lento invierno. Son como las raíces de los árboles que empujan con fuerza a través del sólido hormigón, pero que siguen firmemente enraizadas en la tierra. Al permanecer fuertes con un sólido tronco, como un roble indestructible creciendo hacia el cielo, los madera se comportan con una determinación y una voluntad que supera todos los límites. Las personas madera ven el conjunto completo, encuentran soluciones, buscan lo mejor en las cosas y hacen cambios. Son fuertes, robustas, estables, valientes, lógicas, razonables, atrevidas, independientes y sin remordimientos. También son muy imparciales, y nada les molesta más que las injusticias. Esto las convierte en poderosas.

Los madera viven con un enfoque muy especial para organizar el mundo. Son emprendedores. Convierten las ideas en acción, terminan las cosas y después inician el siguiente proyecto. Los madera exudan confianza y no dejan que nada se interponga en su camino. Si ellos pueden imaginarlo, se hará. Saben lo que quieren, son decididos, hacen que ocurran cosas y se esfuerzan hasta el límite. Disfrutan con los debates y las discusiones, y no se dejan influir fácilmente por las opiniones de los demás. Una vez que toman una decisión no hay nada que les convenza de que es correcta la opinión de otra persona. Los madera saben que *ellos* tienen la razón, lo cual actúa como aliciente para su fuerte empuje, pero no siempre es una buena señal para sus relaciones sociales.

A los madera no les gusta ser meticulosos. Prefieren cortes de pelo de fácil mantenimiento con los que no tengan que perder el tiempo cada mañana. Sus ropas son sencillas y convencionales. Las capas de ropa de suave terciopelo, seda y lino parecen irritar a los madera. Los madera prefieren una sencilla camiseta, unos pantalones vaqueros y unas botas antes que una bonita camisa y unos pantalones de seda. «Sin tonterías» es el estilo de moda para un madera. Pensar en sus ropas o productos para el cabello los distrae de la tarea en la que están pensando.

Cada elemento se rige por una emoción predominante, y los madera suelen dejarse llevar por la ira. Hay un fermento subconsciente de ira que aparece rápido en los madera, en especial cuando son testigos de situaciones injustas o de maltrato a otras personas.

Los madera necesitan encontrar una forma de balancearse y plegarse como un sauce, en lugar de permanecer rígidos, para después romperse. Cuando los madera pueden encontrar una manera de combinar su tenacidad y su fuerza con acceso a su propia vulnerabilidad, el mundo se inclinará a sus pies. Los madera que expanden sus mentes, abren sus corazones y evolucionan sus espíritus mejoran su ya poderosa existencia con fuerza. Y unos cuantos sencillos pasos más les ayudará a permanecer en equilibrio una vez que lo han encontrado: los madera necesitan bastante sueño y descanso, asegurarse de mover sus cuerpos todos los días y disfrutar en compañía de amigos y conocidos, en lugar de pasar mucho tiempo solos en su trabajo.

Cuando los madera están equilibrados, son, de todos los elementos, los mejores directores, los organizadores con más recursos, los comunicadores más decididos y claros, y los mejores a la hora de ver el conjunto completo. Funcionan bien bajo presión, y si algo sale mal, profundizan y perseveran. La presión es una fuente para su impulso, y también ayudan a los amigos, familiares y colegas que se encuentran bajo presión. Son buenos abogados y unos animadores serviciales. En otras palabras, te apoyarán.

Si los madera pueden aprender a ir más despacio, a suavizarse y a comprender a los demás, pueden experimentar una salud resiliente y un gran bienestar, además de disfrutar de carreras productivas y relaciones satisfactorias. A los madera les resulta útil tener un compañero optimista que les dé con frecuencia una palmada en la espalda o que choque las manos con ellos. Un rápido agradecimiento hace saber a los madera que su duro trabajo es observado por las personas a las que más agradan.

# Los madera se hacen fuertes cuando están bajo presión

En 2008, yo estaba felizmente embarazada y no quería dar a luz en un hospital. Después de años de defender que los amigos y los familiares pasaran algún tiempo en el hospital, pensé que tener mi hijo en casa con una comadrona era igual de seguro, si no más, que hacerlo en un hospital con un médico y todo un séquito de asistentes y enfermeras. También sabía que necesitaría todos los testimonios que pudiera encontrar para hacer posible un parto en casa. Ya había oído a gente comentar que los partos en casa no sólo eran peligrosos, sino también un acto egoísta (poner en riesgo la salud del bebé), y que los hospitales eran el único lugar seguro para tener un hijo. Yo conocía esos mitos; sin embargo, tenía que prepararme para los ataques que iba a sufrir. Un médico me dijo que si mi bebé moría, sólo yo tendría la culpa. Este tipo de actitudes pretenciosas es un aliciente perfecto para que un madera se reafirme más en sus opiniones.

Como madera, era natural que investigara muy bien mis opciones. No sólo confirmé que los partos en hospitales no son tan seguros como pretenden ser, sino que también descubrí que, como ya sospechaba, los partos en casa pueden ser incluso más seguros. Un estudio de 2014 de un artículo de la revista *Journal of Midwifery & Women's Health* revisado por profesionales confirmó que, en las mujeres con bajo riesgo, los partos planificados en casa tenían bajos porcentajes de intervención y no más resultados adversos para las madres y los bebés que los partos en los hospitales. El parto en casa puede tener incluso beneficios para la salud, que van más allá de los normales en hospitales.

Toda mi investigación estaba al servicio de mis ideas: creía que el parto debía ser tratado como un acto natural en lugar de una emergencia médica. Con el paso del tiempo también comprendí que muchos aspectos de las revisiones durante el embarazo son innecesarios. Por ejemplo, los exámenes vaginales prenatales rutinarios son inadecuados debido al riesgo de infección y de rotura de membranas. Los tocólogos admiten que pueden descubrir cualquier cosa que necesiten de otras maneras (palpación manual del estómago, historia menstrual de la mujer, etc.). Por tanto, aunque la mayoría de las mujeres, sin conocer nada distinto, aceptan esas comprobaciones invasivas como parte de sus cuidados prenatales, yo no tuve ninguna durante mi embarazo, como me indicaban mis ideas.

Investigar sobre el gran negocio de los partos naturales y con cesárea en los hospitales estadounidenses, leer todos los estudios revisados por profesionales que pude conseguir y respaldar mi opinión con hechos y estadísticas fue un enfoque muy propio de un madera en mi situación. Quería hacer las cosas a mi manera, tomar opciones claras y racionales, y permanecer firme en mis convicciones, aunque no fuese el camino más fácil que adoptar. No podía permitir que un hospital se apropiara de una de las más bonitas experiencias que iba a tener en mi vida. Y, gracias a mi investigación y mi insistencia, tuve el parto que quise. Mantuve mi decisión de tener mi hijo en casa y me negué a todos los fármacos y procedimientos invasivos que me ofrecían: nada de epidural, nada de dilatación para el parto y nada de episiotomía. En medio de la intensa presión de amigos, familiares y del moderno sistema de obstetricia, la mayoría de las mujeres ceden su libertad sobre cómo quieren dar a luz, y tristemente muchas sociedades no valoran a una mujer madera fuerte. Pero yo no me rendí. Yo no. No un tipo madera.

Los madera parecen tener éxito en todo lo que emprenden. Necesitan hacer más y hacerlo *ahora*; está en su ADN. Parte del éxito surge de su determinación. Los madera saben que la responsabilidad personal y el trabajo duro son lo que les permite seguir adelante. ¿Hay una competición en la que participar? El madera obtendrá el primer lugar. Esto puede parecer tener buena suerte para el resto de las personas, pero los madera saben que han invertido su tiempo y su esfuerzo para generar excelencia.

Sin embargo, la paciencia no es su fuerte. Pide a un madera ayudar en algo que puede tardar algún tiempo, algo que conlleve mucha burocracia, y su cabeza puede explotar. Perder el tiempo es casi insoportable y pueden sentir como si les tirasen una olla a presión. Los proyectos deben estar pensados para ayer. Además, si los madera han iniciado un proyecto contigo, no te dejarán tirado. Los negocios sin terminar pueden conseguir que los madera se vuelvan inquietos y distraídos, y sienten repulsión por la idea de un fracaso personal y la deslealtad.

Las personas madera no están interesadas en las tareas en las que no puedan brillar. Los madera quieren ser los mejores y desean obtener su premio por hacer bien su trabajo. Estados Unidos es un país madera: se enorgullece de ser el número uno en el mundo con lo mayor y mejor de todo. Estados Unidos tiene más medallas olímpicas de oro que ningún otro país, el mayor mercado de consumo del mundo, bufets que están abiertos las veinticuatro horas del día, cuatro deportes nacionales cuyos ganadores se consideran los «campeones mundiales» (la mayoría de los países tienen uno), y el ejército más grande y potente del mundo. Muchos madera se ofrecen voluntarios para ir a la guerra.

Para un tipo madera todo consiste en el control. Si no sienten que controlan su vida diaria y se concentran en sus objetivos a corto y largo plazo, los madera no tendrán humor para interactuar. La gente puede distraerles de sus objetivos. Los madera que se sienten atrapados o confinados por una situación harán algo rápidamente para cambiar sus reglas de forma que puedan recuperar el control y su independencia. Nina, una amiga mía madera, afirma que su peor pesadilla es perder el control. Sabe que el resultado sería que todo su mundo se caería en pedazos.

La mafia italiana es una organización madera. No es lo que podríamos llamar una organización madera positiva, pero sí incluye muchas de las cualidades que constituyen el elemento madera: feroz lealtad, liderato poderoso, compromiso implacable con una causa y un río de ira subyacente. Los mafiosos no se consideran asesinos: simplemente se ven a sí mismos como redes muy unidas de familias que buscan justicia.

La familia mafiosa reflejada en la película *El padrino* es un ejemplo perfecto de madera dominante (con elementos secundarios de tierra y agua). El personaje del padrino, Vito Corleone, representado por Marlon Brando, es el jefe de la familia Corleone. Vive según el estricto código moral de cualquier macho gánster: recompensa la lealtad y destruye a cualquiera que se interponga en su camino. Es ambicioso y exige «respeto» (miedo). Prefiere la intimidación al asesinato como primer recurso, pero utiliza su valor y su reputación como asesino entre los asesinos para mantener el control cuando es necesario.

En la escena inicial, un hombre llega hasta Corleone pidiéndole protección. El hombre ofrece dinero a Corleone. Implora. Pero Corleone ve que el hombre no muestra suficiente respeto y, por ello, la escena resulta más intensa. Hasta el hombre se arrodilla, besa el anillo de Corleone y le llama padrino cuando accede a ofrecerle protección. El respeto y la lealtad son todo para un madera.

Cada elemento tiene puntos complejos, y *El padrino* ofrece una visión del lado más oscuro de los madera. Por el lado positivo, los madera equilibrados son emocionalmente sanos, auténticos, genuinos, con los pies en la tierra, generosos, honestos, éticos y amables. Los madera observan la vida en términos de lo que es justo, lo que es correcto y lo que va mal en el mundo. Pueden trazar con rapidez un plan estratégico para arreglar cualquier cosa que esté estropeada. Ver injusticias y emprender acciones para remediarlas es una de sus cualidades más honorables. Se estresan cuando la gente no hace un trato justo. Normalmente, los madera ayudan al indefenso, e irán por encima y más allá de lo que creen que es una causa importante o una persona necesitada.

## Los madera no se rinden

En abril de 2016, el Departamento del Tesoro anunció que hacia el año 2020 Harriett Tubman aparecería en el billete de veinte dólares. Una de las más fuertes abolicionistas que no dejaba que los golpes, las palizas y los ataques epilépticos le impidieran cumplir su misión de ayudar a esclavos a conseguir la libertad; por fin va a ser reconocida a gran escala. En el siglo XIX, décadas antes de la guerra civil, los esclavos que escapaban viajaban a pie por la noche, guiándose por la estrella polar, para encontrar una nueva vida y seguridad en el norte y en Canadá. Marcando el camino estaba Harriet Tubman, que era directora del Underground Railroad, una red secreta de casas seguras donde los esclavos fugitivos podían alojarse durante sus viajes hacia la libertad. Harriet Tubman hizo trece viajes desde el sur hasta el norte y liberó a trescientos esclavos en diez años. Arriesgaba su vida cada día. Y cuando le ofrecieron una recompensa de cuarenta mil dólares por ser una robaesclavos, tuvo que volverse más hábil y centrada.

En uno de los viajes de Tubman fue a rescatar a su marido, sólo para descubrir que él se había casado con otra mujer mientras ella había estado fuera llevando esclavos heridos, enfermos y asustados durante noches muy peligrosas. Otras mujeres habrían permitido que esta inesperada sorpresa las destruyera y las apartara de sus planes. Pero nada alejaba a Harriet de sus objetivos. Dejó a su marido y a su nueva esposa y prosiguió su labor de encontrar esclavos que buscaban la libertad y llevarles hasta el norte. Fue una de las personas más valientes del continente, y los afroamericanos la llamaban Moisés. Harriet Tubman era madera.

Con un madera no hay sorpresas: lo que ves es lo que obtienes. Lo que un madera esté pensando es lo que saldrá de su boca. Ellos dicen la verdad y no se guardan las palabras. Por otro lado, puesto que los madera no se coartan, las relaciones pueden ser difíciles. Lo mismo ocurre con las situaciones en las que se espera que hablen de trivialidades o sean políticamente correctos. No va contra su naturaleza interrogar a personas y ver hasta dónde pueden llevarlas, con el objetivo de averiguar lo que les mueven.

Para un madera, el amor no hace que el mundo se mueva; lo hace la honestidad. Decir la verdad no es una elección; forma parte de su naturaleza. Ven algo y dicen exactamente lo que es, bien alto para que todos lo oigan. No se preocupan por dañar los sentimientos de la gente o por suavizar los golpes. Hacer eso a un madera le parece una forma de censura. Podemos imaginar que, cuando se necesita cierta delicadeza o sutileza en los negocios o el amor, los madera no siempre saben cómo jugar a ese juego, o bien saben exactamente cómo jugar a ese juego, pero creen que hacerlo es otra forma de falta de honestidad.

## Los madera tienen un punto de no retorno

En 1996, yo estaba haciendo una representación en el distrito de Polanco de la Ciudad de México. Era la bailarina del vientre exclusiva en un bello y lujoso restaurante, con una banda de ocho instrumentos y mi propio apartamento, que estaba conectado con el restaurante a través de un laberinto de túneles. El club se encarga del servicio de cátering de hombres y mujeres adinerados y bien conocidos de Ciudad de México. Incluso bailé para un bebé millonario de un año de edad en su primer cumpleaños. Estaba sentado en lo alto, sostenido sobre un pedestal con un vestido de color crema parecido al de una novia, con diamantes cubriendo su cuerpo (y lloró durante toda la representación). Había también una famosa estrella internacional que se sentó en una cabina oscura para ver mi espectáculo muchas veces y hubo muchos rumores sobre nuestra relación. Todo fue muy estimulante y divertido. En mis días libres iba a Acapulco para tomar el sol en sus legendarias playas.

Cuando terminó mi contrato de dos meses, mi jefe me sentó en una pequeña esquina del restaurante que estaba envuelta de frondosas vides y flanqueada por estatuas de diosas griegas. Me pidió que me quedara más meses y me ofreció aumentar mi sueldo de 100 a 150 dólares por noche, por mi espectáculo de una hora. Le di las gracias, pero me negué. Ya era bastante.

Bromeamos y reímos, y le conté la historia sobre mi estancia en México, como cuando una joven y su banda de mariachis me cantaron desde la calle y despertaron a todo el vecindario. Mi jefe me ofreció duplicar mi paga a 200 dólares por espectáculo. De nuevo le dije que no quería. Bebimos café, comimos hummus e intercambiamos opiniones sobre lo que hace que alguien sea un buen artista. Me ofreció triplicar mi paga a 300 dólares. Dijo que yo era una de las mejores bailarinas de Oriente Medio y me preguntó qué podía hacer para que me quedara en Ciudad de México.

Mi tarifa por actuar en un restaurante de California era de 35 dólares, con propinas, por lo que lo que me ofrecía era bastante generoso. Por un momento imaginé lo que podría hacer con 300 dólares por noche por espectáculo (más de 100 a 300 dólares en propinas por cada espectáculo) y cómo seguiría siendo amada y admirada por la comunidad. Era muy tentador.

Y era cierto que me encantaba Ciudad de México. Había sido una aventura. Actuaba cuatro noches por semana, y en mis días libres viajaba a Guadalajara, Chiapas e incluso a Guatemala para gozar de las vistas. Me sentía libre. A una persona madera le encanta ver y experimentar cosas nuevas.

Pero como madera fuerte, con un apetito típicamente insaciable por los cambios y nuevas aventuras, mi siguiente objetivo era actuar en Oriente Medio. Nada me detendría de conseguir ese objetivo, ni siquiera 300 dólares, más propinas, por hacer lo que me gustaba. Le dije a mi jefe que de verdad lo dejaba.

Irritado, mi jefe libanés me dio un sermón sobre ciertas normas de México, como que se espera que una mujer sea sumisa y dependiente.

Me advirtió sobre las consecuencias de romper las convenciones sociales. Se esperaba que una mujer hablara y respondiera de modo agradable a un hombre autoritario, que no permaneciera firme en sus convicciones. Como madera, tengo fuertes opiniones sobre no tener problemas en dar voces y entrar en acción. De lo que no era consciente (al típico modo madera) era de que estaba a punto de ofender a su familia, social y culturalmente, diciendo no a su patriarca. No siempre me doy cuenta de las consecuencias de ser directa y honesta, sin convenciones, especialmente en situaciones sociales.

Mi jefe estaba más que molesto (y, sin embargo, yo sentía respeto y amabilidad hacia él). En los últimos días de mi contrato también sentí que, en cierto modo, me rehuía la familia que antes había sido tan buena conmigo. Pero, como madera, ya había tomado mi decisión. Eso era todo. Ya estaba hecho.

## Mujeres madera: rebeldes poderosas, y a menudo mal entendidas

Los madera, con su individualidad, honestidad, resolución y firme confianza, ejercen gran influencia con una fuerza desafiante. Un madera puede ser como un clima severo que cae sobre ti, uno que no te deja tiempo para encontrar un paraguas. Un madera pionero es una tremenda fuerza que afrontar.

Sin embargo, a una mujer madera poderosa se la percibe de forma muy distinta que a un hombre madera poderoso. A las mujeres madera históricamente se las ha considerado rebeldes y problemáticas, mientras que a los hombres madera se les ha visto como simplemente poderosos, una cualidad que se espera que encarnen los hombres más impactantes.

Las mujeres madera lo pasan peor que las mujeres de otros elementos. Su poder puede ser intimidatorio para la sociedad en la que viven. A numerosas mujeres líderes madera se las ha evitado porque decían lo que pensaban y no lo lamentaban. A continuación, algunos ejemplos: Mary Wollstonecraft, quien, en el siglo XVIII proclamó públicamente que las mujeres eran algo más que posesiones, vio dañada su reputación durante casi un siglo. Susan B. Anthony fue encarcelada por intentar votar. Eso no le impidió hacer campaña para que a las profesoras se les pagara igual, en 1846, y pidió el voto para las mujeres y el fin de la esclavitud. Emmeline Pankhurst fue encarcelada más de quince veces a finales del siglo XIX por trabajar por la liberación de las mujeres británicas. Rosa Parks fue encarcelada por resistirse a la segregación en los autobuses y por negarse a ceder su asiento a un blanco en 1955. Janet Jagan se convirtió en presidenta de Guayana en 1997, a pesar de varios intentos por evitar su liderazgo.

Las mujeres madera fuertes han sido incomprendidas a lo largo de la historia. La gente no siempre se siente cómoda con una mujer que es franca, directa, asertiva o poderosa, incluso hoy en día. Son rasgos que asociamos (y respetamos) con mayor comodidad con los hombres madera. Pero, se quiera o no, las mujeres madera son líderes en todo el mundo. Abren nuevos caminos y terminan sus tareas con valor.

Aunque las mujeres madera están profundamente afianzadas en las novelas modernas y las películas extranjeras, las mujeres fuego disfrutan de la vida y se admiran entre ellas mismas, las mujeres tierra se adaptan a lo que venga y las mujeres metal meditan y hacen yoga, son las mujeres madera quienes se ocupan de hacer política y de reescribir normas, leyes y regulaciones para contribuir a que el mundo siga adelante.

## Angie Dickinson, la mujer madera más sexy de Estados Unidos

Cuando era pequeña, entre nuestros amigos más íntimos estaban los Bacharach, como el compositor Burt Bacharach. Angie Dickinson (la mujer de Burt, que fue votada como una de las mujeres más sexy del mundo) es una mujer madera (con metal y también fuego). Angie posee todas las poderosas cualidades de un madera: es sincera, clara en su comunicación, clara en lo referente a sus límites y franca, con un retorcido sentido del humor. También es generosa y está llena de caridad.

En 1974, Angie participó en el primer programa exitoso de televisión de Estados Unidos en horario de máxima audiencia, en que se interpretaba a una mujer en el papel del título *Mujer policía*. No sólo eso, sino que Angie tenía más de cuarenta años, lo cual era literalmente inaudito en Hollywood; nunca había habido una mujer de más de cuarenta años que liderase una serie dramática con éxito. Angie se convirtió en una de las mujeres célebres más conocidas del mundo (un nombre familiar) y fue admirada por las mujeres de todo el planeta. Era una de las pocas mujeres a las que se le permitió participar en el famoso grupo liderado por Frank Sinatra, conocido como Rat Pack, y se solía decir que nació para hacer lo que nadie había hecho antes. Las mujeres madera suelen decir que se llevan mejor con los hombres que con las mujeres. Como Angie solía afirmar en pocas palabras, «pienso como un hombre y no cotilleo como una mujer».

*Mujer policía* inspiró una serie de actitudes en las mujeres de los departamentos de policía de todo el país. *Mujer policía* es todavía una referencia actualmente cuando las mujeres ingresan en las academias de policía. Angie fue el modelo de la televisión que llegó al mundo real, y sigue siendo un modelo para todos los que la conocen.

Angie ha aparecido en más de cincuenta películas, ha sido galardonada con numerosos premios para actores y tiene una estrella en el Paseo de la Fama de Hollywood por su contribución a la televisión. Ha sido esposa, madre, hija, hermana y tía, un gran ejemplo de una mujer madera fuerte y dedicada. Después de todos sus éxitos, bromea diciendo lo siguiente: «me encanta haber sido considerada una de las cincuenta mujeres más sexis del siglo. Me contentaría con eso en mi lápida».

## Los madera y las emociones: la ira

En la medicina tradicional china, los órganos que gobiernan la personalidad madera son el hígado y la vesícula biliar, y la emoción es la ira. La expresión «¡eso me irrita!» describe una experiencia amarga o furiosa. El hígado es el órgano que armoniza el cuerpo, y cuando el chi (energía) se ve reprimido (lo que es habitual en los madera), es como un atasco dentro del cuerpo. Mientras que los tipos de personalidad agua, fuego, tierra y metal tienen miedos reales o imaginados, los madera parecen evitar el miedo por completo y, a veces, se llevan irritación y exasperación.

La ira puede ser un concepto alarmante o negativo para las personas de Occidente, donde parece tabú. Incluso admitir que estamos enfadados puede parecer arriesgado y poco seguro, especialmente si nos han enseñado que la ira es una emoción que debemos reprimir. Sin embargo, en la medicina tradicional china la ira se considera una amiga que necesita ayuda. La ira desequilibrada puede dañar el hígado, y los problemas hepáticos pueden volvernos irritables (seamos conscientes de ello o no). Al estar desequilibrados, la ira de los madera envenena sus relaciones. Si están equilibrados alimenta su determinación. El objetivo es promover una ira saludable que no se reprima, un hígado y una vesícula sanos, y relaciones saludables.

Podemos ayudar a un madera frustrado para que cambie de onda en su vida. Déjalo todo y lleva a esa persona a ver una película o a jugar a algo que permita que su intelecto no piense cómo solucionar los problemas que la enfurecen. Las diversiones cotidianas, así como las distracciones absurdas, ayudarán a calmar la frustración y la irritación de un madera. Los fuego son buenos en esto. Pueden ayudar a desencadenar emociones nuevas y positivas en los madera y a olvidar su ira. Cuanto antes acepte un madera que hay poco en la vida que puede controlar, más sano estará emocional y mentalmente.

## Si te encuentras atrapado en la ira

Si eres un madera atrapado en un círculo vicioso de ira, levántate de tu mesa, da un paseo por la manzana, deshazte del teléfono o apártate de la situación que te afecta. ¡Sal de tu espacio! Más que cualquier otro elemento, los madera necesitan moverse. Si no se mueven, tienden a bloquearse en sus articulaciones, huesos y emociones.

Para ser buenos compañeros y líderes eficaces, los madera necesitan encontrar procedimientos para calmar su irritación, hablar conscientemente y practicar la amabilidad al expresar sus frustraciones. El camino del crecimiento para un madera es aprender a demostrar liderazgo sin ser autoritario, y ser competente sin mostrarse arrogante.

# Los madera no deben gritar para decir algo importante

Un día, en la iglesia, mi madre vio que estaba sentada junto a un padre y su hijo. El hijo era un chico alegre e inquieto de unos seis o siete años, que movía las piernas. El padre era tranquilo y serio. Intentaba a duras penas oír el sermón y controlar a su hijo. Era obvio que la exuberancia del hijo incomodaba al padre. Demostraba pocas emociones mientras estaba sentado, rígido y concentrado, con sus ojos en el púlpito. Pero su tensión creciente era palpable. Cuando el platillo llegó a los bancos, el padre dio algo de dinero y también se lo dio a su hijo. El hijo alegremente extendió el brazo sobre el platillo y cogió todo el dinero que pudo. Con un tono severo, con los dientes apretados y los labios tensos, el padre dijo con un gruñido en voz baja: «Devuelve el dinero». El padre ni siquiera miraba al hijo. El hijo, lenta, pero decididamente, devolvió el dinero. No había nada más que decir.

Los madera no tienen que gritar para mostrar su emoción primaria. Simplemente permanecen en calma, usan las palabras de un modo estratégico, proyectan su voz, pronuncian las palabras con cuidado y se envanecen en su postura. En su mayor parte, su ira no es insignificante. No se ponen furiosos por no poder encontrar su champú favorito en los estantes del supermercado; no tienen tiempo para eso. En su lugar, los madera se enfadan cuando sienten que pierden el control de las cosas o cuando observan injusticias y desigualdades en la vida. El abuso en las escuelas, las mentiras en las relaciones y la pereza en el puesto de trabajo son intolerables para un madera. No comprenden a las personas que no trabajan con ahínco, que no se hacen responsables y que tratan mal a otros. Los madera son directos y honestos con estas cosas. Creen que la honestidad es la forma más elevada de amabilidad.

**¡HAZ!**

▷ Dedica algún tiempo cada día a moverte y estirarte..

Los madera pueden ponerse muy rígidos, no sólo en sus articulaciones, sino también en su forma de reaccionar ante el mundo.

Moverte y estirarte ayudará a mantener tu mente flexible.

**¡NO HAGAS!**

▷ No digas siempre lo que te venga a la mente.

Si eres un madera, tus tonalidades y opiniones son más agudas y fuertes de lo que crees. Dedica un minuto a pensar en formas de suavizar tus palabras antes de pronunciarlas.

Irritar a un madera es bastante fácil si eres una persona irresponsable, que se comporta mal o que es descortés. El odio puede fraguarse y estallar rápidamente en los madera, quienes entonces se preguntarán por qué no hay más gente enfadada como ellos. ¿No ve todo el mundo lo que ven ellos? Como dice el cantante y compositor Kasey Chambers, «si el mundo no te toca las narices es porque no estás prestando atención».

Los madera equilibrados han aprendido a curar la ira crónica y no dejan que domine sus vidas. Muchos madera equilibrados observan bien pronto que la ira puede aportarles energía para seguir adelante, y entonces pueden liberarla. La ira en realidad los alimenta y puede ayudarles a conseguir el éxito, de forma que puedan librarse de ella.

## La ira puede alimentar la creatividad de un madera

En el verano de 2003 yo participaba en un programa de baile oriental en El Cairo, Egipto. Actuaban bailarinas de todo el mundo, y también se sentaban entre el público para ver el espectáculo. Yo me había encontrado con Safiya numerosas veces en distintas partes del mundo. Ella era una metal/fuego. Justo entonces me dirigía a la zona de detrás del escenario para calentar, y ella me quiso aleccionar sobre cómo debía aproximarme a ella, y afirmó que debía demostrarle más respeto en público. Yo intentaba concentrarme para mi espectáculo, y como participante ella debería haber respetado eso. Pero incluso más molesto fue cuando me dijo que debía inclinarme ante ella. Su metal quería ser tratado como una reina, y su fuego casi me sacó de quicio.

Cuando la banda empezó a tocar y un atento público de más de trescientas personas llenaban la sala, me puse furiosa. En cuestión de momentos, la ira salió de mi pecho, llegó hasta mis pies y se dirigió directamente hacia la cabeza. Pero en lugar de desestabilizarme, me volvió muy fuerte, confiada y valiente. Si estaba nerviosa por actuar antes de encontrarme con Safiya, ahora no lo estaba; en su lugar, me sentía elevada por la misma ira. Iba a demostrar al mundo que yo era la mejor bailarina de El Cairo esa noche.

Cuando la banda tocó la canción de mi aparición en escena, salí al escenario y bailé como nunca lo había hecho. Mis pies y mis caderas hacían movimientos que nunca habían realizado. Era como si alguien más estuviera bailando dentro de mí, y, sin embargo, yo estaba más controlada de lo que había estado entre bambalinas. Me sentía feliz, convencida, superior, maravillosa, irresistible y como si midiera casi tres metros de altura. ¡La multitud se volvió loca! La banda me pidió que me quedara en El Cairo y que actuara con ellos de forma habitual. Una etnóloga de la danza que había en el público hizo una de las mejores críticas que había escrito, diciendo que nunca había visto movimientos como los míos en sus treinta años de trabajo. Y todo fue porque yo estaba enfadada.

Los madera sanos saben cómo mover la ira a través de sus cuerpos y utilizarla en su provecho. La cantante Pink dice que la ira y la frustración son un factor que origina su música. Ha aprendido a utilizar su ira de forma saludable, y gracias a ello, ofrecer canciones y letras increíbles a personas de todo el mundo.

Los madera sanos aprenden a dejar fluir su ira cuando se disparan. Aprenden a dar un nuevo aire y a desplazarlo de un modo productivo, utilizándolo para alimentar una expresión y una comunicación claras. Si están desequilibrados o son incapaces de tomarse un descanso de su ira para relajarse, su estilo al hablar será acusador y su energía puede doler, ofender o incluso intimidar a la gente. Se sentirán tentados a ordenar, exigir, reprender o hablar mal a la gente. Por el contrario, si pueden hacer varias respiraciones profundas o apartarse de la situación que les perturba, el resultado será mejor para ambas partes. Con un tono más suave y una conducta más tranquila, los madera podrán escuchar en lugar de explotar de frustración.

Cuando los madera aprenden a equilibrar su ira, pueden conseguir dominar sus vidas. Cuando están menos exasperados debido a las limitaciones, restricciones y retrasos, no sienten la necesidad de actuar como tiranos. Podrán superar los obstáculos con una determinación calmada y sus logros serán grandes.

## La fuerza de un roble, la flexibilidad de un sauce

A Robin le encantaba ser madre. Su vida tenía sentido al saber que era responsable de criar a una persona diminuta para que fuera un ser humano autónomo y autosuficiente que podría cambiar el mundo.

Su hijo de cuatro años, Ronan, era muy inteligente, y Robin solía tener que recordarse a sí misma que sólo tenía cuatro años. Sin embargo, había días en los que la frustración de Robin superaba a su razón. «Ronan, por favor, escúchame», «Ronan, por favor, ayúdame», «Ronan, llegamos tarde, así que, por favor, ayúdame a ponerte los zapatos». Si tenía que repetir algo una vez más, pensaba que su sangre iba a hervir.

Como madera, Robin siempre había sentido que sabía cómo controlar todo, desde el aspecto de la casa hasta cómo hacer que la gente la escuchara cuando hablaba. Ahora había un niño pequeño que ponía a prueba cada sesgo de control, excelencia y paciencia que tenía. Ronan era un niño poderoso que quería ser el jefe y conseguir todo lo que deseaba en el mismo momento. Desde el día en que Ronan dio sus primeros pasos, Robin parecía tener poco control sobre ese pequeño hombre que quería ser el rey de la casa.

En el pasado, la lógica había ayudado a Robin a centrarse, como ocurre con la mayoría de los madera, pero la lógica puede hacer poco con un niño que no entiende por qué no puede comer helado todo el día y tener todos los juguetes de la tienda cuando están ahí para él. Robin solía sentir un alarido en lo alto de sus pulmones y tiraba cosas. Afortunadamente, estaba familiarizada con sus tendencias madera, en especial bajo una situación de estrés. Sabía que tenía otras opciones.

Un día, cuando Ronan se puso desafiante con los puños apretados, gritando porque quería jugar a la pelota dentro de casa, Robin se tomó un descanso. No era su primer instinto. Su primer instinto era darle un ultimátum, quitarle la pelota y sentarlo en una silla donde ella pudiera vigilarlo. Pero ese día salió de la sala y se tomó un descanso. Dijo a Ronan que se sentía mal y que necesitaba estar unos momentos sola. Se fue a la sala contigua, manteniendo la puerta abierta para que Ronan no sintiera que no le estaban escuchando. Durante el descanso, Robin cerró los ojos (los madera están gobernados por sus ojos, por lo que cerrarlos y dejar que descansen tiene un impacto muy positivo), e hizo varias respiraciones profundas. En unos minutos pensó en formas amables de hablar con Ronan. Gritarle nunca le servía, de todas formas.

Robin volvió a la sala donde Ronan seguía enojado. Ella se puso a su nivel y le dijo que entendía su enfado. Ronan gritó: «¡Sí, estoy realmente loco, mamá! ¡Quiero jugar a la pelota en casa!». Robin utilizó la escucha reflexiva, una técnica para promover el entendimiento: le comentó a Ronan que entendía que quisiera jugar a la pelota en casa, e imaginó que sería divertido hacer rebotar la pelota por todas partes. También le dijo con tranquilidad que la pelota podía romper cosas, en especial las que le gustaban a él.

Después de un momento de silencio, la tensión empezó a remitir y Robin habló a Ronan sobre sus opciones. Ronan podía rodar la pelota sobre el suelo lentamente en lugar de tirarla por encima; podía jugar a la pelota en el patio delantero o en el trasero; o podía jugar a otro juego en que pudieran hacerlo juntos. La ira de Ronan empezó a remitir porque su madre ya no era dominante ni inflexible.

Robin observó que cada vez que era inflexible y rígida, ella y Ronan tenían una discusión. Practicando la escucha reflexiva, ofreciendo opciones y tomándose descansos cuando surgía su ira, podía dominar sus fuertes sentimientos. Funcionaba no sólo con los niños, sino también con los adultos. Solía ser la diferencia entre ponerse rígida como una roca o doblarse y balancearse con la gracia de un sauce, pero con la fuerza de un roble.

## Ayudar a un madera a ser flexible

Ayudar a los madera a flexionarse, balancearse y ser flexibles es tan simple como recordarles lo que están haciendo bien. No sólo harán esas cosas mejor, sino que otras cosas también irán mucho mejor. Los elogios (incluso sólo un poco) generarán un efecto positivo en un madera. Citando un viejo dicho: «La corrección hace mucho, pero hace posible todo». De igual modo, las sugerencias para su mejora necesitan presentarse como *sugerencias*, porque los madera por lo general han trabajado muy duro para conseguir lo que son, y quieren que la gente lo sepa. Establecen baremos altos para sí mismos y se toman todo en serio, por lo que no resulta sensato insistir en lo que un madera ha hecho mal, sino ofrecer sugerencias «por el bien de la relación». En cuanto se sienten culpados, es probable que los madera se sientan provocados y se pongan a la defensiva.

## Los madera y el cuerpo

La mayoría de los tipos madera son corpulentos, sólidos y fuertes en su aspecto físico, con hombros anchos y cuadrados. Desarrollan músculo con menos esfuerzo que otros, y parecen grandes, aunque sean pequeños en cuanto a estatura. Su andar es como una marcha, concentrados y determinados en la dirección de su destino. Cuando se desequilibran a nivel físico, los madera pueden sufrir espasmos, dolores a los lados de la cabeza, entumecimiento, problemas de visión, articulaciones rígidas, artritis y enfermedades autoinmunes.

Quizás más que cualquier otro elemento, los madera necesitan comer alimentos integrales y saludables, y no caer en el alcohol y otras drogas. El hígado tiene más de quinientas funciones, entre las que se incluye limpiar la sangre, metabolizar las drogas, controlar la respuesta inmunitaria, regular las grasas y los azúcares y absorber lo que no puede digerirse (incluidas las emociones). La vesícula biliar sintetiza y almacena bilis, pero también toma decisiones. Del mismo modo que una persona madera es decidida y una y otra vez parece distinguir entre lo que es bueno y lo que es malo, lo mismo hacen el hígado y la vesícula biliar. Tanto el hígado como la vesícula biliar ayudan a determinar cuántos nutrientes se destinarán al descanso del cuerpo y cuántos permanecerán almacenados.

En la primavera de 2014 tuve una hemorragia espontánea en las manos, los pies y la nariz. Tenía los ojos inflamados e irritados. La espalda me dolía mucho, pensé que estaba rota. Soy una persona muy sana, por lo que esta crisis de salud no tenía sentido para mí. Empecé a mirar listados de lo que podía estar pasándome. ¿Con qué frecuencia hacía ejercicio? ¿Cuánto dormía? ¿Cuántos alimentos procesados y repletos de conservantes estaba comiendo? Acudí a un médico ayurvédico y también rellené su lista de comprobación.

¿Fumaba? No.
¿Tomaba drogas? No.
¿Bebía alcohol? En raras ocasiones.
¿Tomaba fármacos? No.
¿Ejercicio físico? Sí.
¿Bebía bastante agua? Sí.

Las listas confirmaron que había llevado un estilo de vida muy sano durante más de cuarenta años. Pero había un par de cosas que inclinaban la balanza en la dirección de la enfermedad. Tenían un impacto mucho más significativo en mí que lo que podían tener en otros, simplemente porque soy sobre todo del tipo madera. Viajar alrededor del mundo para ganarme la vida hacía que tomara bastantes veces comida rápida. Las comidas rápidas están repletas de conservantes, aditivos, disolventes y otros productos químicos. El hígado y la vesícula biliar lo pasan mal procesando estas toxinas. Nunca deben entrar en nuestro cuerpo. La combinación de ser adicta a los tacos y trabajar muchas horas al día, todos los días, empezaba a pasarme factura.

¿Arruinaría esta rutina a los otros cinco elementos si el resto de la vida fuera relativamente saludable? Tal vez no, pero los madera se rigen por el hígado y la vesícula biliar, lo que significa que se ven más afectados por las funciones de estos órganos que otros tipos de personalidad. El hígado está implicado en todos los problemas que yo estaba experimentando, desde el almacenamiento de sangre hasta el dolor y la rigidez en los tendones y la inflamación de los ojos (la energía del hígado llega a los ojos mediante el meridiano del hígado, una ruta energética del cuerpo). Tenía que encontrar una forma de sanar sin el uso de fármacos, que impondrían más tensión a mi hígado y mi vesícula biliar.

Durante el año siguiente seguí una dieta ayurvédica a base de caldo de huesos, agua a temperatura ambiente y en alguna ocasión tomarme un vaso de aceite de ricino. Me ayudó muchísimo para volver a recuperar la salud.

Un madera puede ayudar al hígado a limpiarse. El hígado puede intoxicarse por los malos hábitos dietéticos, porque cualquier cosa que ingerimos tiene que ser procesada por él. Esto puede decirse de la aspirina, la cafeína, los fármacos, el azúcar, las comidas pesadas (todo), incluso el estrés. El hígado trabaja con ahínco para desintoxicar y eliminar lo que percibe que es malo para tu sistema. Por tanto, limpiar el cuerpo (incluso tan sólo comiendo frutas y hortalizas ecológicas y eliminando las comidas pesadas y densas durante breves períodos de tiempo) da al hígado una oportunidad para descansar.

Hacer ayunos ocasionales con zumo y un alto contenido en agua (preferiblemente agua alcalina) es muy bueno para el hígado. Hay también muchas hierbas para ayudarle, incluida la raíz de uva de Oregón, que limpia el hígado de toxinas, y el cardo mariano, que potencia el flujo biliar. Ambas cosas pueden tomarse en infusión o en forma de cápsula.

Sin embargo, la verdadera clave para los madera es comer sano todos los días. Más importante es ingerir pequeñas tomas de alimentos y bebidas no procesados. Los madera deben recordar que las comidas copiosas (y la falta de ejercicio) fuerzan una excesiva producción de bilis, que estresa al hígado. Además, una dieta de gran volumen impone un estrés innecesario en todos los órganos. Comer pequeñas cantidades de alimentos ecológicos, no procesados y de corral, incluidas muchas frutas y hortalizas, es una buena forma de que los madera mantengan un hígado sano. También es bueno para la vesícula biliar.

Ayudar al hígado y a la vesícula biliar con la acupuntura y la acupresión también hará que los madera vivan vidas largas y llenas de energía.

## A TU HÍGADO Y A TU VESÍCULA BILIAR LES GUSTAN ESTOS ALIMENTOS

▷ Limones

▷ Verduras de hoja de color oscuro

▷ Salmón

▷ Almendras Sandía

## A TU HÍGADO Y A TU VESÍCULA BILIAR LES GUSTAN ESTAS HIERBAS

▷ Raíz de diente de león

▷ Cardo mariano

▷ Menta

▷ Raíz de uva de Oregón

# Movimiento para los madera

Los madera son buenos en artes marciales, el entrenamiento con pesas y los ritmos de ciertos estilos de baile sincopados, como el break dance y el hip-hop. Pero también necesitan calentar motores para mover los líquidos linfáticos y lubricar los músculos y los huesos, en lugar de desarrollar masa y volumen. El yoga, los estiramientos y caminar ayudarán a un madera a permanecer flexible en cuerpo y mente. Las técnicas de respiración reducirán el estrés. Si un madera puede expulsar su ira por la respiración en prácticas de cuerpo-mente como el qigong, el taichí y otras prácticas, podrán hacer que sus interacciones cambien de la confrontación al empoderamiento.

Por desgracia, los ejercicios lentos como el yoga (e incluso peor, prácticas reposadas como la meditación) pueden parecerle una broma a un madera. Los madera no suelen pensar que necesitan crecimiento personal. En cuanto pierden el equilibrio, eso puede durar largo tiempo. Debido a su impaciencia con el hecho de cuidar de sí mismos, se arriesgan a convertirse en personas endurecidas y resentidas. Las prácticas lentas de cuerpo-mente son precisamente lo que un madera necesita para recuperar el equilibrio.

### EJERCICIO PARA EQUILIBRAR A LOS MADERA

▷ Artes marciales

▷ Caminar deprisa

▷ Estiramientos

### CALMAR TU ELEMENTO MADERA

▷ Detenerte y respirar

▷ Tomar cuatro o cinco respiraciones lentas y profundas

▷ Cerrar los ojos

▷ Descansar la visión

### EQUILIBRAR TU HÍGADO Y TU VESÍCULA BILIAR

▷ Acupuntura

▷ Acupresión

▷ Medicina energética Eden

## Ejercicios de medicina energética Eden para los madera: expulsar la ira

Familiarizarse más visceralmente con la ira crea espacio para una asertividad saludable. El siguiente ejercicio ayuda a mover la energía madera estancada (incluida la ira) fuera del cuerpo y a liberar las energías congestionadas. ¡Además, hace que uno se sienta muy bien!

1. Quédate de pie. Pon los brazos por delante, flexiona los codos ligeramente y cierra los puños. Coloca las partes internas de las muñecas hacia arriba y haz una respiración completa.

2. Balancea los brazos hacia arriba, por detrás de ti y por encima de la cabeza. Muévelos completamente hacia arriba.

3. Después lleva con rapidez los brazos hacia abajo, delante de tu cuerpo, mientras liberas con fuerza tus puños. Expulsa el aire y tus emociones con un sonido parecido a un zumbido o a cualquier otro sonido poderoso que te salga de forma natural. (Puedes incluso decir un nombre si te llevas mal con alguien y quieres liberar tu ira hacia esa persona).

4. Repite estos pasos y movimientos varias veces. La última vez, lleva los brazos hacia atrás de forma lenta y controlada, expulsando el aire por la boca mientras te mueves.

# Encontrar el equilibrio siendo un madera

A Sheryl le encantaba trabajar. Se sentía viva cuando tenía proyectos que cumplir y empresas para prosperar. Solía bromear con que podría escribir un libro titulado *La alegría del estrés*. Estar bajo presión era algo que en realidad deseaba, del mismo modo que otras personas desean una buena comida. Era un aliciente para ella. Sheryl quería hacerlo todo, y quería hacerlo para ayer. La gente se quedaba impresionada por la velocidad a la que cumplía proyectos masivos que parecían enterrar a otros. La expresión «considerarlo hecho» captaba la esencia de quién era Sheryl.

Ingeniosa e independiente, Sheryl veía oportunidades cuando otros no veían nada, y siempre tenía razón, dejando que otros se rascaran la cabeza y preguntándose cómo habían dejado pasar lo que ella había visto tan claramente. Ella también sabía cómo solucionar problemas. Tenía un éxito increíble, un aspecto estupendo, siempre llegaba puntualmente, alcanzó el escalón más alto de las poderosas instituciones financieras de Nueva York y tenía un ático impecable.

El éxito era el apellido de Sheryl, pero quería más. Deseaba un novio fabuloso (la idea de casarse y tener hijos le resultaba aburrida) y tiempo para relajarse. Tenía todos los ingredientes para conseguir ambas cosas. Sin embargo, cuando dejaba de insistir en su siguiente proyecto se encontraba dispersa, desorientada y perdida. Hacer cosas una y otra vez era adictivo. En realidad, las vacaciones y los días libres que deseaba hacían que fuera pesimista, irritable y agitada. Bajar el ritmo era como dejar de tomar una droga.

Para intentar relajarse cuando no estaba trabajando, Sheryl bebía vino y comía alimentos azucarados y grasos. Después solía hacía ayunos a base de agua y fruta para compensar sus excesos. Sheryl no tenía sobrepeso, y unas cuantas copas una vez a la semana no era una conducta peligrosa para ella, pero las inconsistencias de su comida, sus constantes impulsos y el hecho de ser muy ambiciosa pasaron factura a Sheryl.

Equilibrarse era algo que debía hacer. Encontrar formas de comprometerse, pero no sobrecargarse era una de las tareas más difíciles que Sheryl tenía que afrontar. La obligación de descansar, leer, comer bien, visitar a amigos, dar paseos por placer y respirar no era divertido para ella. Prefería pasar un día de catorce horas en la oficina que darse un masaje y meditar. Relajarse prácticamente le parecía amenazante. Sin embargo, con el paso del tiempo, Sheryl lo aceptó y se volvió más sana en cuerpo y mente. Desarrolló más empatía hacia los demás y aprendió a reírse de sí misma. Empezó a reír con una alegría que le salía del corazón, en lugar de negar una sonrisa que se suponía que indicaba a la gente que estaba contenta. Descansaba bien y parecía diez años más joven. Se volvió física, metal y emocionalmente flexible, y con ello obtuvo la paz que deseaba. El cambio es posible que salvara su vida.

## Los madera en las relaciones

Dennis amaba muchísimo a Diane. El sol salía y se ponía sobre ella. A Diane le encantaba el hecho de que Dennis le hubiera ofrecido su libertad y expresara todas sus opiniones fuertes. Si venía algo en las noticias que le molestaba, podía hablar con Dennis sobre lo mal que se ponía. Si estaban juntos en un restaurante y la comida no era de su gusto, Diane lo decía y se lo hacía saber a dirección, y Dennis apoyaba esa clase de sinceridad, que a algunas parejas les parece embarazoso. Si Dennis y Diane discutían, Diane se expresaba con libertad sobre cómo estaba en desacuerdo con Dennis y decía por qué. Diane podía mostrar su auténtico yo estando con Dennis.

Un día, mientras Diane hablaba sobre la desigualdad de sexos, Dennis la miró con lágrimas en sus ojos y preguntó suavemente: «¿Por qué siempre tienes que estar tan enfadada?». Diane no tenía idea de lo que hablaba Dennis. Ella no se sentía enfadada. Se sentía empoderada y justificada. También sentía una gran responsabilidad al hablar y compensar a todas las personas que no decían nada sobre las injusticias. Para Diane, las personas que no protestaban eran cobardes, y el silencio era una forma de falta de honestidad. Pero Dennis necesitaba un descanso de la ira constante que Diane parecía tener ante el mundo. Dennis precisaba un descanso del elemento madera de Diane.

Tener una relación con un madera tal vez parezca que conlleva bastante presión. De hecho, *ser* un madera puede sentirse como mucha presión. Los madera quieren que sus parejas escuchen sus historias de enfado e irritación sobre personas y acontecimientos diarios para ayudar a aliviar su presión interna. Pero sus parejas pueden cansarse de tanta descarga.

Es importante que los madera encuentren buenos amigos (o hermanos) con quienes puedan airear sus quejas. Necesitan recordarse a sí mismos que la mayoría de las parejas no encuentran atractiva la ira. Los madera casi nunca son conscientes de lo enfadados que parecen, por lo que deben examinarse. Si eres un madera, pregúntate en qué medida estás aireando tus quejas y durante cuánto tiempo.

Para los madera es muy simple: anuncian quién y qué ha hecho que se enfaden, lo corrigen y entonces vuelven a sus tareas. Mientras tanto, sus parejas siguen afectadas por el impacto de lo que puede parecer un tormento. Los madera necesitan recordar que la mayoría de la gente necesita algún tiempo de transición después de la intensidad de su emoción y confirmar que las cosas van realmente bien. Cuando los madera expresan su ira no significa que no sean personas felices o que no disfruten de la vida y de sus compañeros, pero eso no es siempre evidente para los demás.

En compañía, los madera esperan no sólo mucho de sí mismos, sino también de los demás. ¡Prepárate para subir el listón! No habrá descanso en la relación con un madera. Quieren una comunicación sincera y directa; ofrecerán sinceridad y también la esperan de los otros. Si eres una persona que te cierras fácilmente o que te sientes intimidado por otros, un madera puede pensar que estás siendo taimado, débil o carente de sinceridad.

En las relaciones con los madera, es importante transmitir con claridad que tienes tu propio ritmo y que puede ser más lento que el de otros. Haz saber a los madera que sólo porque pienses y proceses no quiere decir que no quieras comunicar y alcanzar soluciones. Darles información puede ayudarles a tener paciencia con tu forma de ser. Ser sincero con ellos, aunque confundas tus palabras, es la regla dorada para mantener la paz con un madera.

Los madera en realidad pueden ser divertidos, graciosos y románticos *si* se relajan. Un compañero que tenga sentido del humor o que tenga mucho elemento fuego por lo general puede atraer a un madera para desarrollarse. La mayoría de los madera son decididos en su trabajo, causas personales y vidas diarias, por lo que una buena distracción funciona bien. Comparte un chiste con ellos o invítales a una hora feliz (¡pero teniendo cuidado con el alcohol!). Si te preguntas cómo hacer feliz a un madera o hacerles sentir bien, simplemente ofrécele un reto o un buen debate. Ellos necesitan desengancharse de todo lo que les haya enganchado. Después de aceptarles y asegurarte de que los escuchas, utiliza distracciones para ayudarles a descubrir su alegría y su risa.

## Miles Copeland, un madera formidable

A Miles Copeland le han llamado Svengali* e inconformista. Es una de las figuras más influyentes de la industria musical y ha tenido una carrera que ha durado cuarenta años. Miles se crio en el Medio Oeste con su padre, que fue uno de los fundadores de la CIA (y organizador y trompetista de la orquesta Glenn Miler), y con su madre, que trabajó en las fuerzas especiales durante la segunda guerra mundial. En Londres, en la década de 1970, Miles trabajó con los Sex Pistols, The Clash, Blondie, The Bangles, Squeeze y con la banda de su hermano Stewart, The Police. Dirigió a Sting en siete álbumes éxitos de ventas. Fundó I.R.S. Records y publicó buenos discos con REM, The Buzzcocks, The English Beat, The Cramps, Fine Young Cannibals, Wall of Vodoo y The Go-Gos. A finales de la década de 1990, Miles empezó a combinar la música árabe con la música western y tuvo un gran éxito con la canción *Desert Rose*. En 2002 Miles formó The Bellydance Superstars, una compañía de baile considerada «la nueva Riverdance» por la revista *Sunday Times*, de Londres.

Si buscas en Google a Miles Copeland, encontrarás una lista interminable de sus logros y maravillas. Después de pasar más de un año viajando con él y trabajando para él, sé que gran parte de su éxito se debe a su fuerte elemento madera. Tiene todas las intensas cualidades de los madera (es audaz, valiente, directo y atrevido), además de descortés, maleducado,

---

* Svengali es un personaje de ficción que era un hipnotizador en la novela *Trilby*, de George de Maurier, publicada en 1894. *(N. del T.)*

brusco e insensible. Le resulta indiferente la reacción de cualquiera hacia él que sea peor que positiva o amable.

En 2004 yo había pasado tres meses viajando por Norteamérica en un autobús sin baño con otras doce mujeres, todas contratadas por Miles para cambiar la imagen de la danza del vientre en el oeste. Éramos las Bellydance Superstars. Miles me dijo que quería que continuara el tour por Barcelona durante un mes y aproveché la oportunidad. Sin embargo, yo no quería representar los números que había estado representando. Quería hacer una pieza de una *zambra mora* (fiesta mora). Se llamaba la «danza prohibida» de los moros (que conquistaron España a partir del año 711), porque estaba prohibida, junto con otros aspectos de la cultura árabe, después de la reconquista cristiana. Miles me dijo que quería ver la danza y me pidió que fuera a su casa de Hollywood y que actuara para él y su mujer. Viajar a una de las partes más históricas de Hollywood, cerca del famoso cañón Runyon, fue muy gratificante (como persona con mucho elemento agua, me encanta la historia). Después de pasar por los grandes puentes, me encontré entre muebles antiguos de terciopelo bermellón y vidrieras, en la casa histórica que antes había pertenecido a Raymond Burr. El conductor de Miles quitó los antiguos muebles del medio y yo bailé con toda mi alma, con espagats, patadas y toques turcos, y después esperé con ansiedad escuchar lo que pensaba Miles. ¡Le encantó! ¡Yo iba a hacer *zambra mora* en España! Así iba a ser. Fui a San Diego y empecé a hacer las maletas para ir a Barcelona.

¡Actuar en el teatro Victoria ante más de ochocientas personas fue excitante! Salté e hice piruetas por el escenario, concentrándome en mi representación, con flexiones hacia atrás y caídas. Mi actuación terminó con estruendosos aplausos, pero Miles corrió a la parte posterior del escenario para decir que mi rutina no había funcionado. ¡En mi camerino me gritó que iba a cancelar el espectáculo! Yo aún representé mis otros números y me quedé en España un mes, pero mi *zambra mora* fue rechazada. Perseguí a Miles por los lados del escenario recordándole que mi rutina le había encantado en Hollywood, lo mismo que a su mujer. Dijo que era una cosa distinta en su salón de Hollywood, pero esto era una gran representación en España. ¡En España decidió que la rutina no funcionaba y que no le gustaba! Caso cerrado.

Los momentos como éste con Miles eran habituales. Decía lo que pensaba sin reprimirse y sin tiempo para pensar. Cerca de Miles se aprende a captar lo que dice y a actuar en consecuencia. Era cortante y seco, sin reprimirse en absoluto. Con Miles solía sentirme como un bebé que gateaba en una casa no adaptada a él. Podía golpearme con una mesa en el ojo o caerme por una escalera cuando menos me lo esperaba. Tuve que aprender a fluir con una persona que era muy poco fluida.

Di gracias a los cielos por las pequeñas partes de elementos fuego y agua de Miles, que solían aparecer en forma de padre amable, tío que apoya, y amigo divertido e íntimo. Se estimulaba ante el helado de coco, las fiestas con champán para los actores y el personal, y con almohadas nuevas para el autobús de nuestra gira. Era cariñoso e incluso juguetón a veces. Pero su madera era la que dirigía el barco, haciendo uso de su poder por todo el mundo, y tendía a dominar sobre los otros elementos que vivían en su alma. Su madera me enseñó mucho sobre el negocio del espectáculo y es, después de todo, lo que le ayudó a tener contratos por todo el mundo y lo que le convirtió en el poderoso Miles Copeland.

## Los madera deben hacer

Los madera son adictos al trabajo y muchos de ellos son tiranos. Las personas muy fuertes en el elemento madera tienen fuertes opiniones y son agresivos, y en raras ocasiones se toman tiempo para relajarse y divertirse. Probablemente te den órdenes. Sin embargo, hay formas para apartar a un madera del trabajo, las reglas y la rigidez. Los madera necesitan *hacer cosas*, por lo que, si tienes una relación con un madera, ofrece algo que planificar. Por ejemplo, deja que organice las siguientes vacaciones. De esa forma, te asegurarás de que tenga lugar y él se sentirá productivo, alimentando su sentido del valor y la importancia. Puedes incluso negociar unas cuantas horas de estar tumbados en la playa o hacer el vago junto a la piscina si le dices que puede planificar todo tu viaje por la ciudad o salir una noche. Ofrécele un reto y él lo aceptará. Incluso lo hará antes de lo que piensas.

## ¿Conoces a algún madera?

Ahora probablemente sabes si tienes un madera en tu vida o si lo eres tú mismo. Cuando una persona empieza a quitarte la razón en casi todo, no tendrás duda. Los madera no tienen tiempo para decir cosas banales. Las palabras que eligen tienen un gran impacto, y pueden tener buena mano para depurar los problemas hasta conseguir una buena solución (lo que en algunas ocasiones puede parecer desconsiderado e intrusivo).

Por otra parte, como amigos o amantes son resueltos y fiables. La lealtad y la honestidad son extremadamente importantes para los madera. Aunque tal vez no se sienten al lado de un fuego de campamento cantando «Kumbayá» contigo, te tendrán en cuenta diez años después de que pensaras que tu relación había terminado (serán sinceros sobre por qué ha terminado, por supuesto). Estarán ahí para ti cuando te encuentres sin hogar.

Si quieres un punto de vista directo y honesto, busca a un madera. Puede que no le convenzas para que vaya a alguna fiesta o para que se introduzca en tu círculo social, pero estará disponible cuando necesites a alguien que te ayude de verdad, será el primero en alzarse en tu defensa si alguna vez te agravian y te protegerá si en alguna ocasión tienes que afrontar algún peligro. (También te hará saber si tu culo parece grande al ponerte un vestido o si estás perdiendo el cabello). Los madera pueden ser bastante dinámicos y atrevidos cuando sus seres queridos son maltratados por otros. ¿Están abusando de ti? Necesitas a un madera a tu lado.

Recuerda que los madera quieren que veas lo estupendos que son, y desean reconocimiento por ser estupendos. Nunca digas a tu pareja madera «no ha estado bien, pero lo harás mejor la próxima vez». Esto hará que un madera se sienta humillado y perdido. Los madera necesitan escuchar que lo hicieron bien y que tú sabes que lo harán incluso mejor, porque sabes lo duro que trabajan.

## Puede que seas un madera si...

Tú puedes ser un madera si ansías la verdad, la justicia, la honestidad y la igualdad. ¿Te pone en acción la ira? ¿Te sientes seguro con quien eres, confías en tus elecciones y no te disculpas por las decisiones que tomas? ¿Trabajas rápida y eficientemente durante largas horas hasta que el trabajo está listo? ¿Eres un amigo leal, pero no tienes mucho tiempo para las relaciones sociales? Si estás leyendo esto e intentas felicitarse a ti mismo gritando «¡Sí!», y te sientes orgulloso, entonces lo más probable es que seas un madera.

## SI CREES QUE ERES UN MADERA...

▷ Recuerda que la mayoría de la gente no es como tú. Ellos están gobernados por elementos diferentes y siguen sus propias inclinaciones hacia el éxito y la felicidad. Esto no significa que sean extravagantes, irresponsables o estúpidos.

▷ Probablemente proceses con rapidez y seas uno de los trabajadores más eficientes de tu empresa. La mayoría de la gente procesa a un ritmo más lento. Recuerda que los demás tal vez necesiten procesar sus pensamientos y decisiones durante más tiempo que tú.

▷ Concede a la gente el beneficio de la duda, y más tiempo para que se sienta cómoda.

▷ Evita convencerte de que tienes razón, tan firme en lo que crees y tan confiado en tus propias capacidades que llegues a creer que no necesitas a nadie. Expulsar a la gente de tu vida puede llegar a perjudicarte.

▷ No quedes cegado por tu eficiencia y naturaleza perfeccionista. Para el resto del mundo, tu eficiencia se llama *impaciencia*, y puede estresar a la gente.

▷ Rechaza las suposiciones. Por ejemplo, cuando veas personas jugando, relajadas o vagueando, no asumas que son perezosas.

▷ Recuerda que para los demás parece como si lo quisieras abarcar todo. Cuando no lo abarques todo, a las personas que hay en tu vida les resultará útil oír hablar sobre tus retos.

▷ La vulnerabilidad puede ser tu mayor poder, porque te vuelve a conectar con las personas cuando te hayas convertido en un resentido, lo cual puede ocurrir cuando en ti hay mucha ira.

▷ Usa el «yo» en lugar de el «tú». Por ejemplo, «siento daño», no «haces que me enfade».

▷ Escucha para entender, no sólo para responder.

▷ Haz algo divertido o relajante al menos una vez a la semana. Ve a una clase de baile, relájate con un buen libro, ve a ver una película. Haz lo que sea, excepto seguir con tu ordenador.

## Prueba de valoración de personalidad madera

Haz la siguiente prueba para averiguar lo fuerte que es en ti el elemento madera. Es probable que seas una combinación de elementos. Esto significa que algunas de estas respuestas serán ciertas y otras no. Los resultados de la prueba te dirán lo dominantes que son en ti las características madera. Aceptar, entender y trabajar con los elementos que forman tu personalidad es vital para entender las acciones y motivaciones de otros y para estar en paz contigo mismo.

Puntúa las siguientes frases de acuerdo con tus tendencias. En una escala del 1 al 5, 1 significa que nunca es verdad y 5 que siempre es verdad. Cuando termines, suma tu puntuación y compárala con las de los otros elementos. Una puntuación alta puede significar que has descubierto tu elemento primario. Tú te guías por tu elemento primario (o elementos primarios compartidos), que revelará de forma dominante esos rasgos de tu personalidad, pero te verás muy influido por tu elemento secundario, y en menor grado, por el tercero, el cuarto y el quinto. En determinadas circunstancias podrás recurrir a los elementos como mecanismo o estrategia de afrontamiento, pero tal vez no estén tan presentes en tu vida diaria como tu(s) elemento(s) primario(s).

| 1 | 2 | 3 | 4 | 5 |
|---|---|---|---|---|
| Nunca verdad | Casi nunca verdad | A veces | Casi siempre verdad | Siempre verdad |

# ¿Eres un madera?

**BAJO ESTRÉS EXPERIMENTO LO SIGUIENTE:**

- [ ] Exasperación.
- [ ] Impaciencia.
- [ ] Tensión y rigidez muscular.
- [ ] Frustración e irritación.
- [ ] Ira.
- [ ] Incapacidad para relajarme.
- [ ] Tensión en los ojos o inflamación en ellos.
- [ ] Resentimiento.
- [ ] Inquietud.

**EN GENERAL:**

- [ ] Soy asertivo y claro cuando defiendo alguna opinión.
- [ ] Cuando he tomado una decisión, me resulta muy difícil cambiar de opinión.
- [ ] Quiero tener un control total sobre todos los aspectos de mi vida.
- [ ] Veo objetivos y necesito cumplirlos.
- [ ] Veo el futuro y lo que se necesita para llegar allí.
- [ ] Considero muy difícil no concentrarme constantemente en mis visiones hasta que tengo éxito.
- [ ] Disfruto organizando mi entorno.
- [ ] Prefiero las estructuras y los planes a las casualidades.
- [ ] Estoy obsesionado con el hecho de completar lo que hay en mi lista de cosas por hacer.
- [ ] Siento una innegable necesidad de defender a las personas que son tratadas injustamente.
- [ ] Tengo un objetivo cuando trabajo, y siempre encuentro formas de hacer más.
- [ ] Soy bueno en el acto de establecer prioridades y llevarlas a cabo.
- [ ] Considero difícil relacionarme con personas que no dicen la verdad.

- ☐ Tengo fama de que soy firme y fiable.
- ☐ Me gusta competir, y a menudo me siento competitivo en situaciones no competitivas.
- ☐ Me preocupo por la gente, pero no me preocupo demasiado por dañar sus sentimientos.
- ☐ Me baso en la razón y en los hechos.
- ☐ Odio llegar tarde, y odio que los demás lleguen tarde. Raramente hay una excusa para ello.
- ☐ No puedo soportar que la gente me haga perder el tiempo.
- ☐ Puedo ser increíblemente eficaz cuando estoy enfadado.
- ☐ Tengo un don para ver el conjunto completo cuando los demás parecen preocuparse de los detalles.
- ☐ Necesito hacer las cosas a mi propia manera y siempre tengo una opinión sobre las formas de los demás.
- ☐ Raramente abandono una buena discusión o debate. El conflicto no me asusta.
- ☐ Trabajo muy duro, por lo que lo mejor es que tengas una buena razón para criticarme.
- ☐ Soy valiente y determinado cuando siento fuerza hacia una causa.
- ☐ Soy muy independiente, y nadie me ordena nada.
- ☐ Confío en casi cualquier cosa que emprendo.
- ☐ No tengo ningún problema en contar mis límites personales.
- ☐ Tengo una voluntad inquebrantable por triunfar.
- ☐ Siempre descubro mi fuerza interior cuando me encuentro en situaciones difíciles. Rindo mucho bajo estrés.
- ☐ Me siento cómodo dentro de mi piel, y siento una gran conexión conmigo mismo.
- ☐ Soy comprensivo y muy generoso si la necesidad es auténtica.
- ☐ Creo honestamente en la bondad definitiva.
- ☐ Soy bueno en el hecho de ver lo que debe hacerse, y quiero tenerlo listo para ayer.
- ☐ Soy un comunicador eficaz.
- ☐ Cuando fracaso en algo, asumo la responsabilidad y hago todo lo que puedo por solucionarlo.
- ☐ Cuando me comprometo con un proyecto o persona, soy muy leal.

- [ ] Me siento fácilmente ofendido por las personas con una conducta inadecuada y malos modales.
- [ ] Tengo un sentido del humor seco y a veces sarcástico.
- [ ] Trabajo duramente y espero que los demás también lo hagan.
- [ ] Disfruto practicando movimientos parecidos al kickboxing y el kárate cuando hago ejercicio.

## TÍPICOS PROBLEMAS DE LOS MADERA:

- [ ] Encuentro difícil relajarme.
- [ ] Pierdo fácilmente la paciencia.
- [ ] Puedo juzgar y criticar a los demás.
- [ ] Puedo ser muy terco e inflexible en mis maneras.
- [ ] Puedo ser intransigente.
- [ ] Tiendo a ver lo que está mal, en lugar de lo que está bien.
- [ ] Puedo tener la lengua muy afilada.
- [ ] Me resulta difícil delegar mis funciones.
- [ ] Puedo volverme adicto al trabajo.
- [ ] Puedo creer que soy mejor que todo el mundo.
- [ ] Odio perder.
- [ ] Tengo un punto de no retorno con la gente.
- [ ] Puedo frustrarme mucho si me impiden expresar mi opinión.
- [ ] Si no se me permite expresar mi ira, puedo explotar.
- [ ] Me irrito si alguien intenta ralentizar mi ritmo. Tengo cosas que debo hacer.

# PUNTUACIÓN DEL ELEMENTO MADERA

# CAPÍTULO TRES

# La personalidad fuego

## Disfrutar del viaje

*Si vas a poder mirar atrás y reírte de ello,*
*también podrías reírte de ello ahora.*

Marie Osmond, actriz

**ARQUETIPOS FUEGO:**
El mago ⇒ El amante incondicional ⇒ El comediante ⇒
El rey de la fiesta

**LA ESTACIÓN:**
Verano (expansión)

**RESPUESTA AL ESTRÉS:**
Pánico

**PERSONAS FAMOSAS
CON ELEMENTO FUEGO:**
Ellen DeGeneres
Jim Carrey
Bette Midler
Tom Cruise

ELLEN DeGENERES

**SI LAS PERSONAS FUEGO
FUERAN ANIMALES:**
El delfín
(feliz, social y amante de la diversión)

Los fuego son las antorchas que transforman las densas natillas en una *crême bruleé* coronada con azúcar. Son el glaseado de naranja sobre el bizcocho inglés seco que lo convierte en la mejor galleta que has comido. Vierten su pimienta sobre la mediocridad de la vida y toda experiencia se convierte en una celebración picante de colores, sonidos, alegría y placer. Arrasan con el *estatus quo*.

Los fuego son despreocupados, pero eso no significa que no se preocupen. Simplemente están presentes en el momento. Más que cualquier otro elemento, viven en el *ahora*. No se sienten atados por lo que ocurrió ayer o lo que pueda ocurrir mañana. Para ellos, todo consiste en la excitación del momento. Mientras que los agua tienden a resonar con la historia, los madera ven con claridad el mañana, los tierra se sienten reconfortados por la nostalgia y los metal intentan acoger el presente, pero se dejan llevar por el futuro, son los fuego quienes viven de verdad el momento, en especial si existe placer y hay personas implicadas.

Las personas se sienten atraídas por los fuego debido a su placer por la vida y a su contagioso espíritu positivo. Los fuego son efusivos y juguetones, y no tienen miedo de abrazar, tocar e introducirse en el espacio privado de otras personas. Sin embargo, los fuego cambian con frecuencia y siempre están encontrando nuevos intereses y deseos. Aman de verdad a todo el mundo y gravitarán hacia donde sientan más placer y pasión. Esto puede ser difícil en otros, especialmente cuando una relación comienza de una forma estimulante, y entonces el fuego se ha ido, y ellos parten a la siguiente aventura.

## Los fuego son el alma de la fiesta

Maddie, que vive en Londres, nos invitó a un viaje por Marruecos. Mi madre y yo aceptamos y planeamos quedarnos en Marrakesh durante una semana antes de desplazarnos a la ciudad costera de Essaouira. Yo había viajado por los países árabes cuando participaba en el circuito de la danza del vientre, pero Marruecos es diferente (una rica mezcla de influencias bereberes, árabes, norteafricanas y europeas), por lo que mi madre y yo leímos todas las guías de viaje para familiarizarnos con la cultura y aprender a respetar las costumbres locales antes de llegar allí.

Seguimos las sugerencias de vestirnos modestamente mientras caminábamos y visitábamos mezquitas. Era muy fácil llevar mangas largas, cubrir nuestros escotes y ponernos velo. Pero los zocos (mercados) de Marrakesh nos pusieron nerviosas. Habíamos leído sobre los vendedores que acosan, siguen e intimidan a los turistas. Otros occidentales nos dijeron que nos preparásemos para perdernos por completo y estar en guardia en todo momento. Nos avisaron: «Nada de contacto visual, cerrad los ojos y no os quitéis las gafas de sol. Daos la mano con fuerza y no os perdáis de vista. Caminaréis por máquinas de hacer dinero». Además, monos, motocicletas, carretillas y bicicletas se apretaban por las estrechas callejuelas, lo que causaba confusión y nos convertía en blancos fáciles.

Le pregunté a una amiga que había viajado allí antes si debíamos evitar los zocos. «Sólo si eres tímido o mujer», me dijo. Mamá, Maddie y yo hablamos sobre ello durante muchos días y decidimos no hacer caso al comentario. ¡Teníamos que ir a los zocos! ¡Ellos *son* Marrakesh! Con encantadores de serpientes, gitanos, curtidurías y prácticamente todo lo que puedes querer comprar, desde perfumes exóticos y especias hasta joyas y muñecas bereberes, sabíamos que visitar los mercados sería una de las más asombrosas experiencias que íbamos a tener. No teníamos que perdérnoslo.

Así que nos preparamos para perdernos y ser bombardeadas. Pusimos en práctica nuestra representación y decíamos *no* en voz baja y profunda mientras seguíamos adelante. En los momentos anteriores a entrar en el zoco bereber tradicional más grande de Marruecos, nos dimos las manos y fuimos con la cabeza bien alta.

Pero antes de entrar en los caminos oscuros y tortuosos, Maddie se separó de nosotras y caminó alegremente por delante. Ella llevaba una larga chilaba (una prenda norteafricana tradicional que se lleva muy suelta) que fluía como la capa de un mago, con el dobladillo bailando en torno a sus zapatillas de cuero. El fuerte elemento fuego de mamá pareció desaparecer y entró en la apremiante preocupación de los tierra, su elemento secundario. Ella y yo íbamos juntas, no fiándonos de nadie y manteniendo nuestra mirada fija en las piedras bajo nuestros pies. Pero Maddie sonreía, saludaba y nunca miraba hacia atrás. Su elemento fuego estaba presentándose de una manera brillante.

Maddie era una fuego moderada (yin). Sin embargo, seguía siendo una fuego, y sus llamas encantaban a todo el que se ponía en su camino. Se hizo amiga eterna de todo el mundo. En cuanto algún juglar vagabundo o vendedor de hortalizas nos invitaba a entrar en su colorida tienda, Maddie se volvía hacia nosotras, decía algo encantador en árabe y todo el zoco se enamoraba de ella y escapábamos de las garras del vendedor. ¿Dónde había aprendido árabe Maddie? ¿Y cómo hipnotizaba a esos expertos vendedores que intentaban convencernos de comprar todo, desde aceitunas hasta oro? Las guías nos aconsejaban no reír ni sonreír, ¡pero Maddie hacía ambas cosas!

Además, ella tenía un control total. Aparecían milagrosamente bandejas de menta en todos los sitios a los que iba. Los precios bajaban y se ofrecían tratos mientras Maddie reía, conversaba, bromeaba y encantaba incluso a los encantadores de serpientes. Los ancianos se derretían con ella. Las mujeres que miraban como si quisieran cortarnos el cuello mostraban después una alegría radiante. Como si tuviera una varita mágica, hizo que todo el mundo del zoco se embelesara con ella. Maddie derritió a todo Marrakesh.

Los fuego se encienden desde el interior y son el alma de la fiesta. Son amigos de todo el mundo y suelen ser quienes llevan pantallas sobre su cabeza intentando hacer reír a todo el mundo. Son quienes salen primero a la pista de baile, quienes cuentan chistes durante toda la noche y quienes piden a la banda que toque una canción más, mucho después de que los otros invitados se hayan marchado.

Los fuego son complejos, pero no se guían por personalidades complejas o complicadas. Son las burbujas de la superficie del champán; viven con amor y pasión. Las personas fuego son divertidas, fáciles de tratar y estimulantes, y siempre ganan los concursos de popularidad. Ellos nos recuerdan al resto que la vida puede ser de verdad una celebración.

Los fuego en raras ocasiones se avergüenzan. ¿Por qué iban a hacerlo? La vida es un gran experimento y no hay nada de lo que avergonzarse. Un estudio reciente informa de que el 50 % de las personas temen parecer estúpidas en el gimnasio, al aprender a usar el equipo y llevar ropa de entrenamiento. Creo que el otro 50 % del estudio eran personas fuego (aunque no puedo confirmar esto, por supuesto). El fuego es el hombre que se pavonea en el gimnasio con mallas color rosa, pantalones azules, una cinta para la cabeza de color naranja y una camiseta con músculos que dice «¿CREES QUE SOY SEXY?». A él no le importa su aspecto; lleva sus auriculares puestos y está escuchando rock levantando una barra aquí y rodando una pelota de yoga allá. No es raro que los tipos fuego no tengan sentido de la moda; por el contrario, no les importa lo que piensen otras personas. La vida está para ser disfrutada, y si es divertido llevar mallas color rosa y una cinta para la cabeza color naranja brillante, ¿por qué no?

Los fuego rinden bien en muchos tipos distintos de trabajo, porque transforman en diversión las tareas y la lista de cosas por hacer. Si tienes un profesor fuego, te sentirás inspirado por aprender y querrás ir a clase todos los días. Un camarero o camarera fuego se reirá mientras te sirve la comida y parecerá que te la sirve tu mejor amigo. Un director ejecutivo fuego mantendrá alta la moral de los empleados, aunque no muchos directores ejecutivos son fuego, porque éstos se divierten demasiado en la vida como para molestarse por luchar por llegar a lo más alto.

En lo referente a los países, pocos tienen más cualidades fuego que Australia (que también tiene el elemento madera). Es difícil ver la cultura australiana «típica», porque las personas australianas son muy creativas. En lugar de integrarse en el estilo de otra persona, lo cual crearía una cultura para todo el país, las personas australianas crean el suyo propio. En general, les gusta pasarlo bien; disfrutan de las celebraciones y las fiestas, del buen humor, de los chistes y de los juegos de palabras.

En la película *Cocodrilo Dandie*, de 1986, Paul Hogan representa a un cazador de cocodrilos que siempre está contento, incluso cuando lucha con cocodrilos, estrangula serpientes o se enfrenta con adolescentes de Nueva York que llevan navajas. No tiene maldad y suele contar chistes, sin importar la situación. La actitud fuego es muy simple y muy positiva.

# Los fuego rezuman carisma

Los fuego son grandes actores. Les encanta que les vean en televisión o en la gran pantalla. Podemos recordar la explosiva energía fuego de Tom Cruise cuando se sentó en el sofá de Oprah Winfrey en 2008 para demostrar a todo el mundo que estaba enamorado (estar enamorado es un sentimiento fuego). ¡Apenas podía contenerse!

Gene Kelly fue un bailarín, cantante y actor que transformó la imagen del bailarín hombre de delicado, ágil, ligero y tranquilo a atlético, fuerte, energético y vivaz. Utilizaba el claqué para expresar alegría y exuberancia. Uno de sus papeles más famosos fue el que representó en *Cantando bajo la lluvia*, una película que, en cierto modo, es el mejor filme de baile de la historia.

A los directores les encantaba trabajar con Kelly porque no tenía miedo de hacer el ridículo. Le encantaba reírse de sí mismo. Era extremadamente disciplinado (madera) y también muy energético (fuego). Debbie Reynolds, que tenía dieciocho años cuando actuó en *Cantando bajo la lluvia*, dijo que era difícil seguir a Kelly, que tenía cuarenta. Durante la famosa escena en que Kelly hacía girar su paraguas con alegría, chapoteando y bailando en los charcos, tenía una temperatura corporal de cuarenta grados. Inspirado por la forma en que los niños juegan bajo la lluvia, su energía fuego le impulsó a través de su enfermedad.

Antes de que fuera famoso por sus películas, Gene Kelly era supervisor de campamentos. Entretener a niños es un trabajo perfecto para un fuego. Después organizaba fiestas al estilo de Beverly Hills en su casa, otro excelente ejemplo de un fuego en su elemento. Puedes ver vídeos de Gene Kelly siempre que te sientas triste y te sentirás mejor.

A los fuego les encanta inspirar alegría en la gente. El actor Robin Williams, que tenía mucho elemento fuego (y también agua y tierra), dijo que una de sus cosas favoritas era hacer reír a la gente. Ellen DeGeneres, otra celebridad con mucho elemento fuego, afirma que su trabajo es hacer feliz a la gente. Ella es una maestra en transformar el dolor en comedia, de forma que se convierta en entretenida. Rita Moreno, en la icónica película *West Side Story*, muestra su elemento fuego (y madera) con su explosiva y sexy energía latina en el papel de Anita. Anita es pícara y segura de sí misma, con una voz expansiva y gestos dramáticos que convierten su personaje en muy estimulante. Janis Joplin, considerada la primera mujer del rock and roll, era una fuego (y también agua) y sus representaciones se describían como eléctricas.

Los actores que no son principalmente fuego suelen encontrar una manera de sacar a relucir algo de fuego siempre que están en público, porque son del todo conscientes de que sus fans se sienten atraídos por las celebridades con energía. Sin embargo, detrás de puertas cerradas tal vez necesiten volver a otros elementos para recuperarse.

## ¿Incómodo en las fiestas? ¡Ve con un fuego!

Alex era un sumiller bien conocido en la región vinícola de Napa, en California, y estar con él era siempre una divertida aventura. Cuando me invitó a la gran fiesta de champán Domain Chandon, en la extensa bodega de la compañía, aproveché la oportunidad y me dirigí al sur de California. La mayoría de las doscientas personalidades habían llegado desde San Francisco y vagaban por los patios de terracota y las mesas de picnic, disfrutando de las bellas colinas ondeantes, la cálida brisa de verano y la banda que tocaba, procedente de Portland, Oregón.

Muchas personas jóvenes y modernas hicieron que el evento fuera sexy y entretenido. Alex se hizo amigo de todas ellas. Se mezclaba fácilmente con cada grupo de gente exclusiva, ofreciendo buenas risas y charlas sobre uvas, vino, champán y la vida. Pasando varios minutos aquí y allá, en cuarenta y cinco minutos habíamos conocido a todos los asistentes al evento, y Alex era el mejor amigo de todo el mundo. Gustaba a los hombres y a las mujeres; todo el mundo amaba a Alex.

Yo lo estaba pasando como nunca en mi vida, pero Alex pronto se aburrió. Quería explorar la vasta extensión de la finca. El evento se celebraba en una pequeña parte de la bodega, pero Alex quería ir adonde se suponía que nadie debía ir, más allá de las señales que decían «NO PASAR, QUIENES PASEN SERÁN ARRESTADOS». Mientras yo dudaba, Alex saltó por encima de la larga cadena y fue por delante de mí por los caminos de vides, con una botella de vino en la mano. Como sumiller, Alex siempre llevaba una botella del mejor vino. Le seguí por el sucio camino. Se detuvo para tocar unas uvas que había a nuestro paso, pero en su mayor parte caminaba libremente con una sonrisa en la cara y un brillo de libertad en sus ojos. Intenté seguirle. Yo vigilaba una y otra vez por si alguien pudiera estarnos vigilando y quisiera dispararnos.

Justo cuando Alex encontró un sitio donde sentarse y abrir su botella de vino, una voz alta llegó a través de la tierra. Era un musculoso guardia de seguridad con un megáfono, desde un puesto de observación de un balcón superior del edificio Domain Chandon. «¡Deténganse ahí! ¡Los dos! ¡Den la vuelta! ¡Caminen hacia el edificio!». A mí no me gusta desobedecer las normas y no me gusta que me encuentren desobedeciéndolas. Me sentía abrumada y avergonzada.

Pero no Alex. Para él, era simplemente otra aventura en el momento presente. Con una gran sonrisa, gritó: «¡Nos hemos perdido! ¡Estamos contentos de que nos haya encontrado para guiarnos! Venga, tengo una botella de antiguo Burdeos. ¡Beba con nosotros! ¡Vamos a subir!».

No sólo Alex dejó al guarda de seguridad sin una sola palabra, sino que también pudimos salir y Alex fue directo hacia lo alto del edificio. Una vez allí, saludó al guarda de seguridad como si fuera un viejo amigo, abrió enseguida el vino y pidió al guarda que nos encontrara algunos vasos. El guarda salió y volvió unos minutos después con vasos e incluso una cesta de pan caliente. Los tres reímos, contamos historias y alzamos nuestros vasos para brindar por la dorada puesta de sol de una tarde californiana.

## ¡Los fuego disfrutan de la vida y quieren que tú también disfrutes!

Las personas fuego se ofrecen a los demás esperando hacer amistades y relaciones. Son animadores; quieren hacer felices a los demás. Se sienten bien (y más valiosos) cuando llevan a los demás a la luz. Pero no se sientan y escuchan tus penas como hacen los tierra. Por el contrario, pensarán en distracciones, cosas que podéis hacer los dos para evitar la oscuridad de vuestra mente. ¡Una película! ¡Un baile! ¡Un bar! ¡La playa! ¡Un par de chistes! ¡Helado! Te propondrán muchas ideas divertidas hasta que veas un rayo de esperanza. Si esta alegría tiene éxito, no sólo te sentirás querido, sino que también la persona fuego tendrá un subidón de dopamina. ¡Todo el mundo estará feliz!

Con treinta y tres años yo era una exitosa bailarina de Oriente Medio que había hecho representaciones en centros turísticos y eventos de Egipto, Líbano, Túnez, Jordania, Grecia, Turquía, Dubái y toda Europa durante varios años. Después decidí volver a casa durante algún tiempo. En el sur de California hice representaciones en bodas y restaurantes de Oriente Medio que servían a autoridades y personas de negocios procedentes de aquel lugar del mundo. Yo tenía el orgullo de ser profesional, experta, veterana, fiable y una de las mejores del negocio.

Los clubes nocturnos originales de Oriente Medio de California eran un caleidoscopio de música, risas, baile, familias y amigos. Algunas familias que frecuentaban los clubes me habían visto actuar durante más de una década. Yo disfrutaba de fama como bailarina de elite y me invitaban a muchas casas privadas para actuar en fiestas, bares y en mitzvahs,* cumpleaños y aniversarios.

Mis espectáculos en los restaurantes solían comenzar a medianoche. Cuando terminaba, salía del lugar rápidamente y me dirigía a mi siguiente actuación o me iba a casa. Nunca me quedaba para bailar con los clientes, nunca aceptaba bebidas y nunca participaba en sus fiestas, aunque el evento durase muchas horas después de mi representación. Quería que me considerasen una persona que se toma su arte en serio, no alguien que bailaba porque era una afición divertida, como hacen muchas bailarinas del vientre amateurs.

Quería que el mundo supiera que yo era un tipo distinto de bailarina. Me había entrenado de forma clásica, me tomaba todo en serio, desde la formación en el baile hasta aprender sobre las diversas culturas, su historia y su música, y las personas que habían inventado esos bailes. Sabía que parte de mi reputación como «súper estrella» se basaba en que tenía cierta mística y en que no me aproximaba a las multitudes. Me controlaba

---

* Festividad judía que se celebra en el momento en que se considera que un chico o chica se ha hecho hombre o mujer, respectivamente. *(N. del T.)*

constantemente: cómo entraba o salía de un restaurante era importante; importaba a quién hablase. Puesto que yo era mi propio manager, era importante para mí establecer reglas para mí misma y seguirlas (un rasgo muy propio del elemento madera).

Una noche, otra bailarina, que era del tipo fuego, me abordó entre bambalinas después de mi espectáculo. Me pidió que me quedara para divertirme. Podíamos bailar toda la noche, me dijo. Le respondía que no y le di una larga lista de razones.

«¡Venga! –dijo con un guiño–. ¡Tienes treinta y pocos! No sólo estás en lo más alto del negocio, sino que estás en lo mejor de tu vida. Nunca volverás a tener esta edad con todas esas personas queriéndote y apoyándote. Todo el mundo de ahí ha venido a ver tu espectáculo, y todo el mundo quiere bailar contigo».

Me dijo que me dejara llevar y me divirtiera. ¿Qué mal haría simplemente saliendo del club como siempre había hecho? Me preguntó si mis reglas me permitían disfrutar de la vida. ¿De verdad quería irme a casa todas las noches después de mi espectáculo, mientras todos los demás bailaban con música en directo y disfrutaban de sus amigos?

Basándome en su sabiduría fuego, empecé a quedarme en los clubes después de mis espectáculos. Permitía que la gente me comprara deliciosas comidas libanesas y me invitara a algún caro champán. Y, sobre todo, hacía lo que realmente quería hacer: seguía bailando mucho tiempo después de finalizar mis espectáculos. Descubrí a tremendos compañeros de baile, hice amigos que antes eran sólo caras en la multitud, y tuve uno de los mejores años de mi vida. Por fin podía abandonar mi estricto seguimiento del profesionalismo y experimentar la alegría que no había permitido en mi vida. Tuvo que ser un fuego quien me recordara que divertirse no significaba que no fuese profesional.

## Los fuego son impulsivos

Los fuego suelen perderse con otros en el *ahora*, en especial si el entorno es muy estimulante (algo que les encanta a los fuego). No está en su naturaleza analizar, por lo que en el calor del momento no siempre tienen criterio, incluso sobre sus propias opiniones. Los fuego son rápidos en responder a la gente, devolviendo la energía a los demás, haciendo lo que les parece bien y perdiéndose por completo en el dar y tomar. Pueden tener problemas para permanecer concentrados. Si una conversación o interacción animada parece buena, ellos participan. Pero después suelen descubrir que lo que realmente sienten es bastante diferente. Debido a esto, pueden parecer poco fiables o veleidosos; después, la variabilidad se les devuelve para hacerles daño, y también a otros si no saben esto sobre los fuego.

El ambiente nocturno árabe en el sur de California antes de septiembre de 2011 era divertido y animado. Personas adineradas procedentes de Oriente Medio, México, Israel, Europa y Estados Unidos llenaban las salas alrededor de las once de la noche, listas para el espectáculo de la danza del vientre a medianoche, apoyado por las mejores bandas árabes de Oriente Medio. Todo el mundo iba bien vestido, el champán fluía y los restaurantes abarrotados estaban llenos de caras sonrientes. Después del espectáculo, cada noche, la gente bailaba. Después, la multitud se dirigía a casa de alguien para proseguir la fiesta. Yo nunca asistía a las fiestas de las casas porque, después de actuar en cuatro o cinco espectáculos por noche, dentro de un radio de ciento cincuenta kilómetros por todo el sur de California, normalmente estaba agotada y lista para quitarme mi traje, tirarme en mi sofá y ver el episodio de las tres de la mañana de *Cops*.

Una noche, mientras salía del restaurante con una amiga, una mujer anunció que la fiesta se trasladaba a su casa. Me preguntó si vendría. Yo rechacé la invitación amablemente. Entonces invitó a mi amiga, quien aceptó entusiasmada. Salimos del restaurante y le dije a mi amiga que se divirtiera en la fiesta. Me contestó que no tenía intención de ir. ¿Qué? Yo me sentí confusa. Ella acababa de decir a la mujer de dentro que iba a ir, y varias personas la habían oído. Respondió que se sentía emocionada por haberle pedido que asistiera a la fiesta y sabía que habría un baile. Pero entonces, sólo veinte segundos después, se dio cuenta de que no quería ir. Así es la naturaleza caprichosa de un fuego.

Hablar con un fuego puede ser como un partido de tenis. En el campo la pelota se mueve rápido y rebota por todas partes: en las esquinas, de arriba abajo, de abajo arriba, por detrás y por delante de los jugadores.

Los jugadores tienen que estar preparados para golpear la pelota. No hay descanso, es un juego de interacción total. ¡Y es divertido! Pero a veces recuerdas el partido y piensas, «Guau, ella estaba en todo el campo. Me golpeó con la pelota y ahora me duele un poco». ¿Lo hizo a propósito? Probablemente no. Sin embargo, puede doler, sobre todo para un elemento más cuidadoso.

Los fuego suelen interrumpir las conversaciones y dejar una serie de sentimientos dañados sin ningún sentido. Sin embargo, su falta de criterio puede ser una cualidad maravillosa, puesto que su amor no censura ni limita, y tampoco ocurre con sus palabras. No se tienen muchas conversaciones sesudas o preparadas con los fuego; tienes lo que sienten en ese momento. Sin embargo, puede ser una montaña rusa, y tal vez sean bastante inapropiados, en especial cuando no sienten que están relacionándose con alguien o si hay silencio. Intentarán llenar los huecos con conversación, risas nerviosas o charla sin fin. Esto suele ocurrir en eventos que ya son tensos, como los funerales o las ceremonias religiosas. Pueden intentar calentar a la multitud con charla sin sentido o incluso chistes, que no siempre caen demasiado bien. La buena noticia es que puedes indicarles a los fuegos sus errores, y ellos probablemente te escucharán y podrán reprimirse, en lugar de generar polémica con su respuesta. Más que cualquier otro elemento, los fuego se reprimen.

Hacerte amigo de un fuego puede ser una oportunidad de oro para ver la magia y el humor de la vida, para librarte de tu depresión y para saborear parte de su alegría y placer contagiosos. Pero si no te sientes mejor con su presencia puede que no se queden cerca. Ellos quieren dejarse llevar y soñar a lo grande cuando están contigo, permanecer en el modo receptivo del deseo. Quieren *disfrutar* de ti. Si no pueden, tal vez busquen en otra parte.

## Fuegos y emoción: pánico

Aunque la mayoría de los elementos tienen dos órganos gobernantes o partes del cuerpo que tienen impacto en ellos, de acuerdo con la medicina tradicional china, los fuego tienen cuatro: el corazón, el pericardio, el calentador triple y el intestino delgado. El pericardio es la membrana que protege al corazón. El calentador triple es un sistema del cuerpo que regula la respuesta de lucha, huida o paralización, y es la pieza maestra del sistema inmunitario. El intestino delgado realiza la mayor parte de la digestión de los alimentos que comes y las emociones que sientes.

Los fuego tienen unos grandes corazones y abrazan a todo el mundo. Les encanta sentir amor e inspirar felicidad en quienes están a su alrededor, por lo que tiene sentido que uno de sus órganos gobernantes sea el corazón, pero cuando esa energía del corazón está desequilibrada, los fuego suelen tener pánico. Pueden tener pánico por problemas aparentemente pequeños que no preocupan a los otros tipos de personalidad en absoluto. Por ejemplo, los fuego pueden tener pánico por lo que ocurre en su trabajo, los retos que conlleva criar a sus hijos, los problemas económicos y una gran cantidad de otras cosas de la vida. Las manos sudorosas, un latido del corazón rápido o irregular, la presión sanguínea fluctuante y un pensamiento irracional son indicios del pánico. Empiezan a imaginar el peor de los escenarios y tienen difícil imaginar la visión completa de lo que puede ocurrir a continuación, mañana o en un año. Puesto que viven tanto en el momento, les resulta difícil recordar que hay fases en la vida y que, porque algo parezca destinado al fracaso en este momento, no significa que sea así.

Los fuego desequilibrados pueden sufrir de insomnio, ansiedad y una sensación inquietante de caos interno. En casos extremos, el pánico continuo puede afectar también a la salud de su corazón físico, por lo que es importante que los fuego conserven la calma, incluso cuando tengan deseos de correr y gritar «¡el cielo se está cayendo! ¡el cielo se está cayendo!». Puedes ayudar a un Fuego que se está derrumbando tocando su brazo o espalda y hablando en un tono normal (pero no condescendiente) sobre lo que está ocurriendo. La imaginación de los fuego tiende a desenfrenarse, por lo que hay que limitarse a los hechos básicos. Ayúdales a tener una visión clara. Su pánico puede parecer dramático e irreal para ti, pero para ellos es muy real. En lugar de decirles que no hay razón para preocuparse (lo cual no escucharán ni creerán), hay que asegurarle que todo irá bien. No intentes refrenar a un fuego diciéndole que se calme y no reaccione de esa forma, porque eso le hará tener más pánico y después estará resentido contigo cuando se calme.

Recuerda que en la medicina china los órganos están conectados directamente con las emociones. Se dice que la energía del intestino delgado sirve para tranquilizar la mente y no permitir distracciones que abrumen al corazón. El intestino delgado protege el corazón eliminando los desechos físicos y también el bagaje emocional que de otro modo sería abrumador. Es muy importante mantener el intestino delgado tan sano como el corazón, comiendo de manera saludable, con la medicina energética y con la acupuntura o la acupresión. Los fuego necesitan bajar el ritmo, aclarar su agenda y ordenar sus vidas.

Si un fuego que está en tu vida siente pánico, puede que se parezca a un animal enjaulado listo para atacar. La medicina tradicional china dice que, si el corazón no permanece en calma, se pierde la conexión con el espíritu. Los estudios occidentales muestran que las personas que entran en pánico son más vulnerables a los infartos, las apoplejías y las enfermedades cardiovasculares. Harás un gran servicio a un fuego si puedes ayudarle a volver a un estado cómodo y positivo.

## ¡HAZ!

▷ Sé consciente de que tienes una gran influencia sobre otros. Sólo por ser alguien que disfruta de la vida eres un modelo para los demás. Esto puede ser transformador para otros, que no siempre sienten la misma alegría y júbilo que tú.

## ¡NO HAGAS!

▷ No dejes que tu imaginación escape contigo. Por el contrario, haz un inventario de lo que realmente está ocurriendo para evitar reaccionar en exceso y dejar que tu sistema nervioso entre en modo de lucha, huida o paralización. Aprende técnicas para evitar el pánico y utilízalas.

# Incluso el conejito energético necesita un descanso

A Jenny la llamaban el conejito energético. Tenía su propio estudio de danza en Los Ángeles, que era muy exitoso y ofrecía representaciones para celebridades. Viajaba por todo el mundo como bailarina profesional, con más de veinticinco contratos en el extranjero cada año, y tenía una relación fuerte y estable con su marido en su bonita casa de Malibú.

La agenda de Jenny estaba repleta, desde el amanecer hasta el anochecer. Se levantaba a las seis de la mañana para hacer meditación, seguida por una clase de baile. Después ofrecía otra clase de baile, una clase de yoga, entrenaba con un entrenador profesional y realizaba coreografías de baile para sus dos compañías de danza internacionales. Por la noche hacía la cena y pasaba algún tiempo con su familia viendo una película.

Su agenda no terminaba ahí. También estaba al tanto de las redes sociales y dirigía un exitoso boletín mensual. Acogía en su casa a bailarines de todo el mundo como parte de su grupo de baile de viaje. Pasaba algún tiempo grabando en estudios, ayudando a hacer arreglos de música totalmente original para sus espectáculos de danza innovadora. Y era amiga de todos sus vecinos.

Jenny podía ser una verdadera supervisora (madera), pero, puesto que era tan fuerte en el elemento fuego, podía ser juguetona y graciosa sin volverse autoritaria durante demasiado tiempo. Se tomaba su negocio en serio, pero nunca tanto como para no disfrutar de la vida. Absorbía cualquier placer y diversión que podía, por pequeños que fueran, y se tomaba su trabajo con una actitud positiva y una dedicación apasionada. Solía reír, sonreía mucho y elegía actividades y oportunidades que le proporcionaban felicidad y pasión.

Sin embargo, de vez en cuando Jenny se venía abajo. El estrés la golpeaba cuando menos lo esperaba, y se ponía nerviosa. Su entusiasmo se apagaba. Normalmente era una buena conversadora, pero cuando se venía abajo parecía confusa, exagerada y melodramática. Sus frases parecían desarticuladas o desconectadas. Le invadía la apatía, además de un vacío emocional. La vida parecía que perdiera su propósito. Físicamente, Jenny sufría insomnio, mareos y fatiga. Tenía que luchar para recuperar su energía y su impulso. Durante algún tiempo tenía que cuidarse para recuperar su salud con mucho descanso y volviendo a comenzar con tanta energía como antes, si no más.

Yo trabajé con Jenny durante años y envidiaba su capacidad para olvidar los malos momentos del pasado y seguir adelante. Aunque sus espectáculos tuvieran malas críticas, sus bailarines tuvieran problemas o no consiguiera los visados para viajar, nunca se tomaba todo eso como si estuviera dirigido a su persona, como si fuera un obstáculo. Podía olvidar el pasado y seguir adelante, uno de los rasgos más envidiables de la personalidad fuego y uno del que el resto de nosotros puede aprender.

Los fuego se abruman después de gastar mucha energía durante mucho tiempo. Al estar quemados sufren pánico y caos emocional. Quieren salir de su propia piel porque se sienten incómodos. Son como un gran árbol hendido y hueco, con fuego quemándoles por dentro y con la tierra a su alrededor ardiendo lentamente.

Para volver al buen camino, un fuego puede trabajar con la energía del corazón y utilizar técnicas de relajación durante el día, a modo de breves descansos de meditación consciente; incluso unos momentos de estiramientos ayudan a calmar el corazón. En último término, los fuego son conscientes de que probablemente no puedan hacer todo lo que quieren hacer en el momento en que desean, y necesitan no tener una agenda tan ajustada. Con el tiempo extra en su agenda pueden incluir siestas para ganar fuerza y horas adicionales de sueño por la noche, lo cual hace que una persona fuego sea más sana y más dinámica a largo plazo.

## Los fuego y el cuerpo

Muchos tipos en los que predomina el fuego son delgados, atléticos o están en buena forma porque queman mucha energía. Dan saltitos cuando caminan y parecen bailar por la calle. Tienen los pies muy ligeros. Pueden distraerse con una persona atractiva, la estatua de una ciudad o un lago asombroso, y de repente desviar su camino para ver lo que sus ojos han captado.

Muchos fuego tienen el pelo rizado, encrespado o suelto, como llamas de fuego alrededor de su cabeza. Sus ropas pueden ser cualquier cosa, desde prendas de licra para entrenar hasta montones de joyería, capas de ropa y colores; cualquier cosa que les dé alegría.

## Movimiento para los fuego

Los fuego son excelentes en ejercicios de mucha energía como la zumba, el ciclismo, la carrera, el esquí, los deportes de equipo y los bailes de pareja rápidos como el jitterbug. Los fuego no suelen tener paciencia para estar sentados en una alfombrilla de yoga, caminar poco a poco por la playa o dejarse llevar con placer por la música. Sin embargo, a menudo esto es precisamente lo que los fuego necesitan para volver a expandir su energía en gran medida. Para los fuego puede aportar cierto equilibrio hacer movimientos más lentos y tranquilos como la natación y el qigong.

Además, los fuego suelen tener un metabolismo más rápido que otros elementos. Pueden quemar calorías más fácilmente que la mayoría de la gente, y los fuego fuertes parecen poder comer todo lo que quieran. Sin embargo, la mayoría de los fuego necesitan alimentos refrescantes para equilibrarse mental, emocional y físicamente. Algunos de los principales alimentos refrescantes son la leche, el suero de mantequilla, la mantequilla, los aguacates, el cilantro, la menta, el aceite de oliva no refinado y el aceite de coco no refinado. Los alimentos que tienen un efecto de calor deben evitarse, como, por ejemplo, la cayena, los chiles, los curris y el alcohol, que pueden pasar factura al sistema digestivo y afectar al ritmo cardíaco.

Por otra parte, las bebidas heladas no suelen ser buenas para un fuego. Los fuego se gobiernan por el intestino delgado, un órgano que trabaja duro para digerir la comida y absorber los nutrientes. Para ello, necesita tener una temperatura templada. Los órganos digestivos trabajan como el cuarto de calderas de un barco. Situada en lo más profundo de un compartimento inferior, la sala de calderas alberga un equipo de enfriamiento para asegurarse de que el barco funciona bien. Beber agua helada es como tirar agua sobre las llamas de la caldera, lo cual hace más difícil mantener su calor y dirigir el barco. Con las bebidas frías como el hielo, el intestino delgado tiene que trabajar mucho más duro para mantener el sistema digestivo en óptimas condiciones. Una bebida sin hielo se asimila en el cuerpo más rápidamente porque no altera el sistema.

Ayudar al corazón y al intestino delgado con comidas y bebidas saludables no tiene por qué ser una tarea rutinaria. Los frutos secos y las semillas son muy buenos para el intestino delgado, así como los alimentos fermentados como el kéfir, la chucrut y el yogur, que contienen probióticos esenciales.

Puesto que en Estados Unidos muere más gente a causa de enfermedades cardiovasculares que de cualquier otra cosa, es fácil encontrar información sobre alimentos cardiosaludables. Los ácidos grasos omega-3, por ejemplo, son bien conocidos por ayudar al corazón. Pueden encontrarse en las tres súper estrellas de los alimentos beneficiosos para el corazón: las sardinas, la caballa y el salmón salvaje.

Los fuego no sólo son gobernados por el corazón, el pericardio, el calentador triple y el intestino delgado, sino también por otras partes del cuerpo, como el sistema circulatorio y las glándulas adrenales. Los fuego son más propensos a los problemas adrenales que otros elementos porque estas glándulas se ven afectadas por el exceso de estimulación y el estrés fuerte, especialmente en individuos muy nerviosos (aunque se pongan nerviosos sólo cuando sufren pánico).

Los problemas adrenales se han llamado la enfermedad del estrés del siglo XXI. Las adrenales son dos glándulas del tamaño de una nuez situadas sobre los riñones y que ayudan a controlar el nivel de azúcar, el equilibrio de sal y agua y la respuesta ante el estrés. Si sueles estar estresado, física o emocionalmente, las adrenales se cansan y llegan a no funcionar. Esta fatiga adrenal puede mostrarse en forma de mareos, incapacidad para afrontar el estrés y escasa energía. Ciertos alimentos pueden ayudar a curar tus glándulas adrenales, los que son ricos en vitaminas B y C y el aminoácido L-tirosina.

Muchos fuego son también sensibles a la contaminación electromagnética. Los teléfonos móviles, las torres de microondas, los aparatos de televisión, los hornos microondas y los ordenadores generan fuertes campos electromagnéticos. La Organización Mundial de la Salud informa que los campos electromagnéticos de baja frecuencia inducen corrientes circulatorias en el interior del cuerpo humano. Aunque se necesitan más estudios sobre los campos electromagnéticos, los síntomas incluyen náuseas, pérdida de la libido, fatiga, cefaleas, mareos, deshidratación, depresión y suicidio. Los campos electromagnéticos tienen propiedades eléctricas, y las personas fuego son más sensibles a ellos que otros elementos.

### A TU CORAZÓN LE ENCANTAN ESTAS HIERBAS

▷ Té verde.

▷ Orégano.

▷ Ajo.

▷ Jengibre.

▷ Cúrcuma.

### A TU INTESTINO DELGADO LE ENCANTAN ESTOS ALIMENTOS

▷ Manzanas.

▷ Zanahorias.

▷ Frambuesas.

▷ Espárragos.

## Ejercicios de medicina energética Eden para los fuego: un remedio para el calentador triple

Un meridiano es una ruta energética del cuerpo. El meridiano del calentador triple dirige la respuesta energética a las amenazas: lucha, huida o paralización. Es el termostato humano, implicado en la regulación del sistema endocrino, el sistema nervioso autónomo y el apetito. El remedio para el calentador triple seda su meridiano y ayuda a recuperar la paz y la calma. También ayuda a regular la temperatura corporal, los sofocos y el pánico, todo a lo que los fuego son sensibles.

1. Coloca las yemas de tus dedos sobre las sienes.
2. Respira profundamente por la nariz y espira por la boca.
3. Con otra respiración profunda, desliza lentamente los dedos hacia arriba y por encima de las orejas.
4. Al espirar, lleva los dedos alrededor y debajo de las orejas, por el cuello, y cuelga los dedos sobre los hombros.
5. Cuando estés listo, oprime los dedos sobre los hombros, llévalos a la parte anterior de los hombros y deja que lleguen al corazón, cruzados uno encima del otro. Puedes hacer esto tantas veces al día como quieras. Es un ejercicio que no llama la atención y, por tanto, puedes hacerlo en el trabajo o en reuniones, y probablemente descubrirás que te encanta porque te ayuda a calmarte y a hacerte más fuerte.

# Encontrar el equilibrio como fuego

Randy trabajaba para una empresa de cruceros, viajaba para trabajar y conocía a muchas personas distintas, compartiendo libremente el calor y la pasión que surgía de su interior. Sus días estaban repletos de actividad y sus noches eran oportunidades para celebrar. En sus días libres probaba la cocina local, iba a hacer paravelismo, kayak o montañismo. Cuando terminaba el día, Randy casi siempre convencía a alguien para compartir una copa en algún pub.

Pero algunas noches Randy no podía encontrar a nadie que le acompañara. Su estado de ánimo pasaba de la alegría a la decepción. Incapaz de sostener los sentimientos de euforia del día, se ponía agitado, inquieto e inseguro. Ponía en cuestión su valía. Cuando la alegría de Randy se convertía en pánico, se volvía loco intentando agradar a todos, incluso a los extraños que estaban en los bares, encargando bebidas para ellos mientras hablaba nerviosamente. Su corazón latía con rapidez y su conversación estaba repleta de frases superfluas. Después de algún tiempo se volvía insociable y apático. La elevada energía de Randy empezaba a alejar a la gente, cuando él en realidad quería relacionarse. Sentía resentimiento de la gente que no quería estar con él en su burbuja social.

Randy subestimaba el poder de acostarse pronto, sintonizar consigo mismo y reponerse, lo cual es vital para un fuego. Los fuego ansían la compañía de otras personas, y el placer de estar con otros siempre los atrae, pero finalmente necesitan tomar una ducha, ir a nadar, estar solos en la naturaleza, escribir o tan sólo leer un libro para poder evitar la vertiginosa sensación de no ser amados y al final quedar agotados.

Si los fuego no pueden encontrar momentos de calma y relajación, su atención puede dispersarse y tendrán problemas para permanecer concentrados. No son buenos en la tarea de recordar cosas (porque no se sienten atados por el pasado, en absoluto), pero cuando están estresados o son incapaces de conectar con otros apenas recordarán lo que ha pasado ese mismo día.

Cuando los fuego no pueden encontrar gente con quien compartir sus aventuras ni conseguir la conexión social que ansían, desplazar su conciencia puede ser un gran regalo que pueden hacerse a sí mismos. Un masaje puede mover el fluido linfático, generar relajación y abrir el corazón. Junto con el masaje, reubicar el enfoque de los fuego con flores de Bach, descansar (sin hablar) y la terapia de sonidos y luz son buenas maneras de equilibrar una mente demasiado activa.

La mayor parte del tiempo, los fuego son imanes y tienen una excelente vida social. Cuando conocí a mi amiga Holly, me volvió loca. Yo era una seria actriz madera, e íbamos a estar en las mismas instalaciones de cine de Florida. La consideré ruidosa, repulsiva, demasiado alegre y del todo irritante. Pero mi irritación hacia Holly no la molestaba en absoluto. Luchó contra mi resistencia a hacerme amiga de ella. Poco después me enamoré de lo que era. ¡Ella amaba la vida!

Holly tenía un gran círculo social y organizaba las mejores fiestas. Estaba relacionada con todos los que eran alguien en el negocio del espectáculo: directores de casting, productores, guionistas, actores y maquilladoras. Tenía la misión de organizar las mejores fiestas de la historia del sur de Florida y asegurarse de que todo el mundo se divertía. Pasaba de conversación en conversación, asegurándose de que se servían entremeses y de que se bebía champán. Todo el mundo amaba a Holly y a su comida. Tenía una cocina estupenda y bandejas de diseño coloridas y divertidas. Preparaba su propio sushi, elaboraba puré las patatas y amasaba su propia masa para hacer pizza y pan sin levadura. ¡Después estaban los postres! Holly no escatimaba en colores, texturas o decoraciones con sus *cupcakes* bien diseñados, pequeños mostachones de coco con los nombres de todos los invitados a la fiesta y un pequeño recuerdo colgando de cada pequeña sorpresa. Había comida en el microondas, comida en el horno, comida por toda la cocina. La fiesta comenzaba y Holly salía de una esquina con más comida, más bebida, más diversión y más alegría.

Como fuego, casi nunca llegaba a hacer todo lo que quería, aunque siempre creía que podría y le entraba pánico cuando el reloj daba la hora. Corría de aquí para allá como un pollo sin cabeza, agarrando objetos al azar y volviéndolos a colocar, sintiéndose extremadamente presionada, aunque la presión se la imponía a sí misma. Hablaba cuatro idiomas, pero de repente no podía expresar una sola frase en ninguno de ellos, y, en muchas ocasiones, se volvía histérica. Esta explosión momentánea de los fuego le hacía corretear como una loca, haciendo de todo, pero en realidad nada en absoluto, porque entonces no podía controlar todo. Los pensamientos de pánico sobre cómo no iba a poder conseguir algo le hacían explotar incluso más cuando los invitados salían de la cocina, y se retiraban con rapidez a las habitaciones trasteras de forma que ella pudiera tener más espacio. Su energía era muy elevada; tenía una risa inolvidable, una voz alta, gestos muy marcados y expresiones faciales que enfatizaban todo lo que decía, pensaba y sentía. Llevaba ropa de última moda, la barra de labios más roja y una enorme sonrisa, y se la podía oír decir «¡Oh, Dios mío, tienes que probar esto! ¡*Debes* probar esto! ¡Prueba esto, esto y esto; te *encantará*!».

### EJERCICIOS PARA EQUILIBRAR A LOS FUEGO
- ▷ Natación.
- ▷ Bailes lentos.
- ▷ Yoga.

### EQUILIBRA TU CORAZÓN, PERICARDIO, INTESTINO DELGADO Y CALENTADOR TRIPLE
- ▷ Acupuntura.
- ▷ Acupresión.
- ▷ Medicina energética Eden.

### CALMA TU FUEGO
- ▷ Detente.
- ▷ Respira suavemente.
- ▷ Retírate para gritar, pisotear y llorar. Permite que vuelva la calma.

# Los fuego en las relaciones

Mi amigo Sebastian estaba en la ciudad y quería quedar para tomar algo. Cuando llegué al bar cruzó la sala a una gran velocidad y enseguida se puso a mi lado. Me dio un gran abrazo e hizo que me diera la vuelta. «¡Corazón! ¿Cómo estás?», rugió.

Sebastian no esperó mi respuesta. En su lugar, me presentó al personal del restaurante y a los jefes. En los veinte minutos que me había estado esperando había conocido a todos. Hablamos sobre el trabajo, la familia, los amigos y todo lo demás, con las camareras viniendo con frecuencia para coquetear con Sebastian, que ya sabía sus nombres. Poco después me preguntó si quería tener sexo con él en su hotel. Cuando le contesté que no y le recordé que tenía una relación con compromiso, no constituyó ningún problema, como si yo hubiera dicho no a una aceituna de mi martini. «Sin problema –bromeó–. ¡Simplemente pensé que tenía que preguntar! ».

No había visto a Sebastian desde hacía años, por lo que le pregunté por su matrimonio y su divorcio, pero en lugar de hablarme de su antigua esposa o de su hija, me comentó lo que había cocinado en su propia boda. Hubo doscientos cincuenta invitados y fue muy estresante, una idea estúpida, concluyó. Pero también describió todos los platos, incluso la cantidad de especias y hortalizas exóticas que había utilizado.

Al querer saber más sobre su familia le pregunté sobre su vida diaria.

«¿Vida? –contestó–. ¡Vida! ¡Qué es la vida sino una oportunidad para querer a todo el mundo! ¡Todo el mundo quiere amor y aquí estoy yo para dárselo! ¡La vida es demasiado corta para no amar, amar, amar!». Vale, Sebastian. Parecía no haber cambiado desde la universidad.

Tener una relación con un fuego puede ser a la vez estimulante y frustrante. Los fuego ansían intimidad, pero pueden aburrirse y necesitar variedad. Son propensos a comprometerse en exceso con la gente porque acuden donde sienten buenas energías. Pasarán de persona a persona como un fuego salvaje que salta autopistas y sube por montañas. Los fuego se ven atraídos por el placer y la diversión, por lo que suelen abandonar a la gente o los eventos que carecen de estimulación, pasión o romance. Son leales y determinados hasta que sienten que algo no va bien. Entonces pasan a la siguiente experiencia agradable. Esto puede significar que terminan siendo monógamos en serie o «mejores amigos» de muchas personas distintas.

Por tanto, parece como si los fuego quisieran a todo el mundo y que su amor por un individuo no es tan especial ni sincero. Continuamente en movimiento, los fuego están siempre distraídos por el siguiente objeto brillante.

En las relaciones sentimentales, los fuego quieren que salte la chispa; no desean que termine la luna de miel. Muchas parejas fuego se estimulan mutuamente y las brasas siguen ardiendo durante años. Pero si tú no eres un fuego o no puedes acceder a tu elemento fuego, puede ser algo muy difícil para tu pareja fuego. Esto es especialmente cierto para los agua, a quienes les gusta meterse en lo más profundo de su cueva y no balancearse colgando de un candelabro.

Una de las peores cosas para los fuego es sentir que necesitan reprimirse por el bien de otros. Cuando los fuego sienten inspiración (lo que ocurre a menudo), tienen que llevarlo a cabo, o, de lo contrario pierden el ritmo, una insatisfacción que puede ser muy dolorosa en una relación.

La pasión, la alegría y la electricidad que encarna y anhela un fuego pueden parecer superficiales, efímeras o irreales. Pero no hay que dejarse confundir por su calor, su pasión, su felicidad, su alta energía y su brillante luz. Éstos son los fundamentos del ser del fuego, y estas cosas son tan reales como el miedo para un agua, la ira para un madera, la comprensión para un tierra y el dolor para un metal. En las relaciones con los fuego, ser claro sobre tus límites puede ayudarles a mantener los suyos. Ser claro sobre lo que quieres y necesitas de la relación les ayudará a no distraerse, con más previsión en sus decisiones, en lugar de dejarse llevar por el río que simboliza el momento. Sin embargo, asegurarse de que hay suficiente variedad en la relación también obra maravillas para el equilibrio de los fuego.

Para las personas que no viven con la energía de un fuego, puede ser muy difícil comprender qué es vivir en el momento presente. Los fuego no sólo viven en el momento presente, sino que también se sienten como en casa en él y lo experimentan como un reino de alegría, placer y felicidad. Igual que los tierra, no pueden soportar ver a la gente sufrir, luchar o quedarse fuera de la vida, por lo que asienten muchas veces, pero a menudo se dan cuenta de que deberían haber dicho no.

Para personas como mi madre, que son una fuerte combinación de fuego y tierra, resulta insoportable ser testigos de alguien que sufre emocionalmente. Ella describe su reacción como un dolor físico que se siente como un ataque al corazón, y hará instintivamente todo lo que sea para reducir el sufrimiento de esa persona. Esto puede ser muy difícil para los metales y los madera, que pueden empatizar mucho, pero no sienten el mismo dolor que les pone en acción cuando alguien está sufriendo. Un metal o un madera no siempre entienden esta necesidad de los fuego y los tierra por hacer felices a las otras personas o solucionar su dolor. Un metal o un madera pueden confundir esto con el hecho de que los fuego o los tierra quieren que la gente los ame.

El enemigo de los fuego es la monotonía. No esperan que seas perfecto, pero sí que sigas demostrando el amor y la excitación que ellos te provocan. Una de las mejores formas de hacer esto es mediante la comunicación. Hay que evitar que la relación caiga en el estancamiento y que haya falta de comunicación. Ellos quieren sentir que te importan. Pueden intentar frenéticamente hacer que hables con ellos; si eso ocurre, hazlo. ¡Dales lo que necesitan! ¿Por qué no? Si lo haces, puede que seas bendecido con una de las relaciones más divertidas y excitantes que hayas tenido jamás.

## Jimmy Buffett, un fuego despreocupado

En 2002 me contrataron para bailar cuando Jimmy Buffett cumplió cincuenta y seis años. Tenía una vaga idea de lo que me esperaba. Sólo sabía que era una sorpresa y que bailaría para él entre bambalinas, en su concierto.

Yo no era una seguidora de Jimmy Buffett, por lo que, cuando llegamos a su concierto, con todas las entradas vendidas, en Irvine Meadows, California, me sorprendió que todo el aparcamiento se hubiese convertido en una playa. Miles de personas habían llevado su propia arena, sombrillas, pelotas de playa, antorchas polinesias, piscinas hinchables, palmeras, bikinis, tiburones hinchables y marihuana. En gran cantidad. A ninguno de los policías o guardias de seguridad parecía importarles: todo el mundo estaba allí porque amaban a un hombre y a su música. Sin embargo, Jimmy Buffett no sólo es su música: hay un estilo de vida de Jimmy Buffett y tiene miles de fans por todo el mundo que se llaman cabezas de loro. Se dice que se hacen más amigos en un concierto de Jimmy Buffett que en cualquier otra parte del mundo.

Me acompañaron hasta el *backstage* y me dijeron que podía disfrutar de su concierto desde los asientos VIP hasta que me llamaran. Entendí inmediatamente por qué la gente le amaba. Exudaba alegría, risas, buenas vibraciones y humor. Solía reírse de sí mismo e interrumpía sus canciones con risas y chistes. Estaba vestido de manera informal y con colores brillantes. Nunca dejaba de reír y parecía que hiciera del mundo un lugar más feliz. Su vibración era toda fuego. No había nada demasiado serio en sus letras y en sus comentarios. Él sólo quería que la gente lo pasara bien y que olvidara sus ocupaciones diarias durante unas horas.

Cuando llegó el momento, me llevaron a la zona entre bambalinas. Los miembros de la banda de Jimmy le habían llevado allí y vendado los ojos, le habían sentado en una silla y comenzó mi música. Bailé, le quitaron la venda y se sorprendió de manera grata al ver una danza del vientre. Baile alrededor de él, con él y para él. Estaba contento y tranquilo. Cuando me moví para que él me siguiera, lo hizo y se divirtió moviendo sus hombros y sus caderas. Puse sus manos en mis caderas, le hice saltar de la silla y coloqué un bonito turbante brillante de color oro y negro sobre su cabeza. Él celebraba cada movimiento que yo hacía y disfrutó del placer de la representación.

De repente, tuvo que volver al escenario. Le observé desde un lado mientras cantaba a la multitud de miles de personas con mi turbante puesto. ¡Mi turbante! ¡Llevaba puesto mi turbante! Tenía que recuperarlo. Era mi turbante favorito, y, además, mi elemento madera gritaba alto y claro en mi cabeza: «¡Era MI turbante!». Durante la hora siguiente intenté recuperar mi turbante con un terco y enfadado diseñador que decía que se lo quedarían. Dijo que a Jimmy le gustaba el turbante y que ahora era suyo. Con algunas severas órdenes por mi parte, entre canciones, un tramoyista tomó el turbante de la cabeza de Jimmy y me lo devolvió, pero el diseñador insistió en hacer antes un boceto para que Jimmy pudiera tener el suyo.

# ¿Conoces a algún fuego?

Los fuego no son difíciles de reconocer. Ríen en voz alta y a menudo siguen riendo cuando todo el mundo ha terminado. Para ellos, la vida es una fiesta y vivir es un baile.

Probablemente sonreirás, agitarás tu cabeza y querrás levantarte y bailar cuando pienses en los fuego de tu vida, pasada o presente. Hay un ritmo animado e inspirador en su existencia, y parecen no quedarse bloqueados en el fango que nos ralentiza al resto de nosotros.

La sensación de ser un fuego es la sensación de estar enamorado. Es una cosa maravillosa que muchas personas buscan toda su vida. Si puedes acceder a tu elemento fuego o si tienes un fuego en tu vida (como amigo, amante, cónyuge o familiar), ese será el regalo que te dé el fuego, la sensación de sentirte entusiasmado por todo lo referente a la vida.

Los fuego tienen la capacidad natural para sacar a los otros elementos de su obstinación, oscuridad, depresión, aburrimiento y preocupación, y llegar a la tierra de la vida. Su energía, risas y espíritu elevado son contagiosos. El espíritu, la calidez y el entusiasmo trascenderán tu existencia ordinaria cuando estés con ellos. Prepárate para salir porque se dirigen a su siguiente evento.

Recuerda que, si tu pareja es fuego, querrá sentirse adorada y hermosa. Aunque otros elementos pueden pensar que los cumplidos son poco sinceros, a los fuego les encantará y se derretirán cuando sepan que les estás prestando atención.

# Puede que seas un fuego si...

Es posible que seas un fuego si intentas comprimir todo en un día y nunca tienes tiempo suficiente para hacerlo todo o ver a todas las personas que quieres ver. ¿Te impulsa la alegría inmediatamente hacia la claridad y la tranquilidad interior? ¿Te sientes optimista cuando te levantas por la mañana, listo para vivir la vida y acoger cada momento tal como venga? ¿Eres alguien que necesita estar cerca de otros para volver a centrarte? ¿Eres una persona que comprende el dolor, pero cree que hay suficiente alegría como para no obsesionarse por el dolor? Si te estás sonriendo a ti mismo, riendo y asintiendo, entonces lo más probable es que seas un fuego.

## SI CREES QUE ERES UN FUEGO...

▷ Recuerda que la mayoría de la gente no tiene tanta energía como tú. Puede considerar difícil seguirte. No significa que esté enferma o herida, ni que le ocurra algo.

▷ Cuando pasas de un tema a otro y concentras todos tus pensamientos en una conversación, puedes interrumpir a otros. Tal vez creas que estás compartiendo, pero ellos probablemente piensen que les estás arrollando.

▷ Sé consciente de que las personas se sienten atraídas por tu alegría tan animada, y pueden pensar que estás mucho más próximo a ellas de lo que realmente lo estás.

▷ Eres un verdadero vendedor, pero no te aproveches de la gente sólo porque crea todo lo que dices.

▷ Si estás revoloteando de una relación de compromiso a otra, sea a corto plazo o una vez a la semana, tus parejas (y amigos y familiares) probablemente no considerarán un compromiso ese comportamiento.

▷ Espera antes de decir que sí. Piensa en ello. Consúltalo con la almohada. Toma una comida. Espera.

▷ Puede que pases por la lucha diaria con mucha energía durante largo tiempo, pero no puede durar siempre y tu cuerpo podría sufrir si lo intentas. Tómate un descanso. Vuélvete hacia ti mismo.

▷ Cuando te sientas ansioso o tengas pánico, la situación probablemente no será tan mala como parece. Pide a un madera un informe realista.

▷ Si estás de mal humor y no has comido en varias horas porque no paras, la causa puede ser la hipoglucemia. Come.

# Prueba de valoración de la personalidad fuego

Haz la siguiente prueba para averiguar lo fuerte que es en ti el elemento fuego. Es probable que seas una combinación de elementos. Esto significa que algunas de estas respuestas serán ciertas para ti y otras no. Los resultados de la prueba te dirán lo dominante que son las características fuego dentro de ti. Aceptar, comprender y trabajar con los elementos que componen tu personalidad es crucial para entender las acciones y motivaciones de los demás y estar en paz contigo mismo.

Puntúa las siguientes frases de acuerdo con tus tendencias. En una escala del 1 al 5, 1 es nunca verdad y 5 es siempre verdad. Cuando termines, suma tus puntuaciones y compárala con la de los otros elementos. Una puntuación alta puede significar que has descubierto tu elemento primario. Tú te guías por tu elemento primario (o elementos primarios compartidos), que revelará sobre todo los rasgos respectivos de tu personalidad, pero te verás muy influido por tu elemento secundario, y en menor grado por el tercero, el cuarto y el quinto. En determinadas circunstancias puedes basarte en los elementos como mecanismo o estrategia de afrontamiento, pero tal vez no estén muy presentes en tu vida diaria como tu(s) elementos(s) primario(s).

| 1 | 2 | 3 | 4 | 5 |
|---|---|---|---|---|
| Nunca verdad | Casi nunca verdad | A veces | Casi siempre verdad | Siempre verdad |

# ¿Eres un fuego?

## BAJO ESTRÉS EXPERIMENTO LO SIGUIENTE:

- ☐ Pánico.
- ☐ Deshidratación.
- ☐ Confusión.
- ☐ Dispersión.
- ☐ Transpiración.
- ☐ Nerviosismo.
- ☐ Ansiedad.
- ☐ Inseguridad.
- ☐ Hipersensibilidad.

## EN GENERAL:

- ☐ Me encanta compartir la comida.
- ☐ Soy intuitivo.
- ☐ Me encanta una buena historia, aunque no sea verdad.
- ☐ Puedo hablar con personas sobre todo lo que pienso.
- ☐ Siento alegría y la expreso mediante la forma en que me muevo y hablo.
- ☐ Expreso amor incondicional.
- ☐ Suelo sentir mucha calidez hacia los demás.
- ☐ Me gusta la gente y quiero estar rodeado de ella.
- ☐ Estoy entusiasmado con la vida y con todo lo que ocurre.
- ☐ El placer me provoca más atención que hacer mi trabajo.
- ☐ Respondo emocionalmente a la gente.
- ☐ Me encanta el contacto físico y lo inicio.
- ☐ La música alta no suele molestarme; sólo hace que quiera moverme y bailar.
- ☐ Me siento cómodo siendo el centro de atención.
- ☐ Elijo entornos estimulantes en los que viajar y jugar.
- ☐ Estar en el escenario o en primer plano me da energía de verdad.
- ☐ Me resulta fácil compartir mis sentimientos positivos.

- [ ] Me encanta hablar sobre lo que me encanta.
- [ ] Suelo ser el alma de la fiesta.
- [ ] Me gusta vivir en este mismo momento y lo celebro.
- [ ] Me río normal y nerviosamente, sin inhibiciones.
- [ ] Veo humor en todos los aspectos de la vida.
- [ ] Disfruto completamente cuando recibo algo.
- [ ] Nunca me tomo las cosas demasiado personalmente.
- [ ] Tiendo a hablar y a reír en voz alta.
- [ ] Cuando conozco gente me resulta fácil intimar con ella.
- [ ] Si la gente está enfadada puedo hacer que cambie de ánimo y que se olvide por qué estaba enfadada.
- [ ] Me encantan las altas expectativas, aunque las cosas no funcionen bien al final.
- [ ] Soy alegre y optimista, incluso cuando las cosas no parecer ir muy bien.
- [ ] Me encantan por completo las celebraciones, las vacaciones y las reuniones.
- [ ] Sentir pánico me resulta familiar.
- [ ] Evito la negatividad y no doy importancia a las situaciones difíciles.
- [ ] Soy espontáneo, optimista y energético.
- [ ] Tiendo a la exageración.
- [ ] Soy empático.
- [ ] Nunca analizo el entusiasmo.
- [ ] Mi corazón se encuentra roto un momento y muy bien después.
- [ ] Cuando estoy sentado no es por mucho tiempo. Me gusta moverme.
- [ ] Camino o bailo con mucho entusiasmo: ¡saltar, dar botes y muchos movimientos de música alegre!
- [ ] Me gustan los ejercicios físicos de mucha energía: zumba, aeróbicos y correr.
- [ ] Hablo con entusiasmo, y puede parecer que esté riendo o sonriendo a través de mis palabras.

## TÍPICOS PROBLEMAS DE LOS FUEGO:

☐ Mi atención puede ir saltando por todas partes; tengo problemas para permanecer concentrado.

☐ Puedo volverme histérico cuando estoy abrumado.

☐ Puedo sufrir agotamiento nervioso por expandirme a demasiadas personas.

☐ Puedo dispersarme mucho y volverme totalmente desorganizado.

☐ Puedo trabajar conmigo mismo con frenesí.

☐ Sufro pánico cuando los demás pierden energía, y avivo con furia su fuego.

☐ Bajo estrés, mis palabras pueden volverse caóticas y parecer tonterías.

☐ Me aburro con los eventos y las personas lentos.

☐ A veces no puedo separar mis propios pensamientos y sentimientos de los de otra persona.

☐ A veces estoy enamorado de más de una persona.

☐ Vivo compulsivamente para las fiestas y las celebraciones.

☐ Puedo volverme adicto al amor, al sexo y a la espiritualidad.

☐ Sufro pánico cuando cae sobre mí una exigencia inesperada; puede confundirme.

☐ Me siento muy cómodo con lo que la otra persona quiere en una relación.

☐ Me cuesta mucho decir que no.

# ☐ PUNTUACIÓN DEL ELEMENTO FUEGO

# CAPÍTULO CUATRO

# LA PERSONALIDAD TIERRA

## UNIR A LA GENTE

*Cuando practicamos la amabilidad*
*y la comprensión cariñosas*
*somos los primeros en beneficiarnos.*

RUMI

**ARQUETIPOS TIERRA:**
La madre ⟹ La profesora de preescolar ⟹ El cuidador

**LA ESTACIÓN:**
Equinoccios y solsticios (transición)

**RESPUESTA AL ESTRÉS:**
Preocupación y activación

**PERSONAS FAMOSAS
CON ELEMENTO TIERRA:**
El papa Francisco
Mister Rogers
Dolly Parton
Ed Sheeran
Blancanieves de Disney

EL PAPA FRANCISCO

**SI LAS PERSONAS TIERRA
FUERAN ANIMALES:**
El golden retriever
(encantador, leal, amistoso, amable)

Los tierra son como una taza de cacao caliente y una cálida chimenea o una tarta de bayas casera en una tarde de verano. Les encanta la comodidad y les gusta reconfortar a los demás. Están rodeados de amigos y les agrada pasar tiempo cuidando de sus hijos y nietos, así como cocinando comidas deliciosas para sus familias. Quieren estar donde puedan sentir que pueden ser ellos mismos y ofrecer cosas a otros.

Los tierra acogen el espacio de calma entre transiciones. Piensa en los solsticios y los equinoccios, los momentos que hay entre estaciones. Los tierra encarnan este «espacio de tiempo entre ellas», la capacidad de fluir y no tener prisa. Puesto que entienden las transiciones y también porque saben escuchar bien, los tierra suelen quedar atrapados en medio durante las dificultades de las personas y tienen la necesidad de honrar «ambas vertientes de la historia». Por desgracia también tienen falta de asertividad, en parte porque nunca quieren molestar a nadie, incluidos ellos mismos. Por tanto, pueden parecer insípidos y ambivalentes.

Las personas tierra hacen que todo el mundo se sienta querido. Aceptan a los demás por lo que son, dando la bienvenida a sus puntos débiles sin juzgarlos. Creen sinceramente que el amor es todo lo que necesitamos para hacer que este loco mundo dé vueltas. Son el querido profesor de gramática de la escuela, la cariñosa mamá que nunca grita o habla fuera de tono y el cuidador que hace que todo el mundo se sienta especial, pasando tiempo extra con la gente mucho después de terminar el trabajo. Los tierra se preocupan por la gente y quieren que todo el mundo se sienta como una persona importante.

Los tierra son muy buenos trabajadores. No son adictos al trabajo, como muchos madera, sino más bien como buenas abejas obreras. Como empleados, son excelentes colaboradores y asistentes personales. Quieren que puedas relajarte y confían en que harán el trabajo y lo harán bien. Sienten orgullo por ser personas fiables.

Los tierra vierten su devoción en sus relaciones. Si eres amigo de un tierra, probablemente habrás recibido algo hecho con sus manos: un pan casero, una tarta, un poco de sopa de pollo o un edredón tejido a mano. Su naturaleza asistente nace de lo más profundo de su corazón y se muestra mediante la generosidad. Ellos tejen, cosen, arreglan el jardín, cocinan o pintan para poder dar regalos hechos a mano a otros, y suelen pasarlo mal cobrando a la gente por sus productos o servicios si son autónomos (lo que son muchos tierra), porque les resulta difícil trabajar en grandes compañías y corporaciones. El intercambio de dinero puede ser incómodo para ellos.

No es fácil encontrar personas tierra fuertes en los libros de historia, tal como se puede hallar a otros elementos. Las escuelas y los libros de historia actualmente aún presentan currículos en los que los estudiantes aprenden cosas de personas que emprendieron batallas, soldados que avanzaban con determinación, dictadores que sorprendieron y figuras de políticos que dirigieron naciones poderosas. Los libros de historia tienden a concentrarse en las conquistas y la crueldad, no en la empatía, y los tierra son las personas más empáticas; además, son demasiado altruistas para querer que se les recuerde. El tipo tierra de personas que curan al herido, salvan el medio ambiente, se sacrifican por otros, sirven a las masas y perseveran con proyectos basados en la paz no están en primer plano. Después de todo, no se escuchan demasiadas noticias sobre Islandia, Austria y Dinamarca en los informativos, que, de acuerdo con el Instituto de Economía y Paz, son los países más pacíficos del mundo. La historia y las noticias nos presentan a los fuertes países madera, así como a las personas fuego controvertidas que ponen el mundo en llamas, los profundos pensadores agua que nos ofrecen la filosofía y los metales buscadores del espíritu que se sientan en la cima de las montañas y obtienen notoriedad aliándose con los líderes políticos por la paz mundial. Sin embargo, si observas a los profesores, las enfermeras y los cuidadores de nuestro mundo, la mayoría son fuertes en el elemento tierra. De acuerdo, puede que no sea la enfermera Ratched de la novela de Ken Kesey *Alguien voló sobre el nido del cuco*, pero lo son la mayoría de las demás enfermeras.

# Los madera más espléndidos del mundo

Yo estaba mirando a los ojos a uno de los hombres más hipnotizadores del mundo, girando y agitándome con mis diáfanos velos mientras él sonreía y aplaudía al ritmo de los tambores. Parecía llegar a mi alma y tocar mi corazón con sus grandes ojos intensos y sonrientes. Omar Sharif era una leyenda, y a mí me habían contratado para actuar en su sesenta cumpleaños en una pequeña isla cerca de Miami.

Yo tenía veintitrés años, y aunque *Doctor Zhivago* y *Lawrence de Arabia* eran éxitos del cine anteriores a mi época, sabía mucho sobre Omar Sharif y el poder magnético de ese hombre guapo y moreno que encarnaba las virtudes de la estrella del cine.

Desde el momento en que entré en la zona de la piscina de la enorme propiedad y pose los ojos sobre él, pude ver que emanaba el calor cinestésico de un elemento tierra. Con cada gesto me ayudaba en mi actuación y capté totalmente su atención. Él estaba muy presente y me lo ofrecía todo como miembro del público.

Yo había elegido con cuidado la música, empezando con un clásico egipcio de 1957 llamado «Tamra Henna», que significa «Flor de loto». Omar estaba encantado porque daba golpecitos con sus pies y se movía al son de la música. Mi segunda canción fue «Miserlu», y de nuevo Omar parecía contento con mis elecciones, y se levantó de su silla para bailar conmigo. Yo me encontraba en el cielo, bailando con Omar Sharif, e hipnotizada por su felicidad y espíritu generoso mientras nos agarrábamos las manos sobre la cabeza, reíamos y compartíamos la belleza de la danza de Oriente Medio, que significa mucho para la cultura egipcia.

Cuando comenzó mi tercera canción, en pocos segundos supe que no había sido una buena elección. Pero, en 1992, mi carrera en Oriente Medio no comenzaría hasta seis años después, y preocuparme por los tabúes de las relaciones de Oriente Medio no había sido una segunda naturaleza para mí. Siempre había sido amiga tanto de judíos como de árabes, y no entendía la metedura de pata que cometía al elegir una canción israelí para honrar a un árabe.

La artista de la que elegí mi tercera canción fue Ofra Haza, una cantante de descendencia yemení. Su música era una gloriosa celebración del amor, la vida y la gente. Tenía un sabor y un ritmo árabes, y era popular en todo Oriente Medio. Pero era israelí.

Cuando comenzó tema, los ojos de Omar se abrieron mucho. Bajó el ritmo de su baile y me dijo suave y con un lamento: «¿Es música israelí?».

Yo sonreí con mucho entusiasmo y dije: «¡Sí!».

Con mucha educación volvió a sonreír y me dijo que ya no podía bailar conmigo. Se sentó.

Pasó el mal rato que me había golpeado durante un momento y respondí con preocupación en mi cara a la mirada confusa de la cara de Omar Sharif. Me animó a que siguiera bailando. Se sentó al lado del escenario, observándome con intención, sonrió, aplaudió y siguió siendo el mejor miembro del público que yo había tenido jamás, a pesar de cometer uno de los peores errores culturales que se pueden cometer. Aunque desencadené en él sentimientos de confusión y no podía unirse a mí en la danza, me ayudó al cien por cien, sin abrumarme ni avergonzarme, tal y como haría un elemento tierra.

Después de mi representación me llevaron a una gran estancia cerca de lo alto de una escalera de caracol de mármol. Yo no estaba segura de lo que hacía en la estancia. Había ante mí champán, caviar y mucha comida sobre una larga mesa de cristal. ¿Se suponía que la comería? ¿Se suponía que tenía que ponerme mis ropas normales? Me senté en el borde de una cama con un toldo gigante, de brocado y seda, y esperé. Me figuraba que, en algún momento, mi conductor vendría para recogerme, o el guarda de seguridad diría que podía comer.

Quince minutos después se abrió la puerta. Como la gran entrada de una estrella del cine en su escena, entró Omar Sharif.

«¡Oh, Dios mío! ¡Ya lo entiendo!». Omar Sharif se acercaba a la cama de la danzarina del vientre. «No, no, no, eso no es lo que yo quería. ¿Qué podía decir? ¿Qué debía hacer?». Decidí dejarle hablar y yo escucharía. Mis rodillas ya estaban débiles y mi corazón se escapaba de mi pecho.

Omar dijo que quería comprobar y asegurarse de que comía bien. Me preguntó cuál era mi comida favorita y yo le dije que eran las gambas. Él me dio las gracias por hacerle feliz en su sesenta cumpleaños. Me dijo que era «una muy buena bailarina» y me preparó para algo que tenía que decirme.

Aquí estaba, el momento cumbre. Yo sabía que él iba a regañarme por bailar al son de Ofra Haza, la israelí, o que iba a decirme lo que quería en aquel momento, sexo.

Para mi sorpresa, no fue ninguna de las dos cosas. Se sentó en la cama conmigo, tomó mi cara con sus manos y me dijo que era demasiado joven para hacer la danza del vientre. Con un tono increíblemente lento, siguió repitiendo «eres sólo una niña». Entonces me comentó que debía comer y que estaba demasiado delgada. (Para los estándares estadounidenses se consideraba que yo tenía una buena figura). Me preguntó varias veces si necesitaba algo antes de salir de la habitación. Un par de minutos después, apareció una bandeja de plata con gambas gigantes.

Omar Sharif rezumaba amabilidad y gentileza. Pensé que estaba ante una figura paternal muy cariñosa. No importaba que yo hubiese hecho algo que podía haber causado mi despido de la fiesta; Omar era un hombre comprensivo que no dejaba que las diferencias culturales estropearan el evento. Encarnaba todo lo mejor del elemento tierra, una atención del todo sensible hacia los demás seres humanos.

A continuación, menciono varias personas que son o fueron fuertes en el elemento tierra. Mary Brackinridge presentó la obstetricia en Estados Unidos y quiso llevar los cuidados de salud a todas las familias pobres rurales del país. Aceptaba poco o ningún dinero por sus servicios y viajaba a caballo para ayudar a dar a luz a niños y proporcionar cuidados familiares a las personas de los Apalaches, en el este de Kentucky.

Walt Whitman (que también tenía mucho del elemento agua) se opuso a la esclavitud y se ofreció como enfermero durante la guerra civil. Se calcula que visitó, leyó cosas e hizo los recados para entre ochenta y cien mil soldados heridos, enfermos o moribundos. También trabajó como profesor de escuela, pero se negaba a castigar propinando golpes, se involucraba con sus alumnos en juegos creativos y se unía a ellos para jugar al béisbol y las cartas.

Esther Kalenzi es una tierra de nuestro tiempo (y probablemente Madera, lo cual es una combinación muy equilibrada) que tiene una sonrisa que puede iluminar el mundo. En 2012 decidió que quería llevar a cabo su viejo sueño de ayudar a los niños necesitados. Abrió una página en Facebook y pidió a todos sus amigos que donaran lo que pudieran durante la cuaresma. Después les pidió que se unieran a ella en su fin de semana de Pascua para repartir regalos a los niños de dos orfanatos y para celebrar, jugar y bailar con los niños. A partir de este comienzo, Esther creó una organización caritativa para ayudar a niños de todas partes, llamada «40 días con 40 sonrisas».

Ben & Jerry's es un ejemplo de organización tierra. Ben & Jerry's se inauguró en Vermont en 1978 gracias a dos amigos de la infancia, Ben Cohen y Jerry Greenfield. Muy pronto, empezaron a una parte de sus beneficios para financiar proyectos orientados a la comunidad. Han participado en campañas cooperativas para las necesidades de los niños, granjas, el medio ambiente, la acción sobre el calentamiento global, Occupy Wall Street, y contra la extracción de petróleo en Alaska. Durante muchos años, Ben & Jerry's han llevado una política reivindicativa sobre el sueldo de los empleados, que no debe superar en cinco veces el de los nuevos empleados. Actualmente el sueldo inicial en Ben & Jerry's es más alto que el sueldo mínimo (por lo general el doble). La compañía ayuda a los desempleados a encontrar trabajo, el servicio a la comunidad forma parte de su misión y las oficinas corporativas de Vermont son caritativas con los perros. La compañía defiende un tratamiento humano, de buena calidad, a las vacas; fuente de comercio justo de componentes; y para la igualdad en el matrimonio, y todos sus empleados pueden llevarse a casa un litro y medio de helado cada día.

## Los tierra necesitan darse a los demás al principio, o, de lo contrario, no ocurrirá

Aunque los tierra reparten mucha comprensión a los demás, muchos de ellos lo pasan mal sintiendo compasión por ellos mismos. Pueden ser tercos en la afirmación de que no necesitan ayuda. Si la piden, creen que están molestando a alguien o siendo una carga para ellos. Su misión es ayudar a los demás, no al revés, por lo que suelen reprimir sus propias necesidades y deseos. Los tierra suelen sentir, en lo más profundo, que dar es más importante que ser ayudados ellos mismos.

# Robin Williams, un fuego para los medios y un tierra entre amigos y familiares

Mientras escribía el capítulo de este libro sobre los fuego y pensaba en celebridades y sus elementos, inmediatamente me vino a la mente Robin Williams. Hablé con una amiga mía que le conocía y que entabló amistad con él antes de su muerte. Le dije que me gustaría escribir sobre Robin e incluirle en mi capítulo sobre los fuego. Me comentó: «Oh, pero su elemento tierra era tan fuerte como su elemento fuego». Mi amiga recordó muchas ocasiones en que Robin se metía a ella y a su círculo de amigos en el bolsillo. Me dijo que ellos se dirigían a Napa, California, donde estaba la casa de Robin, y reían todo el tiempo. Es cierto que tenía mucho de fuego, pero también había un lado de Robin que era muy propio de un tierra, un lado que el público no conocía mucho.

Mi amiga me contó historias sobre el inalterable amor de Robin por sus hijos, su inmensa generosidad hacia cualquiera que se pusiera en contacto con él, su devoción hacia la gente y la ternura de su corazón.

Es bien conocido que Robin ayudó a la actriz Jessica Chastain con todo un viaje por Juilliard, su alma máter, cuando ella comenzaba su carrera; concedió becas Juilliard también a otros. Las disposiciones de Robin son otro testamento de su carácter. Una disposición es la lista de las necesidades específicas, personales y técnicas de un artista para hacer un espectáculo: cualquier cosa, desde un avión privado que lo recoja hasta un tipo específico de vino en el *backstage* y requisitos para la escena. Las disposiciones de Robin incluían un requisito para todo evento o película que hiciera: la compañía que le contratara también tenía que contratar a cierto número de personas sin hogar y darles trabajo.

Al típico estilo comprensivo de un tierra, a Robin le encantaban los animales, especialmente los perros. Pero, sobre todo, amaba de verdad a las personas, y sentía amor hacia toda la humanidad, que es una de las más adorables cualidades de un tierra.

Si los tierra pueden darse tanto amor a ellos mismos como a los demás, sus vidas tendrán más equilibrio y armonía. Para tener vidas más felices y más productivas, deben separarse del resultado de la ayuda a otros. Su pareja o amigos pueden ayudarles a elegirse en primer lugar a ellos mismos y a dar primero a ellos mismos. Ayudarles a evitar ser demasiado comprensivos, dar demasiado y ayudar demasiado a los demás puede potenciar su equilibrio emocional.

## Los tierra aman las relaciones

Para los tierra, la vida consiste en estar con personas. Las relaciones, los amigos y el amor son muy importantes. Las personas tierra casi siempre tienen hijos. Pero en raros casos, cuando no los tienen, vierten su amor en el cuidado de los animales o en enseñar a los niños. Los tierra desean reunir al mundo, por lo que los animales, los niños y los adultos son todos amigos. Quieren que las personas de todo el mundo sean amables vecinos, que visiten, que cuenten historias y que canten canciones. Son como Mister Rogers, que cantaba «¿No serás mi vecino?».

Los tierra se dejan llevar; apoyan al equipo y se quedan después del horario escolar con sus alumnos. Enseñar en la escuela elemental es el trabajo perfecto para la persona tierra, porque, con niños pequeños, el amor es puro y los conflictos aún son bastante sencillos. Normalmente una pegatina, una galleta o una estrella dorada solucionan cualquier problema.

En lo referente a los países, hay pocos países «más Tierra» que Fiji. Fiji es un grupo de más de trescientas islas del Pacífico Sur, y a sus habitantes les han llamado las personas más amistosas de la Tierra. Son generosos y amables, y su hospitalidad no tiene límites. Los habitantes de Fiji te invitan con mucho gusto a sus hogares y te permiten permanecer como invitado mientras te alimentan con comidas caseras y te dan todo lo que tienen, que no es mucho. Muchos habitantes de Fiji son pobres, pero nunca lo sabrás, porque abunda la felicidad y la alegría. Son realmente ricos en espíritu. Muchos viven de la tierra, comiendo frutas de la densa jungla y dándose banquetes con cerdos salvajes o con peces recién pescados. Ellos resuenan con la tierra, los océanos, las flores, las plantas y los animales. Aprecian el mundo y la parte que juegan en él. Representan el elemento tierra en su forma suprema.

Las personas tierra se ofrecen a ayudar a los demás y quieren que la gente sepa que no supone una carga para ellos. Los tierra se implican en

146

la comunidad y en desarrollar una sólida infraestructura en la que la gente pueda sentirse querida y segura. El Burning Man, una reunión anual de decenas de miles de personas en Black Rock City, en Nevada, es un evento muy tierra. Las diez pautas del evento, dictadas en 2004 por los fundadores originales, refleja lo mejor del elemento tierra. Entre ellas están la inclusión radical (todo el mundo es bienvenido), los regalos (el evento está dedicado a actos de ofrecer regalos de manera incondicional), a la autoexpresión racial (honrar los dones únicos de cada persona) y al esfuerzo comunitario (cooperación y colaboración creativas).

## Lady Di, la princesa del pueblo

Diana Spencer, que se casó con Carlos, el príncipe de Gales, en 1981, fue llamada la princesa del pueblo porque era muy accesible, cariñosa y cuidadora para la gente común. Desde el comienzo, Lady Di pareció romper las costumbres frías y correctas de la realeza, y prefirió una representación más llana y cálida de la familia real británica. Se celebraba su gran trabajo de caridad, y a menudo visitaba gente en los hospitales. Decía: «Paso tiempo con los pacientes, dándoles la mano y hablando con ellos. Algunos vivirán y otros morirán, pero todos necesitan ser queridos. Intento estar ahí para ellos».

La princesa Diana fue una mágica mezcla de tierra y metal, y muchos de sus rasgos del elemento tierra se expresaban en su cuidado de los seres humanos. Cuando era adolescente recibió un premio por su destacado espíritu de comunidad. Siempre mostraba gran interés por los niños y trabajó en una guardería como cuidadora antes de pertenecer a la familia real y tener dos hijos, Harry y William. Incluso los mayores críticos de Diana estaban de acuerdo en que era una madre dedicada, creativa, expresiva y afectiva.

Diana desprendía comprensión hacia todas las personas y se abría a sus problemas personales, como la depresión o la bulimia. No estaba por encima de nosotros. No temía expresar sus problemas, especialmente cuando intentaba ayudar a otros. Esto es lo que hará un tierra para generar entendimiento entre los seres humanos.

Los tierra no tienen ningún problema en reunir sus energías para cuidar de otros. Trabajan duro para unir a la gente, para ayudarles a conectar y a quererse los unos a los otros. Los tierra siempre prestan atención a los más humildes: las personas que necesitan ayuda, que se quedan atrás o que precisan más tiempo que los demás. Cuando una persona está lista para elevar sus manos al aire y rendirse, es la persona tierra la que estará allí para asegurarse de que todo va bien.

A lo largo de los años, algunas películas han reflejado los elementos tierra en personajes como la modesta y femenina Hadass de *Yentl*, y la dulce e idealista Dorothy de *El mago de Oz*. Pero prácticamente ningún personaje encarna el elemento tierra con mayor exactitud que Melanie Hamilton en el clásico de 1939 *Lo que el viento se llevó* (basado en la novela de 1936 de Margaret Mitchell), sobre los Estados Unidos devastados durante la guerra civil. Melanie, la cuñada de Scarlett O'Hara, es amable, atenta y caritativa. Siente afecto por Scarlett, aunque su cuñada sea una joven malcriada y arrogante. Trabaja como voluntaria en un hospital de Atlanta. Melanie es la sólida base de su círculo social y parece no tener prejuicios, a diferencia de muchas otras mujeres de su tiempo y lugar.

En un momento de la película, Melanie se encuentra discutiendo con Belle Watling, la prostituta de la ciudad. Belle le dice a Melanie: «Tengo miedo de que alguien sepa lo que estoy haciendo si me quedo aquí más tiempo. Eso no te hará bien. Y si me ves en la calle no tienes por qué hablarme, lo entenderé».

La respuesta de Melanie demuestra la más hermosa naturaleza de los tierra: «Me sentiré orgullosa de hablar contigo, orgullosa de tener obligaciones contigo. Espero que nos volvamos a ver».

En otra escena, Melanie se quita su anillo de matrimonio de la mano para ofrecerlo a la campaña de la guerra, aunque su marido puede volver de la batalla, y ella lo hace con sinceridad, honestidad, amor y generosidad en su corazón. No hay más motivos, sólo un corazón de oro.

A los tierra no les gusta luchar, y no quieren que nadie luche o sufra. Son los primeros que preguntarán: «¿Cómo puedo ayudar? ¿Cómo puedo servirte de algo?». Quieren que la gente se sienta bien asentada, estable, conectada, receptiva y en paz, e intentarán hacer surgir los sentimientos en aquellos a quienes aman. A veces su necesidad de satisfacer a otros los lleva a algún exceso y alarman a las personas de otros elementos. Mi hermana se siente culpable cada vez que dice no a algún soltero extraño que le pide ser su amigo en Facebook. Hombres de todo el mundo (India, Indonesia, Latinoamérica) solían recibir correos de ella diciéndoles por qué no podían ser amigos en Facebook, en lugar de limitarse a rechazarlos con un click. Ella por fin ha abandonado ese hábito, pero no sin pensarlo durante mucho tiempo y tras luchar contra sus sentimientos. Como madera, me ha costado mucho entender este tipo de cosas de los tierra. Les duele excluir a la gente, y a menudo tengo que recordármelo.

## Las personas necesitadas atraen a los tierra

Jim era un hombre grande y fornido con una sonrisa contagiosa y unos ojos brillantes. Todo el mundo le quería. Vivía con su familia en una pequeña ciudad de montaña de Virginia, y toda la gente de la ciudad se apoyaba en él. ¿Se necesitaba un camión para llevar unas cajas pesadas? Jim estaba allí. ¿Había que ayudar a alguien a quitar la nieve de la puerta delantera? Jim lo hacía. Quería a sus dos hijas ya adultas por igual, y era un padre obsequioso y alentador.

Mandy se consideraba la hija responsable. Se marchó de casa para ir a la universidad con dieciocho años, tuvo un buen trabajo dirigiendo un *spa*, y nunca pedía dinero, como sí lo hacía su hermana. Cuando tanto Mandy como su hermana Lisa tuvieron hijos, su padre les daba dinero para las ropas del colegio, juguetes y regalos para la hermana de Mandy. Lisa esperaba (y recibía) el apoyo económico de Jim.

Intelectualmente, Mandy entendía el profundo deseo de su padre por ayudar a su hermana, quien siempre parecía estar necesitada, incluso cuando era una persona adulta. Pero a nivel emocional eso exasperó a Mandy toda su vida. Aumentaron la tristeza y el resentimiento. Pensó que no era justo que su padre ayudara a su hermana, quien era menos responsable y estaba menos unida a la familia. Además, en el momento en que fue una persona adulta, su hermana confió en el dinero que recibía de Jim para ir tirando. Nunca se convirtió en una persona responsable: no necesitaba crecer porque Jim siempre estaba allí para ella.

Asimismo, la desigualdad causó un distanciamiento en la relación de Mandy con su padre. Mandy se sentía menos querida, menos reconocida y menos atendida que su hermana. Pero el corazón tierra de Jim le salía del pecho para aquellos que más lo necesitaban, aunque provocara problemas. No se daba cuenta del desequilibrio que causaba su ayuda; sólo era consciente de la gente que tenía problemas y de que él podía ayudarla. Sufría por quienes estaban necesitados, y la necesidad siempre parecía urgente. Como sucede con la mayoría de las personas tierra, Jim hacía cualquier cosa por ayudar.

## Los tierra aman sin condiciones, pero necesitan reciprocidad

La necesidad de los tierra de darse a los demás es tan fuerte que suelen buscar algo para dar, aunque sea inadecuado o el regalo sea desmesurado. La interacción puede volverse muy desequilibrada. Por ejemplo, cuando la gente es agradable con mi madre (que es una combinación de tierra y fuego), ya sea el dependiente de una tienda o una camarera, ella de inmediato busca algo para ofrecérselo. Busca en el bolso, en el vehículo, o incluso corre a una tienda para comprar algo para esa persona, cualquier cosa para demostrar su aprecio. Puede ser muy incómodo. A veces tengo que evitar su necesidad de dar porque no tiene sentido para la otra persona.

Los tierra están deseosos de ayudar y se toman en serio querer hacer que la gente se sienta valorada y querida. A un tierra le duele ver a gente excluida o que se sienta excluida, y un tierra fuerte recuerda en todo momento cuándo ayudó a alguien. Pero lo cierto es que, incluso para los generosos tierra, el acto desequilibrado de dar puede durar demasiado tiempo y la obligación que sienten hacia la gente puede volverse demasiado fuerte. Cuando están desequilibrados, los tierra pueden también tener una necesidad extrema de sentir que tienen valor, lo cual puede ser un gran desencanto para los demás. (Esta característica puede parecerse un poco a la de los fuego, pero, por el contrario, un fuego desequilibrado necesita camaradería y eventos sociales con *grupos* de personas).

Mi hermana Titanya es una fantástica profesora de baile y una tierra fuerte (también tiene algo de fuego y agua). Es cálida, cariñosa, tolerante, amistosa y divertida. Los alumnos de sus clases se sienten queridos y apreciados. Ella les presta sus trajes, utilizan su equipo y reciben lecciones gratis si no tienen dinero para pagar en cualquier semana concreta. También acepta con alegría algún donativo. Suele tener una cesta de donativos en la puerta de clase, que solía estar repleta de plumas, naranjas, piedras brillantes y notas de amor. Durante algún tiempo tenía un letrero en el que ponía «DONACIONES DE AMOR». Algunos de sus alumnos pensaban que eran donaciones de ella para ellos, así que en realidad las cogían. Ya no utiliza ese letrero.

Un año, cuando vivía en Colorado, pasé un fin de semana como profesora invitada en sus clases. Cobré una cantidad a cambio de mi tiempo que era justa para los alumnos. Pensé que ingresaría el dinero en el banco y eso sería todo. Mi hermana se lamentaba de que raramente le pagaban a tiempo y había impartido clases a muchas personas, aunque no tuvieran dinero. Se preocupaba más cuando pensaba en el coste del alquiler del estudio, la preparación para recopilar música y el tiempo que le costaba componer las coreografías, todo lo cual le encantaba, pero se estaba volviendo menos interesada en ofrecerlo gratis.

En casa de mi hermana, su armario de ropa, que antes solía estar lleno de trajes, estaba casi vacío. Había un solitario velo colgando de una percha y una vieja moneda en el suelo, pero los grandes y numerosos trajes que había confeccionado, comprado y coleccionado a lo largo de los años ya no estaban allí. ¿Dónde estaban sus faldas y mantones, sus rasos y sus obras maestras de terciopelo? Me dijo que se lo había prestado todo a los alumnos. Algunos lo querían para Halloween y otros simplemente querían fantasear y bailar para sus maridos. Al principio, prestar trajes a sus alumnos era divertido. Se sentía estimulada al decir que sí cuando le preguntaban con timidez si podían pedirle algo prestado. A ella le encantaba saber que estaba formando parte de su felicidad y su desarrollo como mujeres.

Sin embargo, como puede ocurrir con muchos tierra, mi hermana empezó a sentir resentimiento, porque su generosidad no era correspondida. A veces los alumnos se quedaban con sus trajes más tiempo de lo acordado; en otras ocasiones faltaban piezas cuando se los devolvían. Raramente devolvían el favor. Y aunque ella sabía decir que no, nunca se sentía totalmente cómoda con esa palabra, en especial si significaba que alguien estaría decepcionado o no se sentiría querido.

## Los tierra y las emociones: preocupación

De todos los elementos, los tierra son los más reticentes a cambiar. Los tierra están gobernados por el estómago y el bazo. El estómago ayuda a digerir la comida y la bebida, y el bazo recicla los glóbulos rojos desgastados, almacena sangre para las emergencias y contribuye al sistema inmunitario produciendo linfocitos. Sin embargo, en la medicina tradicional china no sólo la comida debe digerirse y alimentar, sino también las emociones. Los tierra incluyen la satisfacción y la tranquilidad, por lo que digerir las emociones no siempre les resulta fácil. Cualquier cosa que no sea armoniosa no les sentará bien en el estómago. Piensan muy bien las decisiones y los sentimientos, incapaces de dejarse llevar y seguir adelante. ¡Pueden herir los sentimientos de alguien! ¡Alguien puede quedar excluido! Piensa en la forma en que las vacas regurgitan y después vuelven a masticar su comida: ¡ellas rumian! Este masticado y remasticado suele ser lo que las personas tierra hacen con las emociones.

La preocupación es una emoción importante para los tierra. Los pensamientos llenos de preocupación dan vueltas en sus cabezas y les impiden conseguir todo lo que les gustaría hacer. Los tierra que intentan liderar un proyecto, compañía o reunión de negocios están en peligro de quedarse bloqueados en esas tendencias obsesivas. Una reunión de negocios puede convertirse fácilmente en una serie improductiva de indecisiones. Los tierra pueden tener que ser reconfortados para volver a sentirse bien, aunque eso conlleve engullir una bandeja de galletas. Este mismo tipo de preocupación puede llevar a un exceso de cuidados. En cuanto los tierra quedan demasiado atrapados en los sentimientos de otros, pierden la pista a sus propios deseos, se implican demasiado en las vidas de los demás y, en última instancia, se convierten en personas intrusivas o disfuncionales. Cuando esto ocurre entre una madre y su hijo, puede evitar que el niño aprenda de la experiencia, sea productivo y tenga recursos, y que por fin se adapte a los cambios inevitables de la vida. En lugar de ver el conjunto completo, el niño agobiado puede estancarse, perder la dirección y quedarse bloqueado en los detalles, incapaz de encontrar su camino hacia la claridad por sí solo. Surge una codependencia poco saludable. Esta codependencia puede seguir a los tierra a lo largo de sus vidas adultas si no aprenden técnicas eficaces para tratar su ansiedad ante otros. No preocuparse parece antiintuitivo, e incluso poco amable, a los tierra, pero ellos deben aprender que no son responsables de la felicidad de las otras personas, de sus sentimientos o de cómo funcionan sus vidas. Los tierra deben aprender sobre los límites emocionales y la separación entre sus vidas y las de otras personas. Un tierra puede practicar la escucha comprensiva, lo cual puede ser increíblemente útil para la otra persona, y ayuda al Tierra a no perderse en el proceso.

La preocupación de los tierra puede convertirse en culpa por no ayudar a alguien lo suficiente y no estar ahí para él. Los tierra suelen disculparse en exceso, diciendo que sienten cosas que no son culpa suya. Se autosacrifican cuando sienten esta culpa.

Las emociones como la preocupación pueden también perjudicar otras partes de la vida de un tierra, además de sus relaciones. A un tierra le resulta casi imposible viajar sin cuidado. Quieren estar preparados para cada situación (de él y de la de otros), especialmente con las enfermedades o las lesiones. Esto significa que llevarán un kit de vitaminas, tiritas, crema para la piel, aspirinas y otros remedios de primeros auxilios. Por supuesto, siempre tienen comida extra, menta, chicle y agua. Suelen viajar con un termo de té, una plancha pequeña, un kit para coser e incluso un aparato para cocinar arroz. Conozco a un tierra que siempre viaja con su NutriBullet, una mezcla especializada. Prepara ropa suficiente para permanecer el doble de tiempo del viaje, y de vuelta a casa tiene suficiente comida en el congelador para todo un apocalipsis. Cuando se dirige a la piscina del hotel para nadar, tiene que hacer todo lo posible para no llevar su monedero y un pequeño bolso de noche, sólo por si acaso.

La casa y el jardín de mi hermana tierra son como un museo y una zona de juego para personas que quieren sacar su niño interior. Ella no es exactamente una acaparadora, dice; tan sólo le gusta tener cosas. Tal vez tenga más de doscientos duendes, hadas y gnomos alrededor de su casa, que encantan a los niños cuando la visitan. Su frigorífico está lleno de fotografías, y las encimeras de la cocina están siempre repletas de comida: frutas gigantes y tazones de hortalizas, tubos de edulcorantes naturales, cajas de té, botes de vitaminas y minerales, y mezclas de alimentos de todo tipo. Si hay algún espacio libre sobre la encimera, es el lugar para algún gnomo. Yo casi decapité varias hadas mientras intentaba trocear la comida. Es fácil, con tantas velas por todas partes, quemar cosas en su casa, con todas las plantas colgantes, los libros de cocina y las diminutas criaturas coleccionables por todas partes.

Los duendes, hadas y gnomos de mi hermana llenan su naturaleza infantil, su lado creativo amante de la fantasía, y también su interés por los niños y las cosas que encantan a los pequeños. Su colección incluye un barco pirata gigante que ha construido en su patio trasero. Todo en su casa está ahí porque resuena con ella; siente alegría cuando ve sus cachivaches, objetos coleccionables y criaturas diminutas. Asimismo, quiere que sus invitados se sientan como en casa. Mi hermana disfruta teniendo invitados y quiere satisfacer todas las posibles necesidades que puedan tener. Cuenta historias a sus invitados sobre cómo descubrió cada pequeña hada, lo que le recuerda y la alegría de descubrirlos y hacerlos suyos. Le encantan sus cosas, que llenan su casa para convertirla en un hogar cálido y amable para que las personas se sientan seguras y contentas, incluida ella misma.

## Los hogares de los tierra son paraísos seguros para todos

Maeve es la madre de uno de mis amigos de toda la vida. Suele coserme edredones y me prepara tartas. Se ha convertido en una especie de tía para mí, y cuando era adolescente solía ir a su pequeña cabaña después de la escuela. Siempre que Maeve cantaba con voz dulce, acababa con todas mis preocupaciones. La casa de Maeve era cómoda. Tenía muchas almohadas suaves, sillas de terciopelo, cortinas exuberantes, fotos y pequeñas cosas que recordaban a la gente que la había visitado. Me animaba a sentarme en una silla gigante repleta de objetos, delante de un humeante fuego, para mostrarme los oficios en los que había trabajado, y me alimentaba con galletas calientes. Siempre se aseguraba de que estuviera bien alimentada. Tenía dos o tres gatos que rondaban por la cabaña; hablaba de ellos como si fueran sus hijos. Estaban también bien alimentados, y eran queridos y estaban cuidados.

Poco tiempo después, observé cientos o miles de baratijas en los estantes de Maeve, que llenaban sus armarios antiguos. Guantes de encaje de antiguas épocas, colecciones de diminutas tortugas y fina porcelana apoyada y colocada sobre otras piezas de porcelana fina. Después estaba el dormitorio. Estaba lleno de más almohadas y un número aparentemente infinito de peluches. Maeve me dijo que algunos eran de su infancia. Guardaba otros para los nietos que esperaba tener algún día. Yo no tenía ni idea de cómo podía encontrar su cama de noche, porque estaba cubierta de osos de peluche, muñecas y más animales de todo tipo de color y tamaño. Si no llegaba a tener nietos, pensaba para mí misma, sus colecciones serían excelentes para exhibirlas en la feria del condado.

Los tierra lo pasan mal al olvidar las cosas y a las personas. Eso es por lo que pueden entrar en relaciones abusivas o poco saludables. Prefieren estar en familia, aunque ésta no sea física o emocionalmente segura. Para ellos, la seguridad consiste en el mundo que conocen, aunque sea la predictibilidad de un compañero abusivo. El mudo que no conocen (sin la pareja) es la parte que les asusta. Esto puede parecer increíble a alguien como un madera, que no tiene miedo del cambio, pero los tierra están muy apegados al pasado. Si se dejan llevar, tendrá lugar el cambio. Por supuesto, resulta más complicado y difícil si hay hijos de por medio.

En las relaciones, los tierra quieren suavizar las cosas y solucionar cualquier conflicto. Creen que, si son suficientemente amables y cariñosos, sacarán a la otra persona de la oscuridad y la llevarán a la luz. Pero no tratar las dificultades o diferencias hace que los problemas se acumulen y, a largo plazo, crea más problemas. Tratar con las cosas siempre es más saludable que intentar enterrarlas. Sin embargo, en el otro extremo, los tierra pueden concentrarse tanto en sus problemas que entran en la autoabsorción y la indecisión. Pueden obsesionarse tanto con lo que deben hacer que no hacen nada en absoluto.

Cuando los tierra oyen su propia voz interna, pueden ser más concisos y claros en sus comunicaciones. Pueden amar a otros y ser mediadores sin perderse en una necesidad compulsiva para dar. Pueden aprender a ayudar a crear las transiciones de otras personas sin atarse demasiado al resultado deseado de una vida feliz y plena para esa persona. También aprenden a concentrarse en sus propias transiciones y a generarlas.

Los tierra equilibrados encuentran una forma de redirigir sus pensamientos y no preocuparse obsesivamente, a menudo conectando con el planeta Tierra que hay bajo sus pies, dando un paseo o pasando tiempo en la naturaleza.

**¡HAZ!**
▷ Concéntrate en lo que se necesita ahora, no en lo que pasará si hay algún cambio.
▷ Crea un plan con notas escritas para ayudarte a no preocuparte por lo desconocido.

**¡NO HAGAS!**
▷ No te pierdas en las preocupaciones. Intenta encontrar las oportunidades de cambio.
▷ No interfieras para que la gente no pueda vivir su propia vidas. A largo plazo, hacerlo generará más problemas.

## Los tierra cuidan de la Tierra

Mi abuela Edens era tierra y metal. Su lado tierra se hacía patente de muchas formas, especialmente con respecto a la tierra, la naturaleza y los animales. En un viaje a Oriente Medio con mi abuelo en la década de 1970, coleccionó muestras de arena y agua en viales y los llevó a casa para que los vieran los nietos (su carácter metal etiquetaba sistemáticamente y encontraba una percha en casa para cada uno). Le encantaban los árboles y solía saber el nombre de los que están en los paseos y los parques y bosques. La abuela quería que cada nieto tuviera conocimientos de geografía y ofrecía diez dólares si sabían dónde se encontraban y cuáles eran las capitales de los cincuenta estados. Pero uno de los proyectos más inspirados en la Tierra tenía lugar cuando la familia iba de viaje. La abuela llevaba semillas en el automóvil. En todo el camino por Estados Unidos, la abuela plantaba las semillas. En cada parada, descanso o camping, enseñaba a los tres niños cosas acerca de las semillas y los árboles que crecerían donde las había sembrado. Como tierra, la abuela necesitaba nutrir la Tierra.

## Los tierra y el cuerpo

La mayoría de tipos tierra dominantes son redondos, rollizos y blandos. Esto puede no ser cierto para todo el mundo, pero su naturaleza tierra se hace patente en sus caras o abdómenes. Tienden a coger peso, y cuando caminan, el peso adicional se añade a su ritmo oscilante. Su caminar es como un lento latigazo que parece fluir a cada paso. Es serpenteante, más bien como un andar concentrado.

Los tierra prefieren la ropa que sienta bien. El terciopelo, el raso, la seda y el algodón les hace felices. Su cabello y su aseo van de la mano, pero con un aspecto natural, sin muchos productos extra y químicos.

A los tierra les encanta la comida y suelen gustarles los dulces. ¡La comida es amor! Se decantan por los caprichos dulces, los almidones y los hidratos de carbono: patatas, tartas, panes, pasteles y pasta. También suelen abastecerse de comida, especialmente cuando no se sienten queridos. Tratando cada comida como si fuera la última, suelen esconder una reserva privada, *sólo por si acaso*. Cuando era pequeña, cada semana revisaba la funda de mi almohada llena de golosinas. Mi hermana guardaba trozos diminutos de golosinas después de Acción de Gracias, y yo nunca sabía dónde ocultaba su reserva. Nunca soñaba con comerlo todo como yo, porque por entonces no quedaban golosinas.

Los tierra suelen tener una sobreabundancia de comida a su alrededor y también tienden a comer en exceso. Están gobernados por el estómago, el bazo y los procesos digestivos, por lo que eso no siempre es una buena noticia para ellos.

El estómago segrega ácido y enzimas para ayudar a digerir la comida. El bazo filtra la sangre y combate algunas bacterias. El estómago puede sentirse molesto por una cantidad excesiva de azúcar, hidratos de carbono o dulces. De igual modo, la energía de un bazo deficiente puede causar una retención incómoda de líquido en los pies, las manos y alrededor de los ojos.

Los tierra comen en exceso o se dejan llevar por alimentos poco saludables en un esfuerzo por llenarse con un sustitutivo del amor incondicional. Pero la comida dejará de sentirse como el amor una vez que el sistema digestivo se queje.

Una buena forma para que un Tierra esté sano (aparte de evitar comer en exceso) es seguir una dieta sin gluten. El gluten es una proteína presente de manera natural en el trigo, el centeno y la cebada. Puesto que demasiado trigo que se cultiva en la actualidad está genéticamente modificado, y dado que los métodos de cultivo y cosecha se concentran en la velocidad y la cantidad en lugar de la calidad, muchas personas hoy han desarrollado sensibilidad a esta proteína. Una vez que eliminan el gluten de sus dietas, muchas de ellas pierden peso, no se sienten tan deprimidas, ven mejoras en el tono de su piel, ya no tienen cefaleas, tienen más energía y están menos irritables. A nivel físico y emocional consiguen la iluminación.

Los tierra con problemas gastrointestinales pueden también intentar tomar enzimas o probióticos para ayudar a la digestión. Estos suplementos dietéticos suelen aliviar los dolores de estómago, la hinchazón, los gases e incluso los problemas de piel y las úlceras, que suelen ser causadas por problemas en el estómago. Hay mucha información sobre ello en Internet, y están disponibles en la mayoría de establecimientos de dietética. Algunas personas han tenido tanto éxito con las enzimas y los probióticos que los toman todos los días.

## Los tierra puede que mantengan el peso, aunque hagan dieta

En la década de 1950, a mi madre la llamaron para que impartiera una clase de economía doméstica. La economía doméstica formaba parte del currículo escolar en octavo curso, y estaba pensada para enseñar a los jóvenes (especialmente chicas) las tareas del hogar, como coser, cocinar, limpiar y cuidar de los hijos. Se supone que una de las cosas que había que hacer era demostrar cómo funcionan las calorías. Las chicas ingerían sólo un número determinado de calorías cada día, durante una semana, y anotaban su consumo para su confirmación. Basándose en las calorías totales, a las chicas se les decía que tenían que perder peso.

Mi madre anotaba todas sus calorías, y la profesora calculó que perdería tres kilos al final de la semana. Mi madre estaba contenta cuando se subió a la báscula al final de semana, pero, horrorizada (y esto es lamentablemente típico de los tierra), vio que su peso había aumentado un kilo y medio. Más adelante supo que los cuerpos de los tierra funcionan de forma muy distinta a los de los demás elementos. Suelen conservar el peso, aunque deberían estar perdiéndolo.

Si el bazo no funciona correctamente o el estómago tiene problemas digestivos, puede sufrirse aumento de peso y enema. Puesto que los tierra están gobernados por el bazo y el estómago, pueden aparecer estos problemas físicos a partir de las alteraciones.


## A TU BAZO LE ENCANTAN ESTOS ALIMENTOS
(El estómago es más exigente con los alimentos específicos que le gustan a tu cuerpo).
  ▷ Batatas.
  ▷ Calabaza.
  ▷ Judías negras.
  ▷ Pescado graso.


## A TU BAZO LE ENCANTAN ESTAS HIERBAS
(El estómago es más exigente con las hierbas específicas que gustarán a tu cuerpo)
  ▷ Manzanilla.
  ▷ Alfalfa.
  ▷ Raíz de bardana.

## Movimiento para los tierra

A los tierra les va bien un movimiento rítmico y que tenga un ritmo entre lento y moderado. Les encanta la música, y cualquier cosa que se sienta «de tierra» probablemente sentará bien a un tierra, como el Nia, un programa de acondicionamiento físico mente/cuerpo (las iniciales significan Non-Impact Aerobics [«Aeróbicos Sin Impacto»]). No se suelen encontrar muchos tipos tierra en el gimnasio levantando pesas o haciendo cualquier cosa que requiera muchas instrucciones reglamentadas. La danza africana, la danza tradicional del vientre y los bailes con pareja, como el swing, la salsa y el tango son apropiados para los tierra, quienes también disfrutan de los bailes en grupo, como el baile tradicional y el baile con música country.

Los tierra deben encontrar algún tipo de movimiento que les guste y que *puedan* hacer de forma continua. Igual que los agua, los tierra evitan el ejercicio físico siempre que pueden, y prefieren holgazanear charlando y tomando buenas comidas con los amigos. Sin embargo, igual que todos los elementos, los tierra necesitan hacer ejercicio habitualmente. ¡Encontrar movimientos divertidos para practicar con los amigos todas las semanas es la clave!

## Postura de la medicina energética Eden para los tierra: cruzar el corazón

Esta postura de brazos cruzados calma la energía del bazo y ayuda a recuperarte y volver a encontrar el amor. Este ejercicio puede también liberarte de las indecisiones y las preocupaciones. Puedes hacer esto siempre que quieras llevar calma a tu mente tierra preocupada.

1. Mientras estás de pie, sentado o tumbado, cruza los brazos y coloca las manos en las axilas. Sitúa los pulgares extendidos sobre el pecho.

2. En las axilas, los dedos envuelven el meridiano del bazo, donde pueden aliviar las preocupaciones. Los pulgares se encuentran sobre puntos neurolinfáticos, que estimulan el flujo de la linfa en todos los órganos. Tus brazos están cruzados sobre la glándula del timo en una postura que es excelente para el sistema inmunitario. Los brazos también están cruzados sobre el chakra del corazón, una postura que excelentes idónea para ayudar a que las energías se crucen sobre el pecho.

   Esta postura es reconfortante para todos los elementos, pero ayuda de verdad a los tierra a sentirse como en casa y seguros, con lo que pueden adaptarse a los cambios.

## Encontrar equilibrio como tierra

Cassandra vivía en una zona boscosa de Oregón y podía caminar muchos kilómetros disfrutando de los sonidos de los animales corriendo, las hojas crujiendo y el viento silbando en los árboles. Caminaba rítmica y lentamente por el bosque, cantando con tranquilidad. Sus largos rizos castaños flotaban sobre sus hombros, y su falda de terciopelo fluía alrededor de sus piernas. No llevaba zapatos. Le encantaba caminar descalza por la hierba, por la arena, por las hojas; cualquier cosa con la que pudiera sentir la tierra bajo sus pies. A menudo se dejaba los zapatos en casa.

Tenía tres hijos pequeños y solía llevar al bebé mientras caminaba. Cantar a un bebé en período de lactancia, caminar por el bosque descalza y permanecer en contacto con la naturaleza era todo un aliciente para Cassandra, y resonaba con su personalidad tierra. Estar en la naturaleza siempre equilibraba a Cassandra. Sobre todo la aliviaba si había tenido un día difícil o una discusión con su marido. Pero, aunque hubiera tenido un día sin problemas, caminar descalza sobre la tierra le ofrecía claridad y rejuvenecimiento. Le permitía estar mejor asentada, más fuerte, más alerta y siempre más feliz.

Los tierra pueden sentirse abrumados con facilidad. Cuando esto ocurre, procrastinan, se vuelven indecisos y tienen problemas con el tiempo. Hacer cosas como caminar en la naturaleza o llevar a cabo actividades creativas, como cocinar o practicar la artesanía, puede ayudarles a aliviar el estrés. Las fechas límite, las programaciones, la autoridad, las normas, las directrices y las políticas pueden ser difíciles para los tierra, que prefieren vivir más con más fluidez. Necesitan tomarse algún tiempo para crear una atmósfera cómoda para ellos mismos. Al necesitar siempre cuidar de otro y ofrecerles su tiempo, los tierra pueden no dar abasto. Aunque intelectualmente deseen cuidar de sí mismos, de algún modo ese cuidado suele centrarse antes en los demás.

### EJERCICIO PARA EQUILIBRAR A LOS TIERRA

▷ Baile con pareja.
▷ Caminar en la naturaleza.
▷ Nadar.

### ENERGIZAR TU ELEMENTO TIERRA

▷ ¡Poner música y bailar!
▷ Llamar o visitar a un amigo.
▷ Cocinar, dibujar, pintar... ¡crear!

## EQUILIBRA TU ESTÓMAGO Y TU BAZO

▷ Masaje.

▷ Acupresión.

▷ Medicina energética Eden.

# Los tierra en las relaciones

Los tierra suelen saber escuchar muy bien y ser buenos consejeros para sus amigos. Apoyarán todo lo que hagan sus seres queridos. Crean el espacio para que la gente se encuentre bien, para brillar de un modo que para muchas personas sería imposible sin su ayuda.

Si tienes una relación con un tierra, deja que te ayude. Aunque seas un madera con total autoconfianza contigo mismo, encuentra algo con lo que el tierra pueda echarte una mano. Un tierra no puede evitar la necesidad de dar. Además, dar está relacionado con unos niveles más altos de oxitocina, la hormona de la felicidad. Deja que tu compañero tierra te dé cosas y tu relación será más feliz.

Los tierra no quieren que la gente se sienta mal o no gustarles, por lo que tienen cuidado de no estorbar. Dirán lo que creen que la gente quiere oír y permitirán relaciones tóxicas en lugar de intentar cambiarlas o abandonarlas. El cambio puede ser insoportable, por lo que se aferran al pasado, junto con todas las personas que hay en él, sin importar quiénes sean o lo que hayan hecho.

A Peggy le encantaba estar casada. Le gustaba no trabajar fuera de casa; disfrutaba cocinando y siendo ama de casa. Pero, después de varios años de matrimonio, su marido se volvió violento. Gritaba y le tiraba cosas. En una ocasión la sujetó con fuerza y le gritó agobiándola, ahogándola y exigiendo demasiado. La vida mostró su peor cara a Peggy, pero la idea de dejar a su marido le daba más miedo. Por lo menos podía predecir lo que le volvía loco y cuándo se pondría violento. No podía predecir nada de lo que ocurriría si le dejaba. Él mantenía económicamente la casa, por lo que, si le dejaba, ¿cómo podría ganar dinero? ¿Cómo podría encontrar un sitio para vivir?

Peggy se sentía avergonzada. No quería decir a sus amigos lo que estaba ocurriendo. Estar con amigos conllevaría muchas preguntas. Y ¿cómo iba a encontrar un trabajo sin tener un domicilio? Decidió que era mejor que la reprendieran en casa que quedarse en la calle. Además, Peggy seguía queriendo a su marido. Si ella informaba sobre la violencia que ejercía sobre ella, él perdería su trabajo y la comunidad le daría la espalda si la gente llegara a creerla a ella. Se preocupaba pensando que la gente podía pensar que estaba loca o reaccionar de un modo excesivo. Después de todo, él no la había golpeado.

Peggy afrontó la tarea de intentar hacer a su marido lo más feliz que pudiera. Llegó a creer que era su obligación mantener viva la relación, y que si fracasaba era culpa de ella. Todos los días se sentía culpable. Se culpaba por las acusaciones y el desprecio. Pensaba que podría hacerlo mejor.

Peggy creía a su marido cada vez que él le decía que nunca volvería a perder los nervios. Después de todo, él era cariñoso la mayor parte del tiempo. Cuando Peggy pronunció los votos de matrimonio, era para toda la vida. Ella creía que él sentía lo mismo.

A medida que pasaron los años, Peggy perdió su autoestima. Ya no podía tomar decisiones y se estaba acostumbrando a una vida con un marido que descargaba su ira sobre ella. Empezó a dudar de que alguna vez pudiera encontrar algo mejor. Su marido le decía constantemente lo bueno que era con ella. Tenían una casa muy bonita; iban a comer a buenos restaurantes y se tomaban vacaciones cada año. Económicamente eran estables, y desde fuera parecían que tenían una vida perfecta. Peggy se convenció de que ser maltratada no era lo peor que podía ocurrir; siempre había cosas peores. Se decía a sí misma: «lo bueno es que no me pega». Peggy continuó con su matrimonio, aunque su marido a veces la engañaba, por lo que ella pedía disculpas. Pensaba que debía una disculpa a su marido por no ser suficientemente buena como para que no la engañara. En su mente esto tenía sentido. Si ella diera lo suficiente, si le hiciera feliz y no fuera tan insegura, él no la engañaría.

Los tierra pueden empezar a dudar de toda su existencia cuando sienten que no agradan a la gente, y caen en ciclos de codependencia que nunca parecen terminar. Incluso obsesionarse con las lamentaciones o la decepción durante años puede parecer más seguro que abandonar y decepcionar a alguien. El sufrimiento puede volverse reconfortante si es familiar, y los tierra se aferran a lo familiar.

La mayoría de los tierra sienten que son cuidadores y sanadores, y, no obstante, lo pasan mal cuidándose a sí mismos. Le pregunté a una amiga tierra qué le parecía pedir ayuda cuando estaba necesitada. Me respondió: «¿Pedir ayuda? ¿Estás loca? Me recuerdo a mí misma lo bien que me siento cuando ayudo a otros y les permito tener la misma sensación de euforia que cuando yo ayudo a la gente, pero es sólo un ejercicio intelectual. Atraigo a las relaciones en las que cuido de otra persona. Después me pregunto por qué no se cubren *mis* necesidades».

Aunque los tierra quieran mucho y entiendan que deben darse a los demás, necesitan la misma cantidad de tiempo solos, de tiempo creativo y para la autoexpresión. También deben aprender a recibir. Cuidarse les ayudará a desarrollar autoconfianza. Deben practicar a escuchar su propia voz interior y sus verdades, aparte de oír las verdades de todas las demás personas que hay en sus vidas.

## ¿Conoces a algún tierra?

Por ahora probablemente sabrás si tienes algún tierra en tu vida o si tú mismo eres un tierra. Cuando alguien está de acuerdo contigo en todo lo que dices y ves que es posible y valioso en todas tus ideas, sabrás que tienes a un tierra en tus manos. Ese tipo de personas te darán su tiempo, su corazón y su alma para que te sientas apoyado en la vida.

A los tierra les encanta sentirse incluidos, invitados y parte de los eventos y los proyectos. Quieren formar parte del equipo y de los fundamentos que lo mantienen unido. Sin embargo, no quieren liderar el equipo ni estar en primer plano. Disfrutan de la libertad de pasar desapercibidos y fluir donde lo necesiten, no donde alguna figura de autoridad les diga. Quieren ser la base que mantiene estable la relación, el pegamento que lo une todo.

Si necesitas a alguien que de verdad te escuche, te preste atención y se preocupe por ti, hazte amigo de un tierra. Si tienes personas tierra en tu vida, dales una de las cosas que ellos siempre dan tan bien: escucha con comprensión. Aunque rara vez piden ayuda o compañía porque no quieren parecer que están necesitados, sí quieren que los vean, los escuchen o los comprendan. Con excesiva frecuencia los ignoran porque no expresan con fuerza sus opiniones; son blandos y normalmente dulces. También se les puede subestimar como profundas minas de amor y apoyo. Por tanto, no siempre se les reconoce sus actos. Pueden parecer autosuficientes, pero el reconocimiento y la comprensión suele ser lo que de verdad quieren en su profundo interior.

## Puedes que seas un tierra si...

Si quieres que todo el mundo sea feliz y de verdad consideras que el amor hace que el mundo gire, tal vez seas un tierra. ¿Quieres agradar a los demás? ¿Sientes la necesidad de asegurarte de que todos se sienten cómodos y reconfortados? ¿Dedicas algún tiempo a conectar con la gente y escuchar sus historias y problemas, aunque te aparte de tu propio trabajo y tus proyectos? ¿Eres un buen amigo hasta el final, que cree en el perdón y en el hecho de hacer las paces? ¿A veces sientes resentimiento de la gente porque has dado mucho y no te sientes correspondido? Si estás leyendo esto, sonriendo suavemente y asintiendo con la cabeza, entonces lo más probable es que seas un tierra.

**SI CREES QUE ERES UN TIERRA...**

▷ Puede que te preocupes demasiado por los demás, y ellos pueden sentirse agobiados por tus acciones. Descubre formas saludables de descargar tus preocupaciones, de forma que la gente no se sienta repelida por la fuerte energía de tu constante preocupación por ella.

▷ Pasa tiempo con tus amigos. No lo dejes pasar porque no tengas tiempo o una pareja que no quiera salir y estar con gente.

▷ Sé claro con la gente sobre tus deseos y propósitos, en lugar de sólo escuchar.

▷ Da libremente sin esperar amor y comprensión a cambio, y sin resentimiento. Hacerlo te liberará para confiar y quererte a ti mismo, en lugar de basarte en la confianza y el amor de los demás.

▷ Necesitas tiempo para tomar decisiones. Si la gente te presiona para que lo hagas ahora, tal vez tomes una decisión para su beneficio y no para el tuyo. Después te lamentarías y es posible que sintieras resentimiento hacia ella.

▷ Te gusta fluir con tu tiempo, así que usa una alarma suave y programa tiempo para ti mismo, de forma que los eventos y las fechas límite no te pillen por sorpresa y hagan que te preocupes.

▷ Parte de ti siempre sufrirá por los demás, pero necesitas encontrar formas de librarte de ese sufrimiento, o afectará a tu vida.

▷ Si dices que crees que otros quieren escuchar, es probable que, al final, nadie quede tan satisfecho como tú esperabas, y no llegarás a cubrir tus necesidades.

▷ El amor crea milagros, pero hay veces en que puedes querer a las personas con toda tu fuerza, y, sin embargo, ellas no cambiarán ni entrarán en razón. Deja que sigan su camino. Tú tienes el tuyo.

▷ El cambio puede ser positivo y realmente divertido. Encuentra a alguien para que te ayude a soportar los grandes cambios y a verlos con una luz positiva.

# Prueba de valoración de la personalidad tierra

Haz la siguiente prueba para averiguar lo fuerte que es en ti el elemento tierra. Es probable que seas una combinación de elementos. Esto significa que algunas de las respuestas serán ciertas y otras, no. Los resultados de la prueba te dirán lo dominantes que son tus características tierra en tu persona. Aceptar, entender y trabajar con los elementos que componen tu personalidad es crucial para comprender las acciones y motivaciones de otros y para estar en paz contigo mismo.

Puntúa las siguientes frases de acuerdo con tus tendencias. En una escala del 1 al 5, 1 es nunca verdad y 5 siempre verdad. Cuando termines, suma tus puntuaciones y compáralas con las de los otros elementos. Una puntuación alta puede significar que has encontrado tu elemento primario. Tú te guías por tu elemento primario (o elementos primarios compartidos), que revelará sobre todo esos rasgos respectivos de tu personalidad, pero te verás muy influido por tu elemento secundario y, en menor grado, por el tercero, cuarto y quinto. En determinadas circunstancias puedes basarte en algunos elementos como mecanismo o estrategia de afrontamiento, pero tal vez no estén tan presentes en tu vida diaria como tu(s) elemento(s) primario(s).

| 1 | 2 | 3 | 4 | 5 |
|---|---|---|---|---|
| Nunca verdad | Casi nunca verdad | A veces | Casi siempre verdad | Siempre verdad |

# ¿Eres un tierra?

**BAJO UNA SITUACIÓN DE ESTRÉS EXPERIMENTO LO SIGUIENTE:**

- [ ] Preocupación.
- [ ] Sensación de que estoy abrumado.
- [ ] Me culpo a mí mismo.
- [ ] Indecisión.
- [ ] Desesperación.
- [ ] Falta de concentración.
- [ ] Tendencia a volverme muy emocional.
- [ ] Confusión.
- [ ] Incertidumbre.

**EN GENERAL:**

- [ ] Me encanta pasar tiempo con mi familia.
- [ ] Me encanta tener niños y/o mascotas cerca de mí.
- [ ] Me encanta la idea del embarazo, la adopción y estar cerca de futuras mamás.
- [ ] Quiero de verdad lo mejor para todos y haré todo lo posible por ayudarlos.
- [ ] Me siento contento de servir de consuelo y ayuda.
- [ ] Disfruto de mi círculo social de actividad. Me gustan mis amigos.
- [ ] Me gusta ser el centro de mi familia, una persona en que los otros puedan encontrar ayuda.
- [ ] Quiero que terminen las discusiones y que todo el mundo se sienta satisfecho.
- [ ] Acepto incondicionalmente a toda la gente.
- [ ] Genero comodidad para todo el mundo.
- [ ] Soy accesible a mis amigos.
- [ ] Soy muy leal y estoy cerca de cualquiera que lo necesite.
- [ ] Soy muy diplomático.
- [ ] Tengo mucha empatía por lo que los demás están pasando.
- [ ] Doy a la gente el beneficio de la duda.

- [ ] Conocer y relacionarme con personas que no conozco me resulta fácil, y disfruto con ello.
- [ ] Si alguien tiene una cualidad adorable, inmediatamente quiero estar a su lado.
- [ ] Si alguien tiene un problema, suelo pensar que es mi responsabilidad hacerle sentir mejor.
- [ ] Si alguien se siente excluido, creo que es mi responsabilidad hacerle sentir incluido.
- [ ] Todo el mundo me confía secretos e historias.
- [ ] Las ideas, los sentimientos y la comida parecen estar interconectados.
- [ ] Sirvo a los demás y les ayudo en sus transiciones.
- [ ] Me dedico a la gente que me quiere, aunque yo no la quiera.
- [ ] No me gustan los cambios.
- [ ] Disfruto con actividades como cocinar, arreglar el jardín, las tareas del hogar, coser, la carpintería y la artesanía.
- [ ] Mi casa es muy acogedora y en ella hay un sitio cómodo para que se siente todo el mundo.
- [ ] Nunca humillo o pongo en evidencia a otra persona en público.
- [ ] Ayudo a mis seres queridos, aunque no esté de acuerdo con ellos.
- [ ] Me pongo muy cómodo quitándome los zapatos.
- [ ] Cuando camino, bailo o me muevo, suelo hacerlo con un balanceo entusiasta.
- [ ] Me gusta hacer ejercicio cuando estoy con amigos o un grupo de personas en un ambiente no competitivo.
- [ ] Hablo con un tono dulce que puede parecer como cantar una canción de cuna.
- [ ] No me gusta tener que tomar partido.
- [ ] Prácticamente más que cualquier otra cosa, quiero que las personas cuiden unas de otras.
- [ ] Almaceno comida por si acaso.
- [ ] Disfruto llevando comida, regalos o caprichos a fiestas y reuniones, especialmente si los hago yo mismo.
- [ ] Cuando la gente me hace preguntas, me siento obligado a responder, aunque me sienta incómodo al hacerlo.

- Suelo pedir disculpas, aunque yo no tenga la culpa.
- No soy competitivo.
- A veces me pregunto quién cuidará de mí.
- Suelo dar dinero u objetos personales para ayudar a la gente a salir de situaciones difíciles.

## TÍPICOS PROBLEMAS DE LOS TIERRA:

- Me guardo mis problemas para mí mismo.
- Asumo las cargas de otras personas.
- Me siento indolente y derrotado cuando me comprometo en exceso con personas que están necesitadas.
- Tiendo a preocuparme en exceso.
- Puedo agobiar a la gente.
- Puedo entrometerme en los asuntos de los demás.
- Soy sobreprotector.
- Me excedo en mis esfuerzos por ser amigo o consejero.
- Lucho con los límites entre los negocios y la amistad.
- Tiendo a coleccionar cosas, o provisiones, porque me reconforta.
- El azúcar y/o los hidratos de carbono me satisfacen como si fueran heroína.
- Puedo sentir resentimiento después de hacer mucho por otras personas, aunque lo decidiera yo.
- Puedo sentir pena por mí mismo si la gente no me ama lo suficiente o de la forma adecuada.
- Tengo tendencia a ganar peso fácilmente.
- Suelo guardarme la verdad para mí mismo si creo que puede dañar los sentimientos de otros.

# PUNTUACIÓN DEL ELEMENTO TIERRA

# CAPÍTULO CINCO

# LA PERSONALIDAD METAL

## ANHELAR REFINAMIENTO

*El dolor es el precio que pagamos por el amor.*

REINA ISABEL II

**ARQUETIPOS METAL:**
La reina ⇒ La bailarina ⇒ El yogui ⇒ El alquimista

**LA ESTACIÓN:**
Otoño (dejarse llevar)

**RESPUESTA AL ESTRÉS:**
Desconectarse y apartarse

**PERSONAS FAMOSAS
CON ELEMENTO METAL:**
Angelina Jolie
Barack Obama
Julia Child
Benedict Cumberbatch

**SI LAS PERSONAS METAL
FUERAN ANIMALES:**
El gato doméstico
(inteligente, pero a menudo reticente a ser sociable)

ANGELINA JOLIE

os metal son como la Torre Eiffel de París, de trescientos metros de altura y que empequeñecen las estructuras y el paisaje a su alrededor. Solos como un árbol alto y desnudo al final del otoño, cuyas hojas se mecen por los tempranos vientos del invierno. Sus ramas están desnudas, sus miembros son largos y ellos alcanzan los cielos, solitarios en su búsqueda. Son quienes dejan pasar lo que no es necesario. Los metal suelen carecer de compañía, pero, igual que ocurre con el árbol alto y solitario, los visitantes vendrán para sentarse con ellos. Piensa en el Buda que alcanza la iluminación sentado bajo una higuera sagrada o árbol bananero. Cuando estaba sentado a los pies del árbol, sabía que se encontraba en compañía de la naturaleza divina. Jesucristo y la madre Teresa probablemente tuvieron mucho del elemento metal.

Igual que el otoño, las personas metal liberan, se someten y dejan pasar las distracciones innecesarias, los pensamientos tóxicos y las cosas que no son precisas. Son organizados y estoicos, y buscan una especie de perfección en la vida, una pureza en todo que ellos perciben y observan. Tienen valores elevados y suelen ser muy espirituales, por lo que a menudo parecen más iluminados que el resto de nosotros. No exteriorizan los sentimientos ni hablan sobre ellos. En la mente de un metal no hay espacio para ponerse ansioso por la posibilidad de perder algo, ya sea un empleo, un matrimonio o una amistad. Su viaje tiene que llevarse a cabo sin cambios, no aferrándose a algo durante toda la vida ni dejándose confundir por el dolor. Por el contrario, los metal tienden a mantener a propósito su conciencia pura y su mente libre de pensamientos innecesarios.

El metal es el último de la rueda de los cinco elementos (*véase* el final del capítulo 6). Representa el final. De manera subconsciente, los metal se dejan llevar, se liberan e intentan terminar todo aquello para lo que están sobre la Tierra. Pueden captar la energía de las personas que reflexionan o

175

meditan y que necesitan finalizar todas sus ocupaciones antes de alcanzar el nirvana.

La parte complicada es que la búsqueda de las personas metal por liberarse de las posesiones terrenales y alcanzar una conciencia superior suele alejarles de los demás seres humanos. Los sentimientos, tristezas, retos y emociones de otros pueden ser demasiado pesados para un metal. Suelen apartarse (física y emocionalmente) de las relaciones que no mejoran su propio viaje, y pueden parecer indiferentes o carentes de sentimientos y emociones cuando se relacionan con la gente. Podemos pensar en Spock de *Star Treck*. En el episodio titulado «El problema de los tribbles», de la segunda temporada, Spock parece intrigado por las pequeñas y peludas criaturas llamadas tribbles. Su colega, McCoy, le dice sorprendido: «¡No me diga que está teniendo un sentimiento!». Spock responde: «No me insulte, doctor».

Si las personas metal pueden aprender a aceptar que los sentimientos de los demás forman parte de la vida (que las personas se sienten heridas, igual que experimentan alegría), entonces estarán más en contacto con ellos mismos y sus propios sentimientos, lo que les permitirá conectar más profundamente con la gente. Permitir a la gente sentir sus sentimientos sin juzgarla ni apartarse de ellos, aunque sea un reto para la comodidad de un metal, puede ser una de las cosas más importantes que abran el corazón de las personas metal y que pueden experimentar. Abrir una y otra vez el corazón es importante para un metal o, de lo contrario, puede existir una falta de flexibilidad en las relaciones.

## Las personas metal son geniales y completas

Hanna había querido tener hijos desde que era una chica joven. Su propia infancia fue difícil. Su madre había sido drogadicta, y sus figuras paternas nunca duraron mucho. La madre de Hanna solía lamentarse de haber tenido hijos, diciendo que la vida habría sido mucho más fácil sin ellos. Hanna nunca se sintió especial ni verdaderamente valorada. Quería tener hijos para poder compensar la incapacidad de su madre de criar con amor y aprecio.

Cuanto tenía veintitantos años, Hanna tuvo dos hijos. Los crio hasta que fueron unos jóvenes responsables y adultos autónomos. Cuando sus hijos se mudaron y vivieron por su cuenta, visité a Hanna. Ella era muy activa en Facebook, y le pregunté por qué nunca mostraba ninguna fotografía de familia o de sus hijos. Dijo que sus hijos eran sus propias personas, no un apéndice suyo. Me comentó que estaba muy orgullosa de haberlos criado para que fueran expresivos pensadores con mentes individuales que eran fuertes en sus propias identidades, para separarse de ella y el uno del otro.

Hanna admitió que no había sido una madre acogedora. No mimó a sus hijos, no les hizo muchas fotografías ni incluso les ayudó a superar paso a paso la vida. En escasas ocasiones los abrazaba o les tomaba por niños, y no sentía que para los hijos fuese necesario el contacto físico para saber que eran queridos y estimados por sus padres. En una ocasión comentó que ella los quería y que siempre sacrificó su propio bienestar para asegurarse de que estaban bien alimentados, vestidos y seguros, incluso cuando había poco dinero y no se pagaban las facturas. Enumeró muchas formas en que les enseñó a honrar, respetar y comprender a los demás. Su hogar era tranquilo y sociable, y ellos siempre compartían buenos momentos.

Hanna se sentía segura de que había criado a sus hijos para que fueran honrados ciudadanos con un fuerte sentido de quiénes eran. Pensaba que era una buena madre, no por todo el amor que parecía haber, sino porque sabía en su interior que los había criado de forma correcta y ética.

Como madre metal, Hanna no necesitaba admiración, premios o elogios. Ella sabía, desde su propio interior, que era una buena madre. Era clara sobre el dinámico poder entre los adultos y los niños, y se sentía cómoda con la jerarquía inherente a esos roles. También era muy consciente de la causa y el efecto. Trataba la paternidad como un programa de gestión de niños, con el objetivo de criar a sus hijos, no necesariamente para que fuera su mejor amigo, sino para que fueran honrados ciudadanos del mundo.

Los metales son tranquilos, geniales y serenos. No se enfadan, no intervienen en conflictos ni participan en acciones dramáticas. Les gustan los planes establecidos con personas y actividades que cumplan sus elevados estándares. Sin embargo, muy raramente alguien cumplirá sus estándares tan elevados, incluidos ellos mismos. Esto puede generar una sensación de desilusión que puede añadir una capa de silencio de mal agüero a su ya seco comportamiento. La pena puede ser un telón de fondo subconsciente de su vida. La pena no destruye ni socava a las personas metal; es tan sólo un compañero familiar y una de las muchas capas que conforman su existencia. La pena de un metal no es como la tristeza de un agua. Los metal suelen proseguir su trabajo, juegos y todas sus actividades normales mientras sienten un desánimo que queda bien oculto bajo su naturaleza austera. La tristeza de los agua no pasa desapercibida: es dolorosa, melancólica y densa, como una pesada niebla.

Suiza es un país metal. Tiene el comportamiento espartano de un metal: es sereno, pacifista y evita los conflictos. El santo de Suiza Nicolás de Flüe (1417-1487) aconsejaba: «No te involucres en los asuntos de otras personas». Suiza ha hecho caso a estas palabras y se ha alejado de las guerras de otros países. En su lugar, ha acogido una de las mejores virtudes del elemento metal: descubrir soluciones y transformar hostilidades profundamente enraizadas. Suiza ha actuado mediando en conflictos internacionales, negociando altos el fuego y tratados, y enviando pacificadores a las zonas en guerra. Como país, ha demostrado la capacidad de un metal para crear espacio para las conversaciones difíciles y buscar alternativas a la coerción y a la lucha, uno de los rasgos más destacables en los cinco elementos. Suiza es el país neutral más antiguo del mundo; su neutralidad se estableció mediante el tratado de París, en 1815, después de las guerras napoleónicas.

Del mismo modo que un metal promueve el cambio a su alrededor, pero se mantiene en pleno centro, Suiza en sí misma ha resistido al progreso: fue la última república occidental en dar el voto a las mujeres. Algunos cantones (estados) suizos dieron el voto a las mujeres en 1959; fue garantizado a nivel nacional en 1971, y por fin por los últimos cantones en 1990. Y de la misma manera que muchas personas metal son imponentes (o al menos *parecen* altas), así es la naturaleza de Suiza. Cuarenta y ocho de las montañas de Suiza superan los 4.000 metros por encima del nivel del mar.

# Los metal necesitan tener sistemas

Los metal fomentan estructuras y programaciones mientras siguen doctrinas y normas. La mayoría de las escuelas públicas de Occidente son organizaciones metal. Son duras y funcionales, y se dedican a separar clases, niveles por cursos y a los niños que son más inteligentes de los que lo son menos. Este modelo funciona para algunas personas, pero también favorece el control y la inflexibilidad sobre la espontaneidad y la creatividad.

Horace Mann creó el sistema escolar occidental, y se basó en el sistema alemán. En 1806, después de que Prusia (el reino del norte de Alemania cuyo centro es Berlín) fuera derrotada por Napoleón, sus líderes decidieron que habían perdido porque los soldados habían estado pensando en sí mismos en lugar de seguir órdenes. Los alemanes quisieron asegurarse de que esto no volviera a ocurrir, por lo que crearon un estricto sistema de ocho años que enseñaba obligaciones, disciplina, respeto por la autoridad y la obligación de seguir órdenes. A los niños les decían lo que tenían que aprender y pensar, y cuánto tiempo pensar sobre ello. Hacia el año 1900, la mayoría de los países del mundo occidental habían adoptado este sistema, que es muy metal (y madera), y aún reina como modelo de las escuelas públicas en la actualidad.

Los metal suelen hablar de una manera mecánica. Hay muy pocos picos y valles en sus conversaciones, y es difícil saber si cuentan un chiste o no. Prefieren la información al entretenimiento y valoran el protocolo y la excelencia. El monótono profesor de economía de la película de la década de 1980 *Todo en un día* es un ejemplo de esto. Imparte una clase poco inspirada con un tono seco y sin interés, sin importarle el hecho de que sus alumnos se estén quedando dormidos. Entre tema y tema, incita a los alumnos a responder diciendo: «¿Alguien?, ¿alguien?». Sigue dando la clase a pesar de ver que los alumnos parecen dormidos y se apoyan sobre sus pupitres. He aquí un ejemplo. Imaginemos que estas palabras se pronuncian con una voz seca y aséptica que nunca se detiene para respirar: «En 1930, la Cámara de Representantes, controlada por los republicanos, en un esfuerzo por aliviar los efectos de… ¿alguien?, ¿alguien?… la Gran Depresión, propuso la… ¿alguien?, ¿alguien?… ley llamada Hawley-

Smoot Tariff Act, que… ¿alguien?… ¿se aprobó o rechazó?… y subió los impuestos, en un esfuerzo por conseguir más fondos para el gobierno federal…». Si eras adolescente en la década de 1980, puedes recordar el personaje muy bien (representado por Ben Stein, que también tenía mucho de agua). Si no lo eras, puedes comprobarlo en YouTube, buscando «profesor de economía Ferris Beuller».

## Los metal frente a los madera: dos elementos prácticos que son muy diferentes

Los metal y los madera son los elementos más pragmáticos, prácticos y metódicos, y por eso suelen relacionarse los unos con los otros. Sin embargo, son muy distintos en todas las formas de estilo y conducta. Cuando algo va mal en una relación de los metal, pueden alejarse de las personas con poca o ninguna emoción. Cuando algo les va mal a los madera, necesitan expresarlo (normalmente con ira), y si su esfuerzo de comunicación no es reconocido, pueden eliminar a ciertas personas de su vida. Los metal no son conocidos por su sentido del humor; cuando se están divirtiendo, el humor es seco y sofisticado. Los madera tienen un buen sentido del humor que va unido al sarcasmo. Los metal tienden a evitar el conflicto y la tensión con la gente. No quieren dramas; tan sólo van a complicar su existencia. Los madera, por otra parte, disfrutan con un buen debate y no temen el conflicto ni la discusión. Con esto en mente, tiene sentido que muchos metal sean objetores con conciencia, personas que reclaman el derecho a rechazar el servicio militar, comenzando por los menonitas holandeses en 1575. Los madera, por otra parte, suelen ser los primeros en ofrecerse voluntarios para el servicio militar.

Los metal y los madera son similares en que suelen ser organizados en el trabajo y se sienten cómodos cuando tienen control sobre la situación. Sin embargo, los metal no tienen la necesidad de estar haciendo algo una y otra vez, lo cual es extremadamente difícil para los madera. Los metal no tienen prisa; en cambio, los madera se encuentran en una misión y suelen presionar. Los metal tienen sentido de la compostura y fluirán en una sala como si fueran reyes. Los madera son orgullosos, valientes y no temen afirmar algo con conducta u opiniones fuertes. Cuando entran en algún sitio, sin duda se sabe.

Cuando los metal se estresan, se bloquean en un círculo vicioso de hacer más y más de lo que ya no funciona, lo cual es evidente para todos menos para ellos. Cuando los madera se estresan, intentan hacer todo ellos mismos y, con amargura e ira, lo hacen de un modo rápido y con eficiencia, sin pedir ayuda a nadie. Esto puede ser estresante para quienes están a su lado. Los metal son elegantes, mientras que los madera son fuertes y desvergonzados. Los metal quieren que sus proyectos se hagan en cierto tiempo; los madera desean que sus proyectos se hagan ahora. Los metal son determinados; los madera son inflexibles. Los metal son organizados; los madera son sistemáticos. Los metal son controlados; los madera son resueltos. La energía de los metal es flexible; la energía de los madera es sólida. La energía de los metal se detiene; la energía de los madera es expansiva. Los metal tienen mucha palabrería; los madera van a lo importante de manera rápida y abrupta. Los metal parecen vivir en el espacio interior, como si estuvieran en una catedral sagrada o caminando por un laberinto. Los madera dominan el espacio como si fuera suyo. Los metal actúan con honradez porque es lo correcto, aunque la gente no valore sus esfuerzos. Los madera actúan honradamente porque es lo correcto, y quieren que la gente lo valore.

Si tienes un metal emocionalmente sano y un madera emocionalmente sano, tienes las personas más amables de los cinco elementos. No por obligación se comportan con gentileza, como los tierra con dulces saludos y sincera gratitud para todo el que esté a mano, sino que su amabilidad será evidente una vez que llegues a conocerlos. Serán los primeros en quitarse la camisa para dártela, y tendrán una generosidad como nunca has visto antes.

## Los metal poseen mucha elegancia

Las formas de un metal son muy respetuosas. La persona metal es un maestro en encontrarse con la vida donde se encuentra y en elevarse sobre ella. Los metal soportan los pros y los contras de la vida sin alterarse demasiado. No siempre, pero en muchas ocasiones, buscan el siguiente gurú a nivel espiritual o la conexión mente-cuerpo-espíritu. Si los gurús más elevados espiritualmente se encuentran en las altas montañas del Himalaya, allí es adonde irán los metal. No hay discusión, no hay controversia y no hay debate: ellos irán con tranquilidad adonde encuentren conexiones personales con otras personas que también parecen estar en su camino de conciencia superior.

Igual que los metal aspiran a causas superiores, también quieren que lo hagan los demás. Se interesan para las personas alcancen lo mejor, y te ayudarán a conseguir la excelencia si se les llama con respeto.

Puesto que los metal suelen buscar un plano superior de existencia espiritual o unos estándares más elevados, si no encajas en su visión de lo divino, entonces tal vez pongan fin con educación a su relación contigo. De nuevo, no hay discusiones ni peleas. Los metal dirán adiós y pasarán a otra cosa y a otra persona al nivel que requieren. Puede parecer frío y despegado, pero para los metal es un camino del mayor respeto para sí mismos y su viaje, y también para ti. En realidad pueden perder su respeto por sí mismos si siguen siendo amigos de una persona que no resuena con sus necesidades, deseos y camino en la vida.

## Jackie Kennedy, una metal elegante

A veces, alguna celebridad muestra las características de un elemento con mucha fuerza en público, pero un elemento distinto a puerta cerrada. Jacqueline Kennedy era la metal perfecta para los medios de comunicación. Tenía estilo, elegancia y gracia. Una vez dijo en broma: «El sexo es malo porque arruga la ropa». (Las personas próximas a Jackie dijeron que era muy consciente de que su marido, John F. Kennedy, era un mujeriego, pero prefería ignorarlo y, en su lugar, concentrarse en ayudar a la presidencia). Elevarse sobre el fango y decidir ignorarlo es una cualidad muy propia de los metal.

La familia Kennedy estaba muy impresionada por la tranquilidad, paciencia, compostura e inteligencia de Jackie. Nunca dudaba ni criticaba a su marido, aunque tuviera sus propias ideas y sentimientos sobre lo que él se traía entre manos. Ella ayudaba a cuidar la imagen de su familia y no decía nada para denigrarla. Era metódica y comedida, respondía a cientos de cartas de la campaña de John, aparecía en anuncios de televisión, concedía entrevistas y escribía una columna semanal en un periódico llamada «Esposa de campaña», que se distribuía en todo el país. Por encima de todo siempre mantenía su dignidad. Nunca presumía de su posición en el mundo, aunque se había criado en una importante familia de Nueva York con riqueza y estatus. Era la encarnación de la gracia, la clase y la sensibilidad.

Sin embargo, a puerta cerrada Jackie probablemente tenía mucho de agua y algo de madera. Tenía pasión por leer (agua), la historiadora Ellen Fitzpatrick dijo que tenía «una buena observación penetrante» y aprendió a no avergonzarse de tener verdadera hambre de conocimiento, que a menudo intentaba esconder (agua). También ponía una dedicación increíble en todo lo que hacía, desde criar a sus hijos hasta ayudar en la presidencia, así como fuertes opiniones (madera) sobre sus años en la Casa Blanca. Pero tenía rasgos de metal cuando reinaba como primera dama, y la mayoría de la gente nunca sabía cuántos sentimientos, ideas y convicciones formaban parte de su personalidad, porque evitaba hablar en público sobre su vida personal (metal). Siempre transmitía una sofisticación impenetrable.

## Con un metal la vida no girará en torno a *ti*

Sven era austero. Alto y larguirucho, con facciones angulosas, caminaba por el *asram* como si flotara unos centímetros por encima de la tierra. En India, donde le conocí, sus togas blancas siempre parecían recién lavadas y planchadas, como un santo bien cuidado. Su mente parecía que se encontrara en otra parte. De vuelta en Suecia, pasaba horas interminables analizando hechos y gráficas para una empresa de informática, y era muy bueno en su trabajo. Pero sintió la llamada de India para embarcarse en un viaje espiritual para tener una conexión más estrecha con lo divino. Sven era intelectual además de espiritual. Estaba interesado en la divinidad, en la bendición y en alcanzar niveles superiores de conciencia mediante el yoga, la meditación y la autoiluminación.

Para consternación de quienes habían intentado relacionarse con él, Sven parecía desapegado de las emociones y los sentimientos. Podía resultar frío e incluso egoísta. Aunque eso no era necesariamente lo que quería Sven, en realidad tampoco le importaba. La existencia de Sven no consistía en agradar a la gente, ni siquiera en estar con ella. Respetaba a los demás y descubría valor en ellos, pero había una llamada más alta para él, algo más grande que cualquier otra cosa que los mortales experimentamos aquí en la Tierra.

Los metal quieren una conexión cósmica con la gente, privada, con total conciencia. Quieren unirse con ella, pero no están interesados en los cotilleos o las conversaciones banales. Si creen que una relación con alguien es superficial, entonces prefieren la soledad. Al recibir cualquier cosa distinta a su ideal sobre una relación pueden desapegarse o simplemente no comprometerse más con esa persona.

Ser un metal es un viaje singular y muy personal. En los cinco elementos, son el último elemento, por lo que, metafóricamente, se encuentran en la fase final de un profundo viaje y no tienen tiempo para pensar en otros. Esto puede ser difícil de entender para los demás, en especial cuando alguien está próximo a un metal que se desapega y parece autocomplaciente. Sin embargo, a un nivel superior y, en general, los metal pueden ser humanitarios. Quieren que el mundo sea un lugar mejor ayudando a personas, ciudades e incluso países. Aunque los metal no son tan propensos como otros a ofrecer enseguida su corazón y su alma en las relaciones privadas, son muy altruistas, como se hace patente en la frecuencia con que ofrecen dinero y tiempo a las organizaciones caritativas. Trabajar como voluntarios durante unas horas y después volver a su propia vida es muy propio de ellos. También son muy caritativos con el dinero si tienen medios, y pueden ser muy generosos. Angelina Jolie ha contribuido a muchas causas, incluidos los derechos de la mujer, la educación, el conservacionismo y la ayuda a los refugiados. Mia Farrow es embajadora de la UNICEF y ayuda a organizar muchas obras de ayuda en Darfur, Chad y en la República Centroafricana. La princesa Diana (a quien también hicimos referencia en el capítulo sobre los tierra, porque era muy fuerte en los elementos metal y tierra) se implicaba en gran medida en el bienestar de los demás, apoyando a docenas de organizaciones caritativas, y a menudo dirigió la campaña internacional para prohibir las minas antipersona. Audrey Hepburn dedicó gran parte de su vida a la UNICEF y trabajó en comunidades empobrecidas de África, Sudamérica y Asia.

Amal Alamuddin es abogado por los derechos humanos y activista que ha trabajado en casos para sacar a la luz el genocidio armenio, la disputa de la frontera entre Camboya y Tailandia, y las violaciones de las normas de guerra en la franja de Gaza durante el conflicto entre Israel y Gaza. Estas cinco mujeres son poderosas y bellas, y las cinco tienen una fuerte presencia del elemento metal.

Los metal tienden al perfeccionismo. En muchos aspectos de su vida, parecen estar picando roca para descubrir piedras preciosas. En los negocios pueden sintetizar los detalles más complejos para obtener las partes esenciales. En las relaciones, se alejan de las situaciones dramáticas e iluminan las partes que realmente importan. Como profesores y líderes tienen en cuenta la opinión de muchas personas y extraen de ella la información esencial en su forma más pura y significativa. Es una habilidad única y poderosa. Simplifica la vida de forma que pueda concentrarse en los aspectos que son más importantes para su evolución personal.

Sin embargo, esta búsqueda del perfeccionismo total puede también ser debilitante. Liberarse de la necesidad de ser perfectos es una lección importante para las personas metal. Una vez lo han aprendido pueden vivir de un modo más alegre y espontáneo. Aceptarán mejor sus defectos, así como los de los demás.

## Controlar es importante para los metal

Los metal se sienten bien cuando se les estima mucho. No asumen el poder en las relaciones con la intención de dañar a nadie, sino debido a sus altos estándares. Lamentablemente, sus estándares de logros pueden ser poco realistas para todos, excepto para ellos.

Madame Claudine era una chef de elite en un restaurante citado por la guía Michelin, llamado La Plaque Parfiet, en el sur de Francia. Se concentraba en los ingredientes exactos, las medidas específicas y la consistencia al cocinar. Nunca había ni una pizca de sal. Madame Claudine insistía en utilizar cucharas medidoras llenas justo hasta el borde. Mientras que otros chefs de toda Europa lanzaban la comida al aire desde la sartén, madame Claudine prefería utilizar técnicas más sofisticadas y utensilios apropiados.

Se refería a esas descuidadas técnicas como «cavar basura». Cada plato que presentaba era el final de una coreografía: cuidadosamente ejecutado, limpio, delicado y elegante.

Era muy importante para ella que todo cliente pudiera probar la simplicidad de la comida sin quedar abrumado por el exceso de salsas y las guarniciones. De hecho, sólo había tres platos en su restaurante: zanahorias glaseadas de manzana con hinojo de los Pirineos (cuatro zanahorias, cada una de cinco centímetros de longitud), pequeño espárrago ecológico (tres tallos, cada uno de diez centímetros de largo) o quince mililitros de flan de guisante dulce de verano. Sus delicados entremeses, como el erizo de mar con rodajas de chile verde y gotas de yuzu sobre un glaseado de pan negro, necesitaban sutiles acompañamientos.

La cocina y el personal de servicio de madame Claudine también estaban inmaculados. Había siempre flores frescas, copas brillantes y ventanas sin manchas. Los camareros y camareras de buenos modales se movían por las mesas cubiertas de blanco como una sofisticada orquesta. Movían platos, vasos, tenedores y cuchillos con cuidado y atención. Sabían exactamente cuándo se les necesitaba en cada mesa. Por supuesto, madame Claudine los había enseñado a todos ellos. Ella se deslizaba por el restaurante con la cabeza bien alta, sin decir ni una palabra, pero siempre detectando motas de polvo, flores que se caían o manteles manchados. Nunca felicitaba mucho a su personal por el duro trabajo que conllevaba hacer que el restaurante fuera un entorno inmaculado para que comiera la gente rica y elegante. Una vez que se dirigía al comedor y organizaba las correcciones necesarias, era fácil encontrarla en la cocina, su reino, donde creaba comidas perfectas. El ambiente en la cocina era tranquilo, sereno y sosegado. No lo hacía de ninguna otra forma.

Los metales sanos saben combinar su búsqueda de la excelencia con las relaciones con las personas, incluso sus empleados y personal. Mi amiga Inez dirige unas instalaciones y dice que siempre existe el riesgo, como metal, de ver a los empleados como autómatas que están ahí para cumplir cosas para ella y para estar a su servicio y atención. No es una decisión consciente tratar a la gente fríamente o sin respeto; simplemente hace lo que debe hacer para dirigir bien su negocio. Su equipo no está ahí para recibir amor. Ella da por sentado que tienen padres y amigos para eso.

Cuando los metal observan que tratan a la gente con una superioridad desequilibrada, deben detenerse, hacer varias respiraciones y revisar sus estándares. Pasar de estándares de perfección a estándares posibles para los demás ayudará a todos a sentirse queridos y respetados. Inspirar y espirar profunda y completamente implica a los pulmones, expande el sistema respiratorio y suaviza los intestinos para crear más espacio y comodidad en el cuerpo (se ofrece más información en la siguiente sección). Si los metal se vuelven poco amistosos, formales o rígidos, implicar la energía de los pulmones puede ayudar a liberar su necesidad de dar órdenes a los demás. Entonces pueden reprimir sus sentimientos de dolor por no lograr su objetivo inalcanzable, expresar su aprecio y recordar mostrar cierta gratitud a las personas que tienen a su lado.

## Los metal se vuelven disconformes y se retraen

Aurelia y Daphne actuaban en el mundo de la danza, la música, la canción y las artes. Daphne, una madera, siempre quería saber lo que emocionaba a la gente. No tenía miedo de preguntar, y por eso preguntó a Aurelia, una metal, de dónde era. Aurelia contestó tranquilamente, con una voz fría, que nunca se quedaba en una ciudad, sino que iba a cualquier parte a la que fuese guiada.

Entonces Daphne preguntó a Aurelia cuál era su trabajo habitual. Para Daphne esto era una pregunta normal en una artista. Quienes actúan siempre tienen otro trabajo, como camareros, empleados de banca, asistentes de gasolineras, etc., para pagar el alquiler mientras intentan hacer realidad sus sueños. Pero Aurelia pensó que la pregunta era sentenciosa y superficial. Ofendida, dijo: «¿Y qué importa? ¿Para qué voy a contarte qué soy? Nuestros empleos no nos definen como personas».

Daphne simplemente estaba intentando tener una charla trivial y se sintió reprendida. Pero, para Aurelia, las etiquetas y los títulos tenían que ver con el ego, y la inocente pregunta de Daphne parecía limitante y restrictiva, nada en absoluto sobre quién era ella como ser humano o su lugar en la Tierra.

Tener una charla trivial o preguntar con educación, pero cuestiones sin sentido puede irritar a los metal. No disfrutan charlando sobre cosas triviales. Para ellos, la vida es mucho más espiritual que eso. Una vez se ofenden, los metal pueden ignorarte y aislarse.

## Los metal necesitan permanecer conectados

Cuando los metal se estresan, se concentran en algún escenario ideal que creen que podrían crear si pudieran analizarlo exhaustivamente. Un metal que es profesor puede intentar encontrar una solución para la pereza estudiantil investigando y acumulando cientos de hechos en papel y en documentos. Puede olvidar que la forma más efectiva para acceder a los estudiantes es hablar con ellos, reconocerlos y escucharlos. No llegando a menudo a ninguna parte con las personas acumulando hechos, los metal sentirán dolor por su ineficacia. Como decía una amiga, cuando su marido metal se estresa, hace más y de manera más insistente de lo que ya no funciona, ya sea intentar solucionar un problema en su trabajo o tratar de arreglar algo que se ha estropeado en casa. Se queda atrapado en un círculo vicioso. Es en esas ocasiones cuando también se aferra a enseres desgastados o a ideas y hábitos que son difíciles de cambiar.

El factor equilibrante para los metal que subestiman a otros, a ellos mismos y a las experiencias de la vida es la compañía. En muchas ocasiones, un metal quiere estar solo, y lo último que desea es estar junto a otros cuando intenta encontrar el equilibrio. Pueden pasar días sin que hable a nadie y sin sentirse solos (como un agua haría). La autorreflexión y la búsqueda interior parecen reconfortantes, lo mismo que el trabajo. Pero es muy importante que no se pierdan en la evaluación constante y el examen interminable de su trabajo o proyectos. Yo tengo un amigo metal que es escritor y se esfuerza trabajando en su ordenador hasta que siente que ha completado su fecha límite autoimpuesta. No le importa que su mujer haya servido la cena o que sus nietos quieran jugar con él. No parece poder alejarse del mundo del trabajo que hay dentro de su mente. Dice que necesita cuatro o cinco horas diarias con el ordenador sin interrupciones ni descansos. Su día suele comenzar a las seis de la mañana. La noche anterior, conscientemente se concentra en las tareas para el día siguiente y pide a su yo más profundo que organice el trabajo. Antes de levantarse, piensa en los títulos, la primera frase y a menudo en la segunda frase de los documentos que debe escribir. Entonces se dirige directamente al ordenador, sin desayunar, afeitarse ni tan siquiera ducharse. No comprueba los correos ni contesta al teléfono. No permite que su mujer se acerque a su despacho. Esa eficiencia es admirable en los negocios y en este mundo occidental, donde puntuamos muy alto a las personas disciplinadas como los metal y los madera, pero puede ser muy obsesivo y rígido a los ojos de su pareja.

Demasiado escrutinio mental puede mantener a los metal en sus cabezas y no en sus corazones. Las personas a su alrededor pueden empezar a perder la confianza en que sus relaciones lleguen a ser tan importantes como el trabajo que los metal han planificado. Las relaciones pueden marchitarse y los metal pueden recordar que es la comunión con los demás lo que les devuelve a la humanidad, la aceptación y el amor.

Un metal equilibrado y evolucionado sabe que el dolor a largo plazo y el desapego pueden ser poco saludables a nivel emocional. Son totalmente conscientes de que sentir emociones y estar presentes durante los altibajos de las relaciones no sólo es apropiado, sino también esencial para estar sanos y poder equilibrarse en la ruleta rusa de la vida.

### ¡HAZ!

▷ Dedica cierto tiempo cada día a conectar con un poder superior.
▷ Permanece conectado con la gente; los metal pueden volverse desapegados y ambivalentes.
▷ Encuentra una forma de experimentar alegría y risas, lo cual ayudará a mantener tu mente flexible.

### ¡NO HAGAS!

▷ No te alejes de la gente sin reconocer lo que han hecho y dicho.
▷ No subestimes los sentimientos de una persona y lo conectados que se sienten contigo.

# Los metal y las emociones: dolor

Los órganos gobernantes de los metal en la medicina tradicional china son los pulmones y el intestino grueso, y la emoción es el dolor. Otro sentimiento que los metal suelen experimentar, o que buscan experimentar, es la iluminación espiritual. Ésta se puede conseguir sólo si hay posibilidad de liberarse y entregarse. Dejarse llevar es una de las mayores lecciones para los metal. El metal es el último elemento de la rueda de los cinco elementos, y metafóricamente representa el hecho de dejarse llevar, por lo que pueden morir sintiéndose bien incluso con el hecho de no haber finalizado los proyectos o haber salvado al mundo. Puede ser de ayuda pensar en el otoño, la estación del metal. Las hojas caen, el sol es más débil, los árboles y los animales se están preparando para hibernar durante el invierno y la gente pasa por fases en las que pierden su alta energía y el júbilo del verano.

Una de mis mejores amigas murió cuando yo tenía veintitantos años. Su madre, que es muy metal, parecía elevarse por encima de la trágica e inesperada muerte de su querida hija. Al principio me sorprendió, y no estaba segura de qué pensar. Mientras iba en automóvil hacia casa un par de días después de la noticia, su madre se acercó lentamente a mi vehículo y se reunió conmigo en la verja. Sonreía un poco y me decía que sabía cuánto significó su hija para mí, cuánto la quería yo y lo duro que esto era para mí. Me rodeó con sus brazos y me llevó tranquilamente a la casa. Me quedé de piedra. Se suponía que yo tenía que consolarla a ella, abrazarla e intentar encontrar palabras que la reconfortaran. En su lugar, ella halló las palabras adecuadas para mí y parecía estar por encima de la muerte. Con el paso del tiempo fui consciente de que un metal suele dar sentido a la situación (incluso la muerte) excavando en lo evidente y encontrando las gemas puras que hay debajo. Descubren el valor (que resulta imperceptible para el resto de nosotros), aunque las situaciones sean traumáticas. La madre de mi mejor amiga comentó lo que era valioso para su hija y habló elocuente y poéticamente mientras conectaba con las cosas que le gustaban a su hija, en este caso, las relaciones de su hija. Las emociones fuertes, el llanto incesante, el shock y el enfado que suelen llegar con la muerte no son tan evidentes en los metal. Por el contrario, acogen la ocasión con aprecio, expresividad y gracia. Éste es el don mágico y extraordinario que los metal traen a nuestras vidas. Se les suele llamar alquimistas, y aquí es cuando el alquimista está más presente, con su trabajo transformativo, armonizador y sanador.

Tengo otra amiga que es una metal muy evolucionada y sensata. Ha pasado su vida trabajando en sí misma para convertirse en mejor persona. Pronto se dio cuenta de que el viaje hacia la automejora nunca tiene fin. Identificó sus puntos débiles, aprendió de la gente que la inspiraba, dominó la capacidad de relación y aún se centra en los resultados positivos de cada día de su vida. Como buena metal, medita. Cuando alguien cercano muere, su respuesta es un proceso maestro que merece observarse. Siente pena con elegancia, hablando de todas las cualidades positivas del fallecido y compartiendo sus retos humanos con humor e ingenio. Permanece en calma y se toma mucho tiempo privado para sí misma. Después de sentir que ha pasado la parte más difícil del luto, se purifica para crear espacio en su vida y renovarse. Emprende una limpieza física, emocional y mental completa. Físicamente, deja de comer lácteos, carne y almidones, e ingiere solo caldo y zumo. Sigue un programa de yoga y estiramientos, así como mucho descanso y limpieza de colon. Eso la ayuda a nivel emocional a limpiar las cosas de su casa y su vehículo que ya no son necesarias: ropas viejas, utensilios de cocina, e incluso recuerdos que ya no le sirven. Practica afirmaciones positivas, oraciones y un perdón compasivo. Toda esta limpieza es un ejercicio de dejarse llevar, llevar el luto de forma saludable y liberarse del pasado para poder seguir adelante sin el trauma de tener un bagaje emocional excesivo en su vida.

Los metal pueden disfrutar momentos de dejarse llevar mediante la meditación, el yoga y la búsqueda espiritual. Estos instantes pueden sentirse iluminadores y perfectos. Cualquier cosa que no sea perfecta o iluminadora puede parecerle mundana y vulgar a un metal. Por tanto, muchos yoguis y gurús son metal. Viven una existencia espiritual cada día, una sencilla vida de devoción, retiro y no apego. Los gurús tienen mala fama en Occidente, donde muchos autoproclamados líderes espirituales se han aprovechado de sus seguidores, pero, en otras partes del mundo, un gurú es tan sólo un guía o maestro venerado que ayuda a una persona a ser consciente del potencial que el gurú ya conoce. Una cualidad maravillosa sobre los metal es que suelen ser fuentes inspiradoras que están deseosas de asesorar, guiar y ayudar a la evolución espiritual de otros, no sólo a sí mismos.

## Mahatma Gandhi, un metal inspirador

Gran Bretaña dominó India durante más de cien años, hasta que este país consiguió la independencia en 1947. A comienzos del siglo xx, Mahatma Gandhi, un abogado de formación, se convirtió en un importante líder del movimiento de independencia. Practicaba la desobediencia civil no violenta, la negación a obedecer las leyes injustas y perjudiciales resistiéndose pasivamente a su aplicación para atraer la mayor atención hacia la injusticia. Era una forma muy metal de comunicar la insatisfacción: sin lucha, sin violencia.

Gandhi lideró campañas por todo el país para establecer vínculos religiosos entre las personas, liberar de la pobreza, ayudar a los grupos étnicos oprimidos, ampliar los derechos de las mujeres, lograr el autogobierno y acabar con lo intocable. (Hay más de 160 millones de personas en India que se denominan intocables y que son considerados subhumanos sólo por haber nacido en el sistema de castas de India, que durante milenios ha excluido de la sociedad a todo este grupo de personas).

Gandhi inspiró a la gente a luchar por los derechos civiles y la libertad mediante huelgas de hambre, para fomentar la armonía, especialmente la religiosa. Le encarcelaron muchas veces en Sudáfrica e India, pero, no obstante, practicaba la no violencia en cada experiencia y siempre defendió que los demás hicieran lo mismo.

Como hacen muchas personas metal, Gandhi elegía con mucho cuidado a las personas que quería que hubiera en su vida. También era muy consciente de sus ideas. Decía: «No dejaré que nadie se introduzca en mi mente con los pies sucios». De igual modo, Gandhi vivió como lo hacen muchas personas metal: de forma modesta y autosuficiente. Comía de forma sencilla, era vegetariano y hacía rituales de autopurificación como el ayuno. Se vestía de una manera sencilla, hablaba de un modo simple y vivía espiritualmente. Éstos son los rasgos de un metal fuerte, y Gandhi fue una de las mejores representaciones de este elemento.

# Los metal y el cuerpo

Los metal suelen ser altos y esbeltos, o al menos parecen altos. Suelen parecer que están rígidos o inhibidos (los hombres con más frecuencia que las mujeres), como si no estuvieran cómodos en su propia piel. Entablan contacto con poca fluidez y a veces son indiferentes a la sensación física. Los metal suelen tener los pómulos altos y rasgos faciales esculturales. Su caminar es lento y fluido, como si flotaran unos centímetros por encima de la tierra.

Los metal se visten con sencillez, con telas cómodas y materiales que se adaptan a sus altos estándares. Prefieren los colores apagados a los brillantes u oscuros. Suelen ir de blanco, con tejidos suaves como la seda, el lino y la lana ligera, porque, igual que en su mundo emocional, no quieren tener contacto con nada demasiado pesado.

El intestino grueso (colon) y los pulmones son los órganos dominantes de los metal. El intestino grueso mide más o menos un metro y medio de longitud y elimina del organismo las sustancias de desecho. Su energía está conectada con los pulmones. La mayoría de la gente no respira con suficiente profundidad para expandir por completo los pulmones y mantener unos sistemas respiratorio y excretor vibrantes. No es una coincidencia que quienes respiran superficialmente suelan padecer estreñimiento.

Respirar por completo hasta el vientre ayuda a los órganos internos, incluido el intestino grueso, a funcionar bien. Las hierbas aromáticas, comer de manera saludable y la irrigación del colon también pueden ser de ayuda. Un colon obstruido puede ser fuente de problemas de salud tan diversos como el asma, el acné, la artritis, las migrañas y el aumento de peso. Mantenerlo limpio y sano evita las enfermedades.

Respirar profundamente también ayuda a los sistemas respiratorio, linfático, inmunitario, circulatorio, digestivo y nervioso a funcionar mejor. Además, respirar bien relaja el cuerpo, ayuda a la concentración, libera endorfinas (analgésicos internos), promueve un buen sueño y aumenta la fuerza y la flexibilidad de las articulaciones. Además, una mejor circulación ayuda a mantener a raya las arrugas y permite tener una piel bonita.

# Samuel no podía respirar ni defecar

Samuel ha experimentado muchas pérdidas durante sus cuarenta y ocho años de vida. Perdió a sus padres en un accidente cuando era adolescente, y varios de sus amigos han fallecido. Se distanció de su hermana, y se fue alejando de cualquier tipo de vida social a medida que transcurrían los años. No procesaba bien su dolor; lo trataba aislándose. Comía las mismas cosas todos los días. Tomaba un par de tostadas, un poco de café y normalmente pasta para cenar. Comía muy pocas frutas, hortalizas y alimentos ricos en proteínas, y bebía muy poca agua. Se concentró en su trabajo y su meditación. Se despertaba a las cinco de la mañana para meditar dos horas, trabajaba la mayor parte del día como director del tanatorio local y volvía a meditar antes de acostarse.

Samuel parecía que tenía una buena salud física. Era alto y delgado. Pero, si se observaba con más atención, su piel era de color ceniza y su cabello tenía un color gris apagado. Parecía viejo para la edad que tenía. Siempre parecía que tuviera un ligero costipado, que empeoró con el paso del tiempo y se convirtió en crónico. Supo que tenía que tomarse un respiro. Samuel también tenía un abdomen prominente a pesar de ser alto y larguirucho. También sufría estreñimiento, que creía que formaba parte del proceso de envejecimiento, por lo que aprendió a vivir con él. Había días en que tenía ataques de tos durante la mayor parte de la mañana mientras se tocaba el tenso estómago y deseaba defecar.

Samuel no tenía ningún círculo social, excepto su hermana fuego, Bobbi, que le visitaba de vez en cuando, a pesar de su animadversión contra ella. En una ocasión Bobbi insistió en quedarse. Cambió sus comidas de tostada de pan blanco y pasta refinada por alimentos ecológicos, frescos y de granja. Le animó a beber mucha agua durante todo el día y a añadir respiración a su práctica de meditación. Incluso convenció a Samuel para que se hiciera una limpieza de colon. En poco tiempo, la tos de Samuel se había esfumado y defecaba de manera regular. Su cabello estaba más brillante, su cara tenía más color y su estado de ánimo había mejorado. En realidad deseaba comenzar todos los días. En lugar de tan sólo meditar, empezó a hacer ejercicios de respiración profunda y a caminar por la naturaleza. También combinó afirmaciones positivas con su meditación. Pronto conoció a una mujer que era muy tolerante y comprensiva, una tierra/fuego, una dulce combinación para que Samuel recuperase su espíritu.

## A TU INTESTINO GRUESO LE ENCANTAN ESTOS ALIMENTOS

▷ Frutas con zumo y hortalizas.
▷ Miel.
▷ Nueces.
▷ Espinacas.

## A TUS PULMONES Y TU INTESTINO GRUESO LES ENCANTAN ESTAS HIERBAS

▷ Aloe vera (a ambos).
▷ Ajo (a ambos).
▷ Hoja de sen (intestino grueso).
▷ *Cohosh* negro (intestino grueso).

# Movimiento para los metal

Los metal suelen ser muy buenos en los movimientos lentos y fluidos, como el taichí y el yoga. Sin embargo, del mismo modo que con todos los elementos, los metal necesitan no sólo hacer lo que parezca natural, sino también salir de su zona de comodidad. Los metal precisan elevar su frecuencia cardíaca para una mejor circulación. El ejercicio más equilibrado también promoverá una respiración más profunda.

La mayoría de los metal no se sentirán cómodos con el ejercicio como parte de una disciplina. Un metal tampoco se sentirá cómodo en un deporte competitivo, y preferirá esfuerzos solitarios en los que el ejercicio se convierta en un tipo de meditación. Por eso el yoga sienta tan bien a los metal.

# Ejercicio de medicina energética Eden para los metal: conectar el cielo y la tierra

Respirar y estirarse con una mano hacia el cielo y la otra hacia la tierra puede ser refrescante y tranquilizante para los metal; además, es un estiramiento muy beneficioso para las caderas, la cintura y el torso. Es muy refrescante y puede ayudarte a devolverte la inspiración cuando vives demasiado dentro de tu cabeza. Es uno de los ejercicios más populares de la medicina energética Eden porque hace sentir muy bien a la gente.

1. Inspira por la nariz y lleva los brazos a la posición de rezo. Espira por la boca.
2. Vuelve a inspirar por la nariz y estira un brazo hacia arriba y el otro hacia abajo, impulsándote con las palmas de las manos.
3. Mantén la posición, espira por la boca y vuelve a la posición de rezo. Cambia de brazos y repite cuatro o cinco veces.

## Encontrar equilibrio como metal

Los metal suelen sentirse atraídos por lugares como India para desarrollar su vida espiritual o para «encontrarse a sí mismos». No todos los metal son espirituales, pero muchos lo son, con un énfasis en el nirvana, la bendición, la otra vida y las experiencias de unidad. Suelen hacer retiros espirituales o peregrinajes, ya que quieren aprender a trascender el ego, a superar el miedo al cambio, a congeniar con su intuición y a aceptar las incertidumbres de la vida. El trabajo espiritual puede ponerles en contacto con Dios, la diosa, los espíritus y los guías que pueden ayudarle durante el resto de sus días aquí en la Tierra, cambiando sus vidas de la forma más profunda.

A finales de diciembre de 2006, viajé a India para ofrecer representaciones en un gran centro turístico y acompañar al año nuevo. El centro White Sands de Goa era inmaculado y hermoso. Habían construido para mí una pequeña casa de madera en la playa; tenía mi propio guardia privado a mi servicio, y comidas y dulces siempre que quisiera. También me llevaron a viajar sobre elefante, a visitar ríos cristalinos, a tener masajes ayurvédicos con elixires elaborados especialmente para mi piel, cabello y ojos. Me trataron como a una reina (a un metal le habría encantado). Sin embargo, fuera del centro había la pobreza más feroz que había visto en mi vida. Fui testigo de hombres sin miembros rodando por las calles en plataformas rodantes improvisadas. Vi a niños pequeños sobre montones de basura, comiendo todo lo que podían encontrar, aunque todo estaba cubierto de gusanos. Tuve que ver a cientos de mendigos sin dientes, algunos sin ojos, con heridas en la piel que sólo había visto en las películas de terror, y huesos sobresaliendo de su piel oscura y delgada. Vi un cuerpo muerto en la acera de una calle principal; la gente simplemente lo ignoraba.

El extremo contraste entre esta desgarradora miseria y mi vida mimada como artista famosa me confundió. No podía darle sentido. Todos los días lloraba, preguntándome en qué consistía India y por qué a la gente le gustaba tanto. Mi elemento agua se hundía en la confusión y mi elemento madera rabiaba de ira.

Una mañana, mientras bebía *lassi* (un batido de yogur y fruta) y observaba un desfile de pavos reales en el centro turístico, tuve una conversación con un hombre que estaba en la mesa próxima. Pregunté a Arthur, un metal, de dónde era, qué hacía en India y cuánto tiempo se quedaría. Dijo que había ido a India simplemente para *estar*, y que se quedaría hasta que se sintiera impulsado a irse. Habló sobre la trascendencia con una voz susurrante y dijo que India era el lugar más importante de la Tierra. Me dijo que había ayunado con agua durante días y que deseaba comer sólo frutas y hortalizas. Tenía una pequeña bolsa con pertenencias: dos camisas sueltas de color blanco, dos pares de pantalones de lino, una pequeña alfombrilla de yoga plegada y varios artículos de aseo personal. No necesitaba llevar suéter, ni siquiera para las zonas frías de montaña de India, porque había aprendido a soportar el frío y el calor de su cuerpo mediante el pensamiento consciente.

Arthur siguió elogiando a India como el lugar más evolucionado del mundo a nivel espiritual, hasta que surgió mi elemento madera. ¿Qué ocurría con el arcaico sistema de castas, que considera que algunas personas son de tan baja estirpe que pueden trabajar sólo con aguas residuales, estiércol y animales muertos? ¿Qué ocurría con la opresiva pobreza? El hambre infantil en India parecía peor que en África. ¿Qué ocurría con el fracaso de India para prosperar, aunque se había librado del dominio colonial durante casi setenta años? ¿Qué ocurría con los secuestros de mujeres de clase baja y media, y de mujeres turistas? ¿Qué ocurría con el grotesco machismo?

Arthur me dijo que debía elevarme por encima de todo eso: la pobreza, la opresión y el sistema de castas. «Todo el mudo tiene un lugar sobre la Tierra», dijo, haciendo referencias al hinduismo, al budismo y a sus propias creencias religiosas. ¿Quién era yo para entrometerme en ese plan divino? Me dijo que necesitaba purificar mis pensamientos. «Si tu mente está sucia, ¿cómo va a poder brillar tu alma?», repuso, citando al gurú indio Yogaswami. Incluso fue tan lejos como para decir que yo era una persona no evolucionada porque permitía que las cosas me molestaran. India era el lugar adecuado para mí, afirmó, para tratar con mi ego, mi ira y mi incapacidad para dejarme llevar.

Arthur era un metal desequilibrado. Su deseo de elevarse sobre el plano terrenal era tan intenso que había perdido su capacidad para conectar con la gente: los pobres que le rodeaban o incluso otro viajero de su hotel con el que conversaba. Pensé que era improbable que Arthur alcanzara la perfección que buscaba. Para los metal, trabajar en su propio crecimiento como personas probablemente les llevará a descubrir lo que necesitan cumplir.

Los metal deben recordar que ser humanos y estar aquí sobre la Tierra es una danza imperfecta, y que siempre lo será. La imperfección forma parte de la belleza del ser humano, y aceptar ese hecho puede formar parte de la transición a partir de un estado regido por el ego. Hacerse con lo divino no consiste en ser indiferente hacia la gente; es aceptar que todos somos imperfectos, que todos nos esforzamos y que algunos de nosotros (incluidos los metal) necesitamos ayuda. Y eso está bien.

Los metal alcanzan la excelencia cuando pueden abrirse a las maravillas de la gente, con todos sus defectos, igual que se abren a las maravillas de algo más allá del ámbito humano. Apreciar de verdad y reconocer a otra persona pasando tiempo junto a ella, tener conversaciones y ofrecer compañía crea una conexión más allá de lo que podemos ver, una conexión del corazón. Las buenas intenciones y el amor, por no hablar de nuevas rutas neuronales, se crean cuando las personas conectan de verdad.

¡Un metal equilibrado es inspirador! Todo el mundo quiere experimentar la existencia celestial a la que los metal parecen conectarse. Alineados, los metal desprenden un sublime «aroma» a lo divino. Viven con gran conciencia y pueden hacer que la gente se sienta honrada, elevada, respetada y sanada.

Barack Obama es un ejemplo de hombre que hace que la gente se sienta honrada, elevada, respetada y sanada. Tiene muchas cualidades del elemento metal, desde el sentido de la calma y la dignidad, hasta sus ojos que parecen buscar algo más allá de lo corriente. También se revela en sus ojos un dolor subyacente, que es muy común en los metal. Hay dolor por lo que no se ha logrado, dolor por una vida que pasa fuera de todo control, y dolor por las cosas que llegan a su fin, es decir, todas las cosas. Es interesante que una de las quejas sobre él sea que no socializa con el Congreso. Esto es típico de un metal, que no es un elemento social y no se siente ligado a las obligaciones.

## EJERCICIO PARA EQUILIBRAR A LOS METAL

▷ Baile de cualquier tipo (los metal necesitan salir de sus cabezas y entrar en sus cuerpos).
▷ Movimiento con amigos.
▷ Estiramientos.

## CALMA TU ELEMENTO METAL

▷ Detente y respira.
▷ Haz cuatro o cinco respiraciones lentas y profundas.
▷ Cierra los ojos.
▷ Descansa tu mente.

**EQUILIBRA TUS PULMONES Y TU INTESTINO GRUESO**

▷ Acupuntura.

▷ Acupresión.

▷ Medicina energética Eden.

# Los metal en las relaciones

Laura amaba a Michael, pero era frustrante poder tener un compromiso firme por su parte. Un día por fin se mostró de acuerdo en ir a vivir juntos. No estaba preparado para el matrimonio, pero podían vivir juntos, dijo. Laura y Michael salieron juntos durante más de un año, por lo que Laura sabía que él era organizado y que no tenía muchas posesiones. También se sintió atraída por su naturaleza espiritual y le gustaba la parte de él que no estaba atada al mundo material.

Sin embargo, cuando Laura empezó a llevar sus cajas a la casa de Michael, él empezó a sentirse cada vez más incómodo. No quería tener las cosas de ella en su casa, ni cosa alguna. Laura de repente observó que Michael apenas tenía muebles, y lo que tenía era de madera o metal que no invitaba a tocarlo ni prometía comodidad. De hecho, todo tenía un efecto prácticamente repelente. Había una mesa para comer con sillas duras y una zona para sentarse con dos duras almohadas de meditación. Para llenar la grande y espaciosa casa había un futón, un ordenador, tres libros, una tableta y un bolígrafo. Cuando entró en el baño para llenar los armarios, encontró un cepillo de dientes de cerdas naturales y un pequeño recipiente con lo que parecía pasta de dientes casera. ¿Dónde estaba el jabón y todas las demás cosas del baño?

No podía averiguarlo. Todos los armarios que abría estaban casi vacíos. Se dirigió a la cocina con sus cajas de platos, tazas e imanes para el frigorífico. La cocina tenía un exprimidor, cinco tenedores y dos platos. Había poca comida en el frigorífico. Había una cosa verde que parecía col y un poco de leche de almendras. Una bandera de rezos tibetanos colgaba cruzando la ventana de la cocina, una de las pocas decoraciones de toda la casa.

Laura le preguntó a Michael si tenía un trastero. No tenía. ¿Dónde estaban todos sus álbumes de fotos, su música, sus chucherías y las cartas de cincuenta años de vida? No tenía nada de eso. Michael habló a Laura tranquilamente sobre las posesiones y el peso de ellas sobre el alma de una persona. La recordó que él siempre tenía recuerdos del pasado, pero que aferrarse al pasado era poco saludable para la mente y el cuerpo. Sólo podía interponerse en el hecho de estar en el *ahora*. Los anuarios, los recuerdos de los viajes, las cartas de relaciones pasadas, las joyas sentimentales, los cuadros para decorar y la vajilla refinada sólo le hacían quedarse apegado al pasado. Por no hablar de que llenaban de porquerías la casa, y cuando la casa está así, la mente está llena de basura, no libre. De acuerdo con Michael y muchas otras personas metal, tener demasiadas cosas les estimula en exceso. Les provoca sentimientos de ansiedad. La casa de un metal es un hogar escaso y espacioso. Las cómodas almohadas llenas hasta reventar y las chucherías son para los tipos tierra.

La relación con un metal puede ser difícil, pero recuerda que la mayoría de las personas no son metal puro; la mayoría es una combinación de dos o tres elementos, que se moderan unos a otros de forma que no sean extremos, aunque un elemento sea muy fuerte. Sin embargo, si quieres una relación con fuegos artificiales, estimulación y un lugar para todas tus cosas, un metal puede que no sea lo que necesitas. La relación será más sublime y tierna que fascinante y apasionada. Un metal descubre amor y conexión en la sutileza y el conjunto completo, en lugar de en los pequeños detalles deliciosos que otras personas pueden esperar.

Cuando los metal se encuentran en su punto álgido se interesan por ayudar a la gente a alcanzar también lo mejor de sí misma, y pueden tener un efecto reconfortante sobre los demás. Puesto que no quieren involucrarse en problemas, permanecen concentrados en los resultados pacíficos y en cualquier cosa valiosa que pueda extraerse de la relación. Como personas metal, se interesan por descubrir el oro de la relación, la cualidad que la mantendrá unida y creciendo en una dirección positiva. Ese oro (la magia que mantiene conectados a los dos) puede parecer una conexión cósmica, algo más importante y más grande que lo que pueden ver nuestros ojos. Los metal ayudan a guiar las situaciones y a las personas mediante inspiración y sabiduría (no con miedo), y hacen que el mundo sea un sitio mejor.

Es importante que los metal recuerden siempre hacer una rutina de mantenimiento en sus conexiones con sus parejas. Un metal necesita entablar contacto a menudo para averiguar lo que su pareja necesita y desea, escuchar lo que dice y trabajar para establecer un toma y daca mutuo. De lo contrario, es fácil que los metal se retiren a un mundo solitario dentro de sus mentes. Si se permiten a sí mismos desapegarse en exceso, puede que ya no sean conscientes de lo que su pareja necesita o experimenta.

Todos los elementos se benefician de recordarse conectar con otros, pero los metal necesitan un esfuerzo adicional para escapar de la rigidez y honrar a las personas que tienen alrededor. Los metal pueden colocar recordatorios para ellos mismos en forma de notas autoadhesivas sobre sus ordenadores, con breves mensajes como: «Deja lo que estés haciendo y dile a tu pareja que la quieres». Otro podría ser: «Respira. Haz cinco respiraciones profundas. Ahora levántate y besa a tu pareja en la mejilla. No necesitas ninguna razón». Estos sencillos recordatorios pueden parecer estúpidos o superficiales para un metal, pero para su pareja suponen cariño, comprensión y un profundo deseo de conectar. Pueden marcar la diferencia.

Si tienes una relación con un metal, resulta útil *programar* comidas y diversión, recordarle que este tiempo para conectar es importante para ti. Los metal pueden considerar que un puñado de frutos secos o unas cuantas zanahorias aquí y allá son una comida completa. Querrán finalizar sus proyectos antes de tomarse un descanso, por lo que detenerse para comer no será una prioridad. Pero puedes conectar con ellos fácilmente estableciendo horas específicas para comer juntos y descansar. Cuando los metal llegan tarde no los agobies y tampoco los calmes. Aunque intentarán seguir trabajando y tú no serás necesariamente una prioridad para ellos, también necesitan saber que llegar tarde resulta inapropiado. Sé firme con tus límites.

Si te preguntas cómo hacer feliz a un metal, tal vez tengas que replantearte la cuestión. En su lugar, pregúntate cómo ayudarle a sentirse libre o incluso bendecido. Su respuesta tal vez te sorprenda: puede ser tan simple como dar un paseo por algún bonito lugar o hacer meditación juntos. La alegría y la felicidad para un metal parecen muy distintas de la alegría y la felicidad para los otros elementos. No esperes que los metal se muevan de una parte a otra, den saltos aquí y allá o que griten de júbilo cuando están contentos. Puede que simplemente ofrezcan una suave sonrisa y que asientan un poco con la cabeza.

Los metal necesitan sentir unidad con una vibración superior aquí en la Tierra. Necesitan conectar con el momento presente. También cumplen muy bien con un servicio a una persona o a un grupo de personas. La iglesia, el templo o los grupos espirituales y las casas de adoración son donde los metal se sienten en casa. Siempre resulta sensato animarles a unirse a un pequeño grupo de gente que se esfuerza por hacer de este planeta un lugar mejor. Vibrarán a una frecuencia más alta si tú lo haces.

## ¿Conoces a algún metal?

¿Tienes un metal en tu vida? ¿Tienes una relación con un metal? Cuando alguien permanece inalterable e indiferente, con la capacidad de hablar con elocuencia bajo circunstancias extremas, sabrás que tienes un metal en tus manos.

Los metal disfrutan de la soledad, la serenidad y la veneración. Quieren conectar con la gente, pero no se sienten atraídos por las grandes multitudes o los círculos sociales. Quieren conectar en privado contigo, y después desean libertad para estar solos, trabajar o conectar con lo divino.

Si quieres un amigo sensato que tenga una sagaz perspectiva de la vida y las pérdidas, así como virtud y desapego, hazte amigo de un metal. Un metal en tu vida requerirá tu compañía y estará profundamente agradecido cuando se la ofrezcas. Lo bueno es que, cuando ofreces tu tiempo y compañía a un metal, no sólo recibes amistad, sino que también te ayuda a convertirte en un ser humano mejor. Una persona así creerá que eres una piedra preciosa y te ayudará a ser consciente de tu valor único para este mundo.

## Puede que seas un metal si...

Puede que seas un metal si crees que te encuentras en un camino especial en la vida, con muy pocas personas que te comprenden. ¿Te sientes inclinado hacia la espiritualidad y algo más allá de tu existencia? ¿Te sientes decidido sobre tus elecciones y no estás dispuesto a aceptar lo que los demás saben que es adecuado para ti? ¿Trabajas lenta y metódicamente hasta que terminas tus tareas? ¿Eres un buen amigo cuando la relación es privada y te sientes dirigido hacia lo que crees que es importante? Si estás sentado tranquilamente y meditando sobre estas ideas, pensando que pueden ser ciertas, es posible que seas un metal.

## SI CREES QUE ERES UN METAL...

▷ Recuerda que, para muchas personas, la alegría es real. No la analices sólo porque no tengas las mismas emociones intensificadas.

▷ Probablemente te comprometas en algún tipo de práctica espiritual, como la meditación, la oración o la concienciación. El hecho de que otros no lo hagan no significa que no estén evolucionados.

▷ Expresar la ira no tiene por qué ser malo. Expresar la ira puede ser saludable, en especial si la persona que la expresa se siente reconocida y la que la recibe gana comprensión.

▷ Evita concentrarte tanto en tu propia cabeza y tus propios pensamientos de forma que ya no puedas conectar con los demás.

▷ No te sientas cegado por tu búsqueda de paz y bendición. Cuando tu búsqueda se haga tan intensa en ti y en tu propio camino, puede que ignores a la gente y a las experiencias que hay a tu alrededor.

▷ Rechaza las suposiciones. Alguien puede no parecer una persona a la que consideres sofisticada, evolucionada o inteligente, pero eso no significa que no lo sea.

▷ Recuerda que, cuando no compartes tus emociones con la gente, pareces arrogante y santurrón. Compartir tus verdaderas emociones es bueno y te humaniza.

▷ Llorar está bien. Sentir dolor está bien.

▷ Obsérvate desde dentro y desde fuera. ¿Estás siendo distante e indiferente? Si es así, la gente captará el mensaje de que lo mejor es apartarse de ti y no comprometerse.

▷ Cuando la gente te hable, valoran una respuesta por tu parte. Si tú te limitas a escuchar y después irte, la experiencia puede parecer surrealista para otros. Pueden pensar que han malgastado tu tiempo (o el suyo). Aunque te hicieran perder el tiempo, es importante agradecerles que se comuniquen contigo.

▷ Haz algo que les haga reír o gritar fuerte. Siéntelo profundamente. Puede que te sientas incómodo al principio, pero hacerlo servirá para abrir tu corazón y alejarte un poco de tu cabeza. Será bueno para ti.

## Prueba de valoración de la personalidad metal

Haz la siguiente prueba para averiguar lo fuerte que es en ti el elemento metal. Es probable que seas una combinación de elementos. Eso significa que algunas de estas respuestas serán ciertas para ti y otras no. Entender, aceptar y trabajar con los elementos que forman tu personalidad son pasos cruciales para comprender las acciones y motivaciones de los demás y para estar en paz contigo mismo.

Puntúa las siguientes frases de acuerdo con tus tendencias. En una escala del 1 al 5, 1 es nunca verdad y 5 siempre verdad. Cuando termines, suma las puntuaciones y compáralas con las de los otros elementos. Una puntuación alta puede significar que has encontrado tu elemento primario. Tú te guías por tu elemento primario (o elementos primarios compartidos), que revelarán de forma predominante los rasgos respectivos de tu personalidad, pero te sentirás muy influido por su elemento secundario, y en menor grado, tercero, cuarto y quinto. En determinadas circunstancias puede que te bases en los elementos como mecanismo o estrategia de afrontamiento, pero tal vez no estén tan presentes en tu vida diaria como tu(s) elemento(s) primario(s).

| 1 | 2 | 3 | 4 | 5 |
|---|---|---|---|---|
| Nunca verdad | Casi nunca verdad | A veces | Casi siempre verdad | Siempre verdad |

# ¿Eres un metal?

## BAJO ESTRÉS EXPERIMENTO LO SIGUIENTE:

- ☐ Sueño repentino.
- ☐ Incapacidad para divertirme.
- ☐ Necesidad de ser quien controle.
- ☐ Dificultades respiratorias.
- ☐ Estreñimiento.
- ☐ Una actitud crítica.
- ☐ Frialdad emocional.
- ☐ Indiferencia.
- ☐ Rigidez.

## EN GENERAL:

- ☐ Mi vida personal es ordenada y sencilla.
- ☐ Controlo mi entorno.
- ☐ Descubro lo que está desequilibrado y me esfuerzo por transformarlo lentamente.
- ☐ Me impongo a mí mismo y a otros los estándares más elevados.
- ☐ Me gusta que todo el mundo trabaje siguiendo un protocolo adecuado.
- ☐ Me gustan las tareas sistemáticas que requieren lógica.
- ☐ Pienso en mí mismo como en un ser humano ejemplar.
- ☐ Evito el conflicto.
- ☐ Puedo tener mucha palabrería y no ir al grano rápidamente.
- ☐ Me siento muy cómodo no haciendo nada y simplemente siendo consciente del espacio en el que me encuentro.
- ☐ Analizo la alegría y cuestiono el entusiasmo.
- ☐ La integridad y la excelencia son extremadamente importantes para mí.
- ☐ Soy reservado e intelectualmente independiente.
- ☐ No superviso las vidas de otras personas y no me entrometo en sus asuntos.

- [ ] Cuando alguien es más competente que yo, puedo aceptar su experiencia.
- [ ] La ética y la razón me mueven más que el placer y la diversión.
- [ ] Espero mi turno, me tomo mi tiempo y después expreso mis opiniones con poca emoción.
- [ ] Me libro de lo que no necesito y mis emociones no están ligadas a mis posesiones personales.
- [ ] Soy correcto y justo.
- [ ] Me contengo en lo referente a expresar mis sentimientos.
- [ ] Cuando hablo, lo hago suavemente.
- [ ] Suelo sentarme tranquilo y erguido con una postura excelente.
- [ ] Cuando camino, bailo o me muevo, parece que me deslizo con tranquilidad.
- [ ] En lo que respecta al ejercicio físico, me siento atraído por movimientos como el yoga, el taichí y el ballet.
- [ ] A veces me olvido de comer.
- [ ] No me dejo influir fácilmente para cambiar de opinión, aunque fracase.
- [ ] Tengo muchos recuerdos, como cartas de amor o cosas que me producen nostalgia.
- [ ] Soy consciente del tiempo, pero finalizar mis tareas es más importante que ser puntual.
- [ ] Siento hambre por lo que parece una conexión espiritual inalcanzable.
- [ ] A veces me siento incapaz de dejarme llevar.
- [ ] A menudo siento dolor por la vida.
- [ ] La gente me acusa de ser un santurrón.
- [ ] Anhelo la distancia y la soledad, y, no obstante, quiero relaciones significativas.
- [ ] Soy eficaz en los empleos en que puedo trabajar solo o en privado con otra persona; no trabajo tan bien en los servicios a clientes.
- [ ] Creo que menos es más.
- [ ] No comprendo la importancia de los recursos.
- [ ] Lo paso mal por creer que la felicidad imperturbable es real.

- [ ] Me siento incómodo con el desorden y la «contaminación de las estanterías».
- [ ] Sigo normas y protocolos, y no siento razones por quebrantarlos.
- [ ] Creo que, para conectar con la gente, no siempre se necesitan palabras.
- [ ] Hago lo que es honrado y no necesito que me lo reconozcan a cambio.
- [ ] Puedo ser muy paciente. No me siento cómodo con las prisas.

## PROBLEMAS TÍPICOS DE UN METAL:

- [ ] Me aíslo de la gente para trabajar.
- [ ] Puntúo a la gente por la calidad que muestra.
- [ ] Puedo ser arrogante.
- [ ] Puedo ser indiferente y subestimar a la gente.
- [ ] Puedo ser inapropiadamente formal y rígido.
- [ ] Puedo ser un tiquismiquis.
- [ ] Sigo trabajando con insistencia en algo, aunque no suponga un éxito para mí ni para nadie más.
- [ ] Analizo las cosas hasta el final.
- [ ] Puedo ser dogmático y calmadamente terco.
- [ ] Me suelen describir como frío y distante.
- [ ] No puedo cambiar fácilmente de los proyectos intelectuales a los encuentros humanos.
- [ ] Puedo bloquearme con los detalles de mi cabeza, lo que me impide ver el conjunto completo.
- [ ] Soy inhibido y no me siento libre en mi cuerpo.
- [ ] Puedo ser insensible.

# PUNTUACIÓN DEL ELEMENTO METAL

# CAPÍTULO SEIS

# AHORA QUE YA CONOCES TU ELEMENTO, UNA VISIÓN MÁS PROFUNDA

## CLAVES PARA ENTENDER LAS RELACIONES YIN-YANG

Aunque todos tenemos un elemento dominante, también nos influyen nuestros elementos secundario y terciario. Saber cómo funcionan estos elementos en combinación con otros (en nosotros mismos y otras personas) implica conocer mejor todos los aspectos de nuestras vidas: nuestras relaciones, nuestro trabajo y nuestra visión del mundo.

Cuando explicamos los cinco elementos (algo que hago con mi familia cada día), decimos que la gente se *guía* por un elemento. En otras palabras, la gente expresa un elemento en la mayoría de las acciones durante el día, en el trabajo o en casa, en público o en privado, pero puede tener otro elemento fuerte, que está presente en casa con su familia. Uno puede ser su elemento primario, o los dos pueden ser iguales.

Cuando reconocemos el ritmo lento de los agua, la ira de los madera, la energía explosiva de los fuego, la codependencia de los tierra o el desapego de los metal, empezamos a entender que la energía de los elementos fluye y vuelve a fluir en cada uno de nosotros. Estas energías no están pensadas para encasillarnos, sino más bien para permitirnos generar compasión hacia nosotros mismos y los demás. Bajo una situación de estrés, podemos deslizarnos en un elemento secundario o terciario, y puede ser muy fuerte. O tal vez presentemos un elemento en público, pero otro a puerta cerrada.

Ninguno de los elementos de nuestra configuración (primario, secundario o terciario) es menos genuino o menos «nosotros». Tener más de un elemento fuerte nos convierte en diferentes y completos. Cuando entendemos esto, nuestras diferencias empiezan a parecer normales en lugar de molestas, irritantes o incorrectas (aunque los madera se irritarán). Podemos celebrar las fuerzas de cada uno y estar bien con nuestras diferencias. De igual modo, tenemos más libertad para ser nosotros mismos porque somos más conscientes de que las diferencias son necesarias. Nadie debe ser alguien que no es.

Puede incluso que tengas un cuarto o quinto elemento que estén en fase de letargo hasta que accedes a ellos. Surgen ocasionalmente. Por ejemplo, yo soy una madera/agua/tierra. La madera es mi elemento más fuerte, pero tengo un cuerpo agua/tierra, y a menudo me dejo llevar por mi elemento agua en público, lo cual es evidente cuando me vuelvo tímida. Mi elemento madera suele aparecer en situaciones de estrés y en mi trabajo. Puedo decir con confianza que el fuego es mi cuarto elemento y que casi nunca he sentido el metal en mi vida. Sin embargo, la gente que me ha visto bromear, sonreír y reír en el escenario o entre bambalinas puede pensar que mi elemento primario es fuego, porque entonces es cuando surge parte de mi fuego. También me siento iluminada al estar rodeada de otros fuego, como mi madre o mi hermana. Si no estoy demasiado en mi madera o mi agua, pueden llevarme a una tierra maravillosa de brillantes chispas de alegría y auténticos brotes de risa.

Descubrirás una interesante combinación de los elementos dentro de ti mismo, igual que yo. Puedes ser fuerte en un elemento todo el día, hasta que llegas a la comodidad de tu casa y ser tu «verdadero yo». Puede que seas fuerte en un elemento, pero tener el tipo corporal de tu elemento secundario o terciario (puedes ser un poco metal). También puede que tengas una naturaleza yin o yang en tu elemento. Saber que una persona es yin o yang puede ser un verdadero punto de inflexión; puede significar la diferencia, por ejemplo, entre un madera que es agresivo ante alguien o sólo ligeramente asertivo (*véase* la sección sobre el yin y el yang en este mismo capítulo).

## ¿Tendremos una relación divina o un desastre a punto de estallar?

Hay muchas razones por las que las relaciones funcionan o no entre dos personas, más que tan sólo la influencia de los cinco elementos. Una razón importante es cómo los padres o los cuidadores criaron a una persona. Por ejemplo, alguien puede ser de forma natural un elemento madera. Pero si sus rasgos madera innatos son reprimidos cuando es joven por un familiar que espera que un niño obedezca a la autoridad y no hable hasta que se dirijan a él, entonces sus rasgos madera pueden no resultar evidentes hasta que es adulto. Por desgracia, en el momento en que es un adulto, si se le ha controlado intensamente durante toda su vida, su personalidad madera puede no estar presente de forma saludable. De igual modo, a los niños fuego se les suele decir que se porten bien, que estén tranquilos o (incluso peor) que les diagnostiquen hiperactividad cuando tan sólo tienen una disposición muy energética al ser un elemento fuego. Puede ser muy confuso para un niño fuego ser educado por los adultos, y esta confusión puede desempeñar cierta función cuando es mayor y tiene sus propias relaciones de adulto.

Otras razones por las que a una persona le va bien o no tan bien en una relación pueden ser su configuración astrológica, el ritmo de la sociedad en el momento de la relación, su etnia, los niveles de estrés de las dos personas, las influencias externas de otros amigos y familiares, las experiencias de los compañeros, los valores, las creencias y la espiritualidad, y, por último, sus tipos sensoriales: si perciben el mundo como tonal, visual, cinestésico o digital. No hay forma de predecir cómo se llevará tu elemento con otro elemento, pero podemos hacer algunas generalizaciones sobre cómo los cinco elementos se combinan los unos con los otros en las relaciones.

## Elementos que fluyen juntos

Los siguientes elementos se encuentran el uno con el otro en ciclos de flujo. Se combinarán bien el uno con el otro, y sus relaciones probablemente serán bastante fluidas. Por supuesto, no hay garantías, pero si te reconoces en una de las siguientes combinaciones, puede que observes que, sin importar nada, os gustáis el uno al otro y la relación es fácil, aunque no nos llevéis a las mil maravillas.

### Los agua apoyan a los madera

Los agua y los madera pueden ser muy productivos cuando están juntos. Pueden formar un buen equipo, en especial en los negocios. El agua aporta ideas que inspiran y el madera las pone en acción. Sin embargo, un madera puede frustrarse mucho con el ritmo lento de un agua, y en presencia de la energía grande y rápida de un madera, un agua puede alejarse.

Oportunidad: el agua puede ayudar al madera a bajar el ritmo y a fluir. El madera puede ayudar al agua a ser productivo y a cumplir los plazos límite.

### Los madera ayudan a los fuego

Los madera y los fuego tienen una buena química. El madera apreciará la capacidad mágica del fuego para expandir la alegría de celebración, y el fuego valorará la capacidad del madera para proseguir con sus tareas. Sin embargo, el madera puede no estar muy predispuesto hacia el gran drama y la naturaleza caprichosa del fuego, y al fuego puede que no le gusten las fuertes dosis de realidad, órdenes detalladas y señales temporales que el madera está destinado a dar.

Oportunidad: el madera puede ayudar al fuego a concentrarse y no desviarse. El fuego puede ayudar al madera a relajarse y divertirse.

### Los fuego ayudan a los tierra

Los fuego y los tierra se ayudan de forma natural y mutuamente en su alegría. Esta relación puede ser muy cálida y cariñosa. El tierra se sentirá motivado y entusiasmado por la energía del fuego, y éste se sentirá bien firme gracias al tierra. Surgirán dificultades si el tierra queda abrumado por la elevada energía del fuego o si el fuego se siente asfixiado por la tendencia del tierra a ser un padre para su compañero y a caer en la codependencia.

Oportunidad: el fuego puede ayudar al tierra a olvidar el pasado y a estar en el presente. El tierra puede ayudar al fuego a aportarle apoyo y tranquilidad de forma que el fuego no se queme.

### Los tierra apoyan a los metal

Esta relación equilibrada puede ser muy hermosa. Los metal se sienten cuidados por los tierra, y éstos se sienten protegidos por los metal. El metal valorará la comprensión natural de los tierra y la capacidad de fluir con los eventos sociales, y el tierra celebrará la sabiduría del metal y su papel como mentor, especialmente cuando el metal ayude al tierra a des-bloquearse y a salir de su zona de comodidad para generar cambio. Sin embargo, si el metal comienza a sentirse agobiado por el tierra, puede desapegarse. Si el tierra se siente demasiado controlado por el metal, el tierra puede ponerse nervioso.

Oportunidad: el tierra puede ayudar al metal a permanecer conectado con la gente, aunque el metal esté bajo estrés y se sienta tentado a desconectarse emocionalmente. El metal puede ayudar al tierra a entender que un poco de desapego está bien, que puede aportar soledad y claridad emocional.

### Los metal ayudan a los agua

Hay calma entre los metal y los agua. No es una relación bulliciosa y feliz como la de dos amigas de la universidad, sino más bien como una profunda amistad entre dos viejos que disfrutan al sentarse en un banco e intercambian ideas sabias. Es un encuentro de dos mentes, ya que el agua busca sentido y el metal, iluminación. El agua es un nuevo comienzo (el primero de la rueda de los cinco elementos), y el metal es el final (el último de la rueda), por lo que se les da bien comenzar nuevos proyectos y finalizarlos, en lugar de dejarles crepitar antes del logro. Sin embargo, la mayoría de los metal son maniáticos del orden, y a los agua no les importa el desorden y tener muchas *cosas*. La relación puede romperse cuando estas preferencias opuestas no se resuelven con un compromiso cómodo.

Oportunidad: el metal puede ayudar al agua a desapegarse de las *cosas* y a terminar los proyectos. El agua puede ayudar al metal a conectar con la gente y no retraerse.

## Pulsadores de botones

Cuando dos elementos se encuentran el uno con el otro en un ciclo de control, las cosas pueden ponerse difíciles. Igual que la energía tiene una polaridad, un tira y afloja (piensa en los imanes), lo mismo sucede con los elementos. El ciclo de control puede sentirse como dos elementos oprimiéndose el uno al otro, aunque también tengan mucho respeto el uno por el otro, al menos a nivel superficial. Puede no haber razones obvias para sentirse irritado, frustrado, exasperado, dolido o enfadado, pero estos sentimientos pueden surgir con facilidad con alguien cuyo elemento oprime todos los botones de tu elemento. Podrías sentir que todos tus puntos débiles y problemas más profundos de control también salen a la superficie.

## Los agua controlan a los fuego

Un agua y un fuego son prácticamente opuestos exactos. Al principio, un fuego se sentirá apoyado por un agua debido a las grandes ideas y los sólidos comienzos que un agua aporta a los proyectos. Un agua disfrutará de la estimulación, la calidez y el amor que ofrece un fuego. Sin embargo, el fuego puede empezar fácilmente a sentir que el agua es un aguafiestas que termina con la diversión y tal vez busque interacción social con otros. Esto podría hacer surgir la tendencia del agua a una baja autoestima y a problemas de desamparo. Un agua puede sentirse abandonado por las tendencias gregarias de un fuego y desesperado por conservar la relación.

Promover la armonía: el agua puede promover la armonía permitiendo que se exprese la naturaleza energética del fuego, lo cual le ayudará a tener la sensación de libertad que le gusta. El fuego puede dedicar algún tiempo a bajar el ritmo y disfrutar de algunas actividades suaves con el agua, lo cual hará que éste se sienta visto y reconocido.

## Los fuego controlan a los metal

Los fuego y los metal tienen naturalezas y formas muy diferentes de ver el mundo. El fuego se centra en el corazón y es emocional, mientras que el metal no siempre muestra su emoción con palabras, expresiones o gestos. Si estos dos elementos pueden aceptar sus diferencias de expresión, tal vez disfruten de una increíble conexión, repleta de juegos y alegría, además de veneración y soledad.

Promover la armonía: un fuego puede promover la armonía bajando el ritmo y sabiendo escuchar en presencia de un metal, mientras resiste la tendencia a interrumpir la conversación. El metal puede promover la armonía permitiendo al fuego ser animado y energético, sin analizar el entusiasmo.

### Los metal controlan a los madera

Lógicamente, esta relación parece encajar bien. Los metal y los madera son personas estructuradas y poderosas. Sin embargo, ambos tienden a ser brillantes, a pensar que sólo ellos tienen la razón y a tener gestos ofensivos. Además, un metal puede hacer que un madera se sienta pequeño y controlado. En última instancia, será difícil que el madera no se enfade y que el metal no se aleje.

Promover la armonía: el metal puede promover la armonía reconociendo al madera y sus puntos fuertes, y afirmando esos puntos fuertes mediante palabras reafirmantes. El madera puede promover la armonía haciendo que el metal se sienta visto, con palabras de ánimo y de conexión y amistades significativas.

### Los madera controlan a los tierra

Cuando se conocen, los madera pueden considerar adorable la comprensión de los tierra, y éstos pueden considerar motivadora la estructura de los madera. Un madera funciona bien bajo presión, y un tierra puede respetar esta fortaleza, pero la presión puede ser amenazante para el tierra, a quien normalmente no le gustan los cambios. Un tierra puede terminar sintiéndose resentido por la naturaleza competitiva de un madera, y un madera puede intentar obligar a un tierra a tener más motivación.

Promover la armonía: el madera puede promover la armonía siendo amable con el tierra y no hablando en voz alta, especialmente sobre plazos límite, los planes y las programaciones. El tierra puede promover la armonía comunicando con claridad sus deseos y necesidades, de forma que no exista ambigüedad para el madera.

### Los tierra controlan a los agua

En un principio, un tierra y un agua se pueden llevar bien. A ellos les gusta la idea de que pueden ser ellos mismos porque se sienten cómodos, seguros y bien cuidados. Por desgracia, su relación también puede parecer turbia. El tierra puede darse cuenta de la indecisión del madera, lo que provoca un desequilibrio que puede inspirar duda en un madera que ya luche contra el miedo y la falta de confianza. Las dudas del agua pueden bloquear su habilidad y deseo de ser intuitivo, y esto puede generar rencor.

Promover la armonía: el tierra puede promover la armonía no apaciguando al agua, sin olvidar sus propias necesidades y deseos. El agua puede promover la armonía dando al tierra el tiempo que necesita para evitar decisiones apresuradas y escuchar su propia voz diminuta.

## ¿Problema doble o dos veces bendito?

Es poco común encontrar dos personas del mismo elemento en una relación duradera, quizás porque es cierto que los opuestos se atraen. Cuando tiene lugar una relación de un solo elemento, puede ser como observar cómo interactúan dos gemelos idénticos.

### Agua y agua

Los agua constituyen una relación que probablemente será profunda y filosófica, e intercambian grandes ideas que llenan la atmósfera como una lluvia de meteoritos. Igual que una lluvia de meteoritos, esas ideas desaparecerán antes de llegar a la Tierra. Esas ideas que flotan en el éter y no se ponen en acción harán que los agua se vuelvan melancólicos y desesperados. Todas las relaciones necesitan algunos momentos inspiradores y productivos, y en esta relación puede que se hagan muy pocas cosas y la trama carezca de energía y vigor.

El amigo necesitado o el terapeuta para elegir: un metal. Un metal podrá resonar con el lento flujo de los agua y puede desapegarse lo suficiente como para sacar a los dos de su profundidad y devolverles al buen camino para que consigan sus objetivos.

### Madera y madera

La mayoría de los madera se aman a sí mismos y aman a otros madera. Se llevarán muy bien y serán extremadamente productivos, eficientes y respetuosos el uno con el otro. Se cumplirán los plazos límite y se conquistará el mundo. Pero contar con dos generales y ningún subordinado no es demasiado divertido. Todo consiste en trabajar y conquistar, trabajar y conquistar. Dos madera juntos carecerán de juegos, creatividad y vacaciones.

El amigo necesitado o el terapeuta para elegir: un agua. Un agua llevará a los madera a un mundo de creatividad que les ayudará a desconectarse de su mundo de trabajo y ver la vida con una nueva luz.

### Fuego y fuego

¡Qué divertido! Un fuego y un fuego normalmente se encontrarán en el centro de la escena, riendo, jugando y haciendo feliz a todo el mundo a su alrededor. Sin embargo, aunque los dos lleven puestos fulares y beban martinis, se acumularán la ropa, los platos y los planes de negocios. Las tareas diarias no se hacen ellas mismas, y la montaña de cosas pendientes seguirá creciendo. Aunque esta idea suela hacer reír a la pareja fuego, las risas no le ayudará a escapar de su equilibrio lleno de diversión y de falta de realidad. Además, los dos pueden quemarse el uno al otro o hacer que tengan ansiedad si han estado juntos demasiado tiempo. Los fuego se encienden desde su propio interior y suelen vivir en la superficie, por lo que en muchas ocasiones les gusta la profundidad de una persona agua.

El amigo necesitado o el terapeuta para elegir: un madera. El enfoque sensato de un madera y su seco sentido del humor puede devolver a los fuego a la realidad sin hacer que se sientan apagados. Las cosas pueden hacerse mientras todo el mundo se divierte.

### Tierra y tierra

Un tierra y un tierra se querrán el uno al otro profundamente. Estas dos personas sacan del corazón todo lo que hacen. Se cuidarán y se reconfortarán el uno al otro; la relación puede parecer la que siempre han deseado, lo que les da la sensación de seguridad con la familia. El problema es que pueden meterse tanto en su espacio de amor que dejen pasar la vida práctica. Se darán cuenta de que hacer cosas juntos no es igual que conseguir terminar las cosas.

El amigo necesitado o el terapeuta para elegir: un fuego. Un fuego respetará el amor que está en el aire entre los dos tierra, pero también tendrá la energía para motivar a los tierra a volver a la realidad.

### Metal y metal

Dos personas metal se tendrán en alta estima. Cuando entran en la sala pueden parecer la reina y el rey de Inglaterra. La suya es una relación de excelencia, honor y respeto. Sin embargo, necesitarán mantener la espontaneidad, la pasión y la alegría en su radar del riesgo mientras están sentados con elegancia tomando té y leyendo el periódico todo el día, en lugar de comprometerse de verdad. Entonces, de nuevo, pueden estar bien con eso.

El amigo necesitado o el terapeuta para elegir: un tierra. Un tierra puede ser el puente de alegría moderada para que los metal se sientan conectados con calidez, lo cual puede promover la espontaneidad y la pasión.

# Yin y yang

 Probablemente estés familiarizado con el símbolo del yin y el yang. Se hizo popular con los surfistas y los hippies de la década de 1970, y desde entonces se ha utilizado con frecuencia como icono. Los caracteres yin y yang son antiguos, se encuentran en inscripciones realizadas en huesos de animales empleados en las antiguas prácticas de adivinación china en una época tan temprana como el siglo XIV a. C.

Dicho en términos sencillos, todo sobre la Tierra tiene una tendencia yin o yang. El yin se dirige hacia el interior y es suave, amable, fluido, flexible, pasivo, difuso, frío y húmedo; está asociado con el agua, la Tierra, la Luna, la feminidad y la noche. El yang se dirige hacia el exterior y es rápido, duro, sólido, concentrado, agua, caliente, seco y agresivo; está asociado con el fuego, el cielo, el sol, la masculinidad y la luz del día.

Los principios yin y yang son aplicables a los seres humanos y también a los cinco elementos. En la medicina tradicional china, la buena salud está directamente relacionada con el equilibrio entre las propiedades yin y yang y con cómo fluyen por el sistema de meridianos del cuerpo, que es una ruta energética del cuerpo.

En tu elemento primario (agua, madera, fuego, tierra o metal), puedes ser más yin o yang, y ser gobernado más por un órgano que por otro. Por ejemplo, una persona madera puede ser madera yin o madera yang. Yo soy madera yin, por lo que no seré tan agresiva ni tan dura como un madera yang. Además, el hígado tendrá más impacto en mi vida que la vesícula biliar; ambos son órganos madera, pero el hígado es yin y la vesícula biliar es yang.

En otras palabras, los elementos yang son más evidentes y asertivos con su emoción principal, sea cual sea: miedo, ira, alegría, comprensión o dolor. Los elementos yin serán más sutiles, más sumisos y suaves al expresarse.

## Ritmos circadianos y ciclos del cuerpo

La siguiente sección enumera algunas diferencias básicas entre los elementos yin y yang, junto con los órganos asociados y las veces del día en que las cualidades de este órgano son más activas. Estas ocasiones del día están relacionadas con la forma en que fluyen las energías por el cuerpo en un ciclo de veinticuatro horas. Puede que hayas oído hablar sobre los ritmos circadianos, que son cambios físicos, mentales y conductuales que siguen un ciclo aproximado de veinticuatro horas. Estos ritmos se encuentran en los seres humanos, los animales, las plantas e incluso los microbios. El primer escrito sobre los ritmos circadianos (una observación del movimiento diario de las hojas del tamarindo) lo registró en el siglo IV a. C. Andróstenes de Thasos, uno de los almirantes de Alejandro Magno. Estos ritmos diarios afectan a todas las cosas vivas, y tienen una relación directa con tu configuración elemental.

Por ejemplo, muchas personas están acostumbradas a tener un bajón de energía a primera hora de la tarde. En el sistema de los cinco elementos, de una a tres de la tarde, es la «hora de la vejiga», cuando la vejiga se encuentra más activa y cuando decae la energía de muchas personas. Es cierto que algunos pueden haber tomado una comida que perjudique a la energía de su vejiga. El exceso continuo de azúcar y de sal, y las comidas ricas en hidratos de carbono (sobre todo repletas de sal común, que carece de los minerales esenciales de la sal marina) causan resistencia a la leptina, lo que hace que el cerebro sea incapaz de sentir cuándo el cuerpo tiene suficiente comida. Puede existir también resistencia a la insulina, lo que hace que el cuerpo sea incapaz de acceder a la energía acumulada en forma de grasa, por lo que le obliga a pasar de un subidón de glucosa al siguiente, con un bajón hipoglucémico en medio. Algunos pueden ser simplemente personas agua, que están gobernadas por la vejiga. Pero no siempre se puede culpar a los alimentos: el bajón de energía de primera hora de la tarde, de la «hora de la vejiga», puede sucederle a cualquiera, ya se trate de una comida copiosa o no. Es sensato recordar que la vejiga está asociada con el elemento agua, un elemento que debe tener algún descanso para ser productivo y tener energía.

Este bajón de primera hora de la tarde no sólo afecta a los agua. Es la hora natural para descansar y recuperarse. La energía en realidad disminuye un poco, y muchas culturas honran esta hora de recuperación. Muchas personas duermen la siesta a esta hora. Algunos lugares de trabajo incluso permiten las siestas después del almuerzo. En Estados Unidos, ningún negocio pensaría en cerrar sus puertas durante un par de horas a mitad del día. Preferimos combatir la fatiga con cafeína y tentempiés con azúcar y grasa.

En la otra parte del ciclo diario, de una a tres de la tarde, es la «hora del hígado». El hígado está asociado con el elemento madera, y muchas personas madera son productivas por la noche, ya que disfrutan de un subidón de energía en las horas anteriores a la una de la madrugada. Estas «lechuzas nocturnas» prefieren acostarse tarde y dormir durante la mañana, cuando los demás están comenzando el día.

¿Hay alguna hora del día en que notes un bajón o subidón de energía? Aunque no notes nada distinto en tu energía durante las horas específicas del día que hemos citado, para bien o para mal, los elementos y órganos se ven afectados. Por eso yo nunca creo a los artículos y los libros que dicen que las personas con más éxito se van temprano a la cama y se levantan pronto. Sin duda, puede que sean los primeros que llegan a la oficina o que se toman una hora para terminar las cosas antes de despertar a los niños, pero eso no significa que tengan éxito o que tengan un ritmo más productivo y saludable. Hay algunas personas que nunca se sienten bien acostándose temprano o haciendo ejercicio a primera hora de la mañana, aunque la sociedad occidental insista en que la misma programación funciona para todo el mundo. Algunas personas tienen ritmos muy distintos;

para tener éxito prestan atención a las horas del día en que su energía fluye o decae. Existe una razón de por qué a los metal les gusta India, los tierra y los agua resuenan con las fluidas vibraciones de lugares como Jamaica y otras islas tropicales, a los fuego les gusta cualquier cosa con actividad divertida, y muchos madera viven en la ciudad de Nueva York. ¡El ritmo de esos lugares es un aliciente para ellos!

Entender cómo el yin y el yang influyen en nuestra salud puede proporcionarnos ideas útiles sobre nuestro bienestar y longevidad a largo plazo. Uno de mis libros favoritos sobre el tema es *Entre el cielo y la tierra: los cinco elementos en la medicina china*, de Harriet Beinfield y Efrem Korngold. Si quieres más información, éste es un recurso excelente.

## ¿Eres un elemento yin o yang?

Tu elemento es agua

| AGUA YANG: | AGUA YIN: |
|---|---|
| ▷ Asociado con la vejiga. | ▷ Asociado con los riñones. |
| ▷ Los agua yang necesitan jugar a menudo. | ▷ Los agua yin necesitan descansar a menudo. |
| ▷ «La hora de la vejiga» es de tres a cinco de la tarde. | ▷ «La hora del riñón» es de cinco a siete de la tarde. |

Tu elemento es madera

| MADERA YANG: | MADERA YIN: |
|---|---|
| ▷ Asociado con la vesícula biliar. | ▷ Asociado con el hígado. |
| ▷ Los madera yang necesitan expresar su ira. | ▷ Los madera yin necesitan ser escuchados y reconocidos. |
| ▷ «La hora de la vesícula biliar» es de once de la noche a una de la madrugada. | ▷ «La hora del hígado» es de una a tres de la madrugada. |

## Tu elemento es fuego

**FUEGO YANG:**

▷ Asociado con el intestino delgado y el triple calentador (nuestra respuesta de lucha o huida).

▷ Los fuego yang se columpian en los candelabros.

▷ «La hora del intestino delgado» es de una a tres de la tarde, y «la hora del calentador triple» es de nueve a once de la noche.

**FUEGO YIN:**

▷ Asociado con el corazón y el pericardio.

▷ Los fuego yin sonríen, ríen y aman abiertamente.

▷ «La hora del corazón» es de once de la mañana a una de la tarde, y «la hora del pericardio» es de siete de la tarde a nueve de la noche.

## Tu elemento es tierra

**TIERRA YANG:**

▷ Asociado con el estómago.

▷ Los tierra yang pueden sobreproteger.

▷ «La hora del estómago» es de siete a nueve de la mañana.

**TIERRA YIN:**

▷ Asociado con el bazo.

▷ Los tierra yin atraen la compasión.

▷ «La hora del bazo» es de nueve a once de la mañana.

## Tu elemento es metal

**METAL YANG:**

▷ Asociado con el intestino grueso.

▷ Los metal yang ayudan a la gente hasta que terminan el trabajo.

▷ «La hora del intestino grueso» es de cinco a siete de la mañana.

**METAL YIN:**

▷ Asociado con los pulmones.

▷ Los metal yin aportan estructura.

▷ «La hora del pulmón» es de tres a cinco de la mañana.

# La rueda de los cinco elementos

En la medicina tradicional china, los cinco elementos se disponen en forma de rueda. Es como la rueda de la vida, donde cada elemento simboliza una fase y una calidad de vida energética. Comienza con el agua, que representa al invierno y al tiempo en que hibernamos. El segundo elemento es madera, que representa la primavera, cuando estallamos con una nueva energía. El tercero es el fuego, que representa el verano y una libertad juguetona. La tierra es el cuarto, y representa las transiciones entre las estaciones, los equinoccios y los solsticios. El último elemento de la rueda es el metal, que representa el otoño, el fin del ciclo.

Los órganos del exterior de la rueda son los órganos yang; los de dentro son los órganos yin.

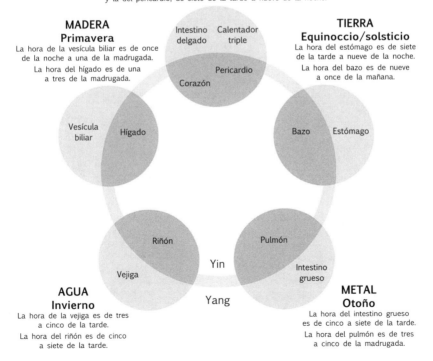

**FUEGO**
**Verano**
La hora del intestino delgado es de una a tres de la tarde, y la del triple calentador de nueve a once de la noche.
La hora del corazón es de once de la mañana a una de la tarde, y la del pericardio, de siete de la tarde a nueve de la noche.

**MADERA**
**Primavera**
La hora de la vesícula biliar es de once de la noche a una de la madrugada.
La hora del hígado es de una a tres de la madrugada.

**TIERRA**
**Equinoccio/solsticio**
La hora del estómago es de siete de la tarde a nueve de la noche.
La hora del bazo es de nueve a once de la mañana.

**AGUA**
**Invierno**
La hora de la vejiga es de tres a cinco de la tarde.
La hora del riñón es de cinco a siete de la tarde.

**METAL**
**Otoño**
La hora del intestino grueso es de cinco a siete de la tarde.
La hora del pulmón es de tres a cinco de la madrugada.

Intestino delgado — Calentador triple
Pericardio
Corazón
Vesícula biliar — Hígado
Bazo — Estómago
Riñón
Vejiga
Pulmón
Intestino grueso
Yin
Yang

225

# Los cinco elementos para los niños

## Consejos para padres, profesores y cuidadores

Por Titanya Dahlin

¿No sería magnífico si un manual explicara cómo satisfacer, comunicarse, calmar y guiar a los niños que estamos criando? Podríamos ofrecer este valioso libro a los abuelos, a las niñeras, e incluso a los profesores, para podérselo explicar a nuestros hijos. Sin embargo, las naturalezas de los niños nunca siguen todos los aspectos de ningún manual, con independencia de qué experto lo escriba. Los niños tienen su personalidad única, su propia educación y sus influencias del ambiente; incluso dentro de una misma familia, los niños pueden ser muy distintos unos de otros. Un hijo puede que sea muy extrovertido y competitivo, con una alta autoestima, mientras que otro puede ser introvertido y tal vez prefiera estar tranquilo y solo con sus actividades. En la actualidad incluso nacen más niños únicos que nunca antes, todos ellos con talentos individuales y don de intuición. Una forma de entender quiénes son y de cubrir sus necesidades es comprender sus personalidades únicas en el contexto de los cinco elementos. Una vez que sintonizas con los elementos de los niños, puedes empezar a predecir sus comportamientos y crear nuevas técnicas para ayudar a equilibrar los momentos estresantes. Puedes incluso tener pistas sobre sus elementos primarios tan sólo observando sus momentos de alegría y de estrés. Honrar su carácter único te permite ayudarles y quererles en lugar de pensar que te encuentras en una guerra constante contra ellos. Esto, a su vez, les ayuda a desarrollarse para convertirse en la persona que están destinados a ser, y les permite afrontar mejor los retos de la vida, en la escuela, en casa y en situaciones sociales. Cuando te relacionas con los aspectos de los cinco elementos de la personalidad de tus hijos, puedes contribuir a fortalecer las relaciones familiares.

Los cinco elementos en los niños tienen un aspecto distinto al de los adultos. Los niños exploran el mundo por primera vez. En realidad, no tienen filtros emocionales, conceptos sociales o normas sobre cómo comportarse. Especialmente los niños pequeños pueden experimentar una ruleta rusa de emociones un mismo día, por lo que los elementos pueden aparecer en ocasiones exagerados. Los padres tal vez no sepan que los niños pequeños pasan por los cinco elementos muchas veces cada día; en cambio, los adultos permanecen en su elemento primario la mayor parte del tiempo. Puede resultar difícil detectar el elemento primario de un niño si tiene menos de siete años; antes de esa edad, los niños aún dan vueltas a todos los elementos para encontrar el suyo propio. Después de los siete años, los niños empiezan a asentarse en su elemento primario, y, más tarde, empiezan a aparecer sus elementos secundario y terciario. En algunas ocasiones, el elemento primario de un niño puede cambiar como resultado de una experiencia traumática. Esto es más común durante los años anteriores a la adolescencia.

En sus primeros años de vida, los niños buscan guía e intentan entender el mundo a partir de los ejemplos y enseñanzas que les rodean. Sensibles a su entorno, así como a las emociones y conductas de la gente, los niños están recogiendo constantemente energía sin ni siquiera saberlo. Los niños en la actualidad están muy evolucionados en cuanto a espiritualidad, intuición y sabiduría, lo que les hace estar más en armonía con lo que les rodea. Cuando vemos los cinco elementos desde el punto de vista de un niño, podemos empezar a aprender más cosas sobre nosotros mismos, e incluso conectar con una parte de nosotros que tal vez hayamos olvidado. Los adultos por lo general tienen problemas sin resolver. Cuando algo nos hace daño, podemos volver a los sentimientos difíciles de la infancia. Ser padre puede ponerte en situaciones que supongan un reto para identificar tus propios desencadenantes emocionales y heridas. Si comprendes las experiencias de tu propia niñez mediante el conocimiento de los cinco elementos y a qué elementos pertenecían las personas que había en tu vida mientras crecías (con sus puntos fuertes y débiles), puedes empezar a sanar heridas que te causan dolor emocional como adulto.

Cuando los niños aprenden sobre la belleza y los retos de su propio elemento, pueden también establecer un bien asentado sentido de la confianza y de la autovalía. También pueden aprender sobre los miembros de la familia a través del estilo elemental de cada persona. Esto les ayuda a aprender a respetarse los unos a los otros y a entender lo necesario para tener una danza armoniosa, juntos como familia.

Los niños están abiertos al aprendizaje. En sus corazones, mentes y campos energéticos, tienen mucha confianza en sus cuidadores, incluidos sus profesores. Éstos pueden tener un impacto positivo sobre los niños, ayudándoles a alcanzar todo su potencial, o pueden ejercer un impacto negativo, quizás incluso sin conocerlo. Muchas veces, cuando he ido a escuelas, he visto que el profesor tiene poca energía o un mal día. Este desequilibrio crea retos para el aprendizaje de los niños en la clase. Una vez que las energías del profesor están equilibradas, los niños pueden concentrarse, escuchar y aprender con mayor facilidad. Ayudar a tus hijos a entender sus propios elementos puede permitirles advertir cuándo su energía está desequilibrada, o cuándo lo está la de otra persona. En este capítulo explico la medicina energética Eden para equilibrar los cinco elementos en los niños. Son grandes actividades para que una familia o una clase las practiquen juntos. ¡Todos necesitamos equilibrar nuestras energías!

# El niño agua

*El niño del invierno*
*es agua*

Mariah era una chica muy tímida que se quedaba sola en el patio de recreo mientras veía jugar a las demás chicas. Se sentía excluida y sola, por lo que inventaba sus propios juegos fantasiosos y sus amigos imaginarios, y, no obstante, en secreto quería una verdadera amiga. En casa, pasaba mucho tiempo nadando en la piscina de la familia con todos sus amigos imaginarios. Mariah tenía un cuerpo rechoncho y pequeño que, aunque iba creciendo, seguía conservando la grasa de sus primeros años.

A veces a Mariah la acosaban por ser tan extraña. En clase, nunca quería que el profesor la reclamase, por miedo a tener que levantarse. Por el contrario, se ocultaba en su silla siempre que el profesor quería alguna respuesta por parte de los niños. Incluso elegir un asiento en el autobús del colegio era un gran dilema. Sentía que no gustaba a los demás, por lo que empezó a fingir que estaba enferma para no tener que ir a la escuela, o se escondía detrás de un árbol para dejar pasar a propósito al autobús. Estos miedos y ocultaciones fueron aumentando. (Si no se solucionan, estos pequeños miedos y ocultaciones pueden crecer más, hasta llegar a convertirse en grandes problemas).

Mariah en realidad era una buena estudiante. Le encantaba leer y devoraba muchos libros cada semana, de manera que cuando concluía un libro pasaba a la siguiente aventura. Sin embargo, en las charlas entre sus padres y el profesor, los padres de Mariah no podían entender por qué le decían que su hija se apartaba y se distanciaba del resto de la clase. Su profesor estaba preocupado. Era cierto que, cuando llegaba a casa, corría a su dormitorio para sentirse segura de nuevo. No obstante, por lo general, en casa era una gran cuentacuentos con muy buena imaginación; se expresaba abiertamente. Siempre estaba iniciando nuevos proyectos y no podía esperar a decir a sus padres lo que iba a hacer, aunque el entusiasmo y el impulso se apagaran antes de finalizarlos.

Mariah empezó a sentirse poco atendida cuando nació su hermana. Sentía que sus padres ya no le prestaban atención. Cuando no parecía entender sus sentimientos de soledad, Mariah se apartaba aún más y se volvía inalcanzable. Empezó a sentirse enfadada, celosa, y con frecuencia pensaba: «Bien, si me escapara de casa en realidad nadie me echaría de menos».

La madre de Mariah empezó a notar cómo se alejaba su hija. Un día le preguntó si quería tener su propio «momento mamá-hija», en la cocina, unas cuantas tardes por semana. Podrían hacer el almuerzo mientras el bebé dormía la siesta. Con un suspiro de alivio, mostró una gran sonrisa en su cara y abrazó a su madre.

Igual que la pequeña sirena del cuento de Hans Christian Andersen, del mismo nombre, los agua viven bajo la superficie en un mundo de fantasía. Del mismo modo que la sirena soñaba con unirse a la tierra de los humanos de dos piernas, los agua sueñan con unirse al juego de otros chicos y chicas. Los niños agua intentan encontrar su propia voz poderosa, como la pequeña sirena. Son sensatos cuando hablan, pero tímidos hasta que lo hacen. Los bebés agua pueden desarrollarse más lentamente e incluso hablar más tarde. Los ánimos y la comprensión de sus propios procesos ayudan a los niños agua a prosperar con sus valientes voces.

El agua es el primero del ciclo de los cinco elementos. Es la estación del invierno. Los niños agua hibernan en sus propios mundos y sentimientos. Aunque la superficie de la tierra esté tranquila y helada, hay muchas cosas que germinan bajo la superficie, preparándose para la primavera. De igual forma, los niños agua pueden, a veces, ver cosas que no están ahí, como compañeros de clase que hablan sobre ellos o padres que piensan que son una molestia. Los adolescentes agua pueden profundizar tanto en su mudo interior que los padres tal vez no sepan lo que les está ocurriendo. Si los niños o los adolescentes agua se sienten rechazados o cometen errores, se alejarán aún más, lo que hace que resulte más difícil llegar hasta ellos. Necesitan sentirse reconocidos, tener un sentido de pertenencia y que sus ideas importan. Quieren ser comprendidos y tener personas que les vean por lo que realmente son.

El miedo es la emoción gobernante de los agua. Puede crecer tanto en su interior que tal vez se convierta en una fuente de depresión. Los niños agua pueden ser muy tímidos. Se retraen en sí mismos y, a veces, tienen muy pocos amigos, aunque se sentirán profundamente conectados con los amigos que tengan.

Los niños agua pueden tener cuerpos rechonchos porque retienen líquido en sus células. Aun así, necesitan beber más agua para fluir más dentro de sus energías. Beber agua permitirá más circulación en sus articulaciones y un mejor movimiento emocional, en lugar de bloquearse en su sensibilidad, incapaces de encontrar una forma de salir. Los movimientos como la natación y el baile les ayudan a movilizar sus energías bloqueadas, a calmar sus mentes y a conectar con su creatividad.

Los niños agua tienen una imaginación increíble y tenderán a inventar historias entretenidas. Puesto que viven en su propio mundo de fantasía, incluso tal vez tengan amigos imaginarios. (Hay que escucharlos cuando nos cuentan sus ideas interesantes o sus compañeros imaginarios). Los niños agua retraídos pueden guardar secretos. Viven en el misterio: no quieren que nadie sepa quiénes son realmente, y, sin embargo, desean que la gente los comprenda. Puede ser difícil llegar a conocerles debido a este conflicto interno. Como adolescentes, pueden estar interesados en la cultura gótica, los temas esotéricos y los misterios ocultos.

Los niños agua pueden sentirse muy estimulados al iniciar un nuevo proyecto, pero tal vez no lo lleven a buen término. Les gustan las cosas nuevas, como un nuevo amigo o una nueva afición, y, sin embargo, quizás necesiten más inspiración y tiempo que los demás para desarrollar la amistad o la afición. Abandonan pronto los proyectos si se sienten inseguros o se les critica. Pueden no terminar sus deberes o practicar un instrumento musical de forma consistente, lo cual puede ser muy frustrante para los padres, que les ayudan a mantenerse en el buen camino. Los niños agua se perderán en su trabajo mucho después de que los proyectos deban estar terminados y otros estudiantes ya han pasado a la siguiente fase. El tiempo y los plazos límite, como los deberes, pueden ser difíciles para ellos.

Si les permites que tengan sus propios procesos, llegarán a conseguir el ritmo perfecto para su persona. Los ánimos positivos les permitirán hacer mejor su trabajo. Pero no hay que obligarles a que sigan nuestros planes. Hay que evitar regañarlos por no terminar sus tareas, sino, por el contrario, ayudarles a crear mejores planes para ellos mismos, relacionados con los trabajos escolares. Los niños agua agradecerán que intentes complacerles de este modo.

Este enfoque amable les ayuda a reconocer su propio ritmo agua y a poder seguirlo. Los agua pueden ser artistas brillantes, músicos o poetas, y pasarán la mayor parte del tiempo con esos proyectos, lo que les permite expresar su mundo interior. El arte y la música suelen ser sus asignaturas favoritas en la escuela. Hay que dar una salida a esta forma de expresión. A los niños agua también les encanta leer y suelen tener muchos libros. Pueden mostrar curiosidad por la gente y por cómo funcionan las cosas.

En la escuela sabrán las respuestas a las preguntas del profesor, pero tal vez no hablen por miedo a atraer demasiado la atención. Los profesores deben prestar atención especial a los niños agua por esta razón. Temen que los avergüencen o que les miren y se rían de ellos. Se sienten cómodos en grupos más pequeños. Puesto que los niños agua buscan sentido a la vida, quizás hagan muchas preguntas y hablen mucho cuando se sienten seguros. Los niños agua pueden sentirse solos en un mundo que es externo a ellos. Pueden ser vulnerables al acoso escolar, y cuando tienen la autoestima baja, pueden considerar muy difícil recuperar el sentido del empoderamiento.

Los niños agua pueden ser muy sensibles al entorno que les rodea, por lo que sus emociones pueden cambiar rápida e inesperadamente. Un día maravilloso puede a veces volverse malo cuando los niños agua desequilibrados sacan a relucir sus inseguridades. Pueden ser bebés llorones y tener una actitud de «pobrecito de mí», para atraer toda la atención hacia su persona y sus necesidades, sin darse cuenta de que se están concentrando en sí mismos. No ser comprendidos es una amenaza constante para los niños agua. Si las palabras son difíciles, hay que ayudarles a expresarse con imágenes o colores. Cuando están equilibrados, los agua fluyen y son extremadamente creativos, sensatos y serviciales.

# Cómo ayudar a tu hijo agua

- Motívale inspirando su propia creatividad. Los agua tienen mentes profundamente creativas, por lo que hay que animarles a expresar sus propias ideas. Cómprales juegos de creación artística para que puedan expresarse por el color, en especial si no son muy conversadores. Instala tablones para que se expresen, sobre todo durante las épocas de baja autoestima o cuando inicien nuevos proyectos. Cuando tienen edad suficiente, hay que animarles a anotar sus propias ideas en un cuaderno o diario.
- Proporciónale un lugar tranquilo donde pueda crear su propio santuario. Crear un espacio personal, como una mesa-altar o una casa en un árbol, ofrece a los niños agua un lugar seguro. Inspírale para que lo llene con sus cosas favoritas. Para ayudarle a cubrir sus necesidades personales, anímale a cambiar su mesa o tablón de expresión frecuentemente, según cambie su vida.
- Ayúdale a mantener la motivación. Los agua necesitan muchos elogios para establecer un poderoso sentido de la autovalía, así como para seguir por el buen camino. Precisan sentir que estás ahí para ellos como un bote salvavidas, aunque ellos no quieran expresarte cosas. El miedo a lo desconocido es su mayor enemigo. Para los niños agua es importante sentirse seguros.
- Establece rutinas en el tiempo para la familia. Crea planes para la hora de cenar y haz de la comida un lugar para que la familia comparta las historias diarias en lugar de una excusa para estar separados o detrás de una tableta, un teléfono móvil o una televisión. Esto permitirá sacar a los niños agua de su coraza y establecer una mejor conexión familiar.
- Proporciónale roles especiales para que colabore. Ayúdale a conocer su lugar en la familia. Un nuevo bebé puede hacer que se retraigan, imaginar que estorban. Los niños agua pueden creer que no se les ve, escucha o comprende. Hay que recordarles que no son invisibles. Deja que hagan cosas divertidas con el nuevo bebé o la nueva situación. Crea momentos especiales para cuando estén solos.
- Reconóceles. En la escuela, hay que asegurarse de que se les escucha y se les ve, que no se les excluye. Hay que emparejarlos con otros niños

agua o con niños fuego para que salgan de su coraza. Los niños agua pueden agobiarse en los grupos grandes. Crea grupos más pequeños en los que se sientan más cómodos. Escúchales; tienen mucha sabiduría que enseñarte.

- Sé consciente de su voz y su lenguaje corporal. Los niños agua son muy sensibles, especialmente con sus oídos. Sé consciente del tono de su voz y su expresión corporal. Un tono duro puede hacer que los niños agua cierren más la boca y que no te escuchen.
- Ayúdale a encontrar su propia voz. Los niños agua no hablan mucho. A veces, su hábito de guardar silencio puede dificultarles encontrar las palabras para expresarse. Crea seguridad para que puedan hablar.
- Natación. Los niños agua pueden cobrar vida cuando tienen algún tipo de recurso que les ayude a fluir con su propia energía. Las lecciones de natación o los deportes acuáticos obrarán maravillas para su letárgica energía y les darán sentido del orgullo. Incluso poner una pequeña fuente en la casa será bueno para ellos. El agua que fluye ofrece una sensación de flujo al niño agua.

# Resumen del niño agua

| | |
|---|---|
| **Arquetipos del niño agua** | El artista creativo, el niño sabio. |
| **Animal arquetipo** | Tortuga (se esconde en su concha protectora). |
| **Superpoderes del agua** | Los niños agua son muy sensatos y pueden profundizar mucho si les escuchas. Tienen una gran imaginación y pueden contar grandes historias. Son muy creativos artística y musicalmente, y si están equilibrados, son honestos y amables. |
| **Miedos del agua** | El miedo es un gran problema en los niños agua. Pueden sospechar de los padres, de los profesores e incluso de los amigos. Sobre todo quieren evitar la exposición, el agobio y la vergüenza. Pueden mentir si se sienten amenazados. Estos niños son acosados porque no saben defenderse. Tienen miedos inexplicables y confusión. |
| **Retos del agua** | Cuando se les hace daño, pueden apartarse de la gente y ser muy difícil acceder a ellos. Pueden caer en la depresión y no encontrar la forma de salir de ella. Tener una mascota ayuda a los bebés agua en la depresión. |

| | |
|---|---|
| **Respuestas al estrés** | A los agua se les hace daño fácilmente, se retraen y hacen suyas las ilusiones. Se desapegan y pueden caer en la depresión. Pueden no oírte cuando se sienten abrumados. Piensa en el personaje de Eeyore. Los niños agua pueden gemir, gritar y lloriquear hasta que consiguen lo que quieren. |
| **Necesidades de los agua** | Los niños agua necesitan que se les comprenda. Encuentra una forma de ayudarles a hablar sobre lo que les molesta, en lugar de esconderlo, pero no te entrometas mucho, porque sólo hará que se retraigan más. Hazles saber que estás ahí para ellos. Los abrazos son excelentes si no funciona ninguna otra cosa. Transmíteles inspiración y esperanza. Necesitan encontrar su propio grupo. |
| **Reacciones físicas** | Micciones frecuentes, lordosis, escoliosis, retención de líquidos, estrés adrenal, círculos oscuros bajo los ojos, problemas dentales, oído sensible, letargia, dolor en la parte inferior de la espalda. |
| **Lecciones para el agua** | Los agua necesitan creer, confiar y desarrollar su autoestima. Hay que inspirarles fe y valor en su interior todos los días. Cuando se sienten solos necesitan que otros les ayuden. |

| | |
|---|---|
| **El padre del agua** | El filósofo. Quieren profundizar dentro de sus hijos, aconsejarles durante todo el camino. Confía en el proceso y olvida los miedos. |
| **Movimientos para el agua** | Los niños agua necesitan más flujo en sus cuerpos. Taichí y natación. |
| **Ejercicio para el agua** | El salto del delfín. |

# Ejercicio para los agua: el salto del delfín

La mayoría de los niños agua, que suelen ser tímidos, tienen campos energéticos que se remueven cerca de sus cuerpos. Esto los hace más susceptibles a liberar su energía incluso con la cosa más ligera. El salto del delfín potencia y fortalece el aura, de forma que no sean tan sensibles. También ayuda a la energía a pasar desde el campo derecho al izquierdo para ayudarles a concentrarse, salir de la depresión y encontrar más alegría.

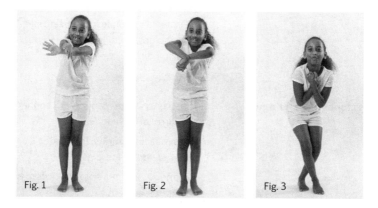

Fig. 1    Fig. 2    Fig. 3

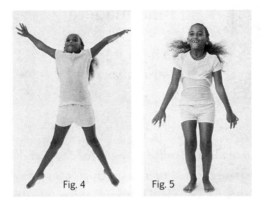

Fig. 4        Fig. 5

1. Cruza las muñecas y coloca las manos como si fueran una rosquilla (figs. 1, 2, 3).
2. Inspira y eleva tu cuerpo.
3. Espira con el sonido del viento («Fuuuu...»), flexiónate como una ola y visualiza cómo tus problemas se alejan (fig. 3).
4. Inspira de nuevo y expón todo tu cuerpo a la luz solar (fig. 4).
5. Repite este ejercicio tres veces. La tercera, finge que eres un delfín que salta fuera del agua. Abre las manos y los brazos con un bonito movimiento de braza a cada lado (fig. 5).

**Ideas para la clase**. Baila con pañuelos o velos de colores, fingiendo que fluyes bajo el agua, como algas. Finge que eres una persona de mar que nada bajo las profundidades del mar azul. ¿Qué peces ves? Salta fuera del agua y emerge para ver la luz. Utiliza el sonido «Fuuu» mientras bailas al ritmo de los sonidos del viento del océano. *El lago de los cisnes*, de Tchaikosvky, es la música de fondo perfecta.

# El niño madera

*El niño de la primavera
es madera*

Luke era un niño madera en todos los aspectos de su ser. Entraba en la sala con su traje de kárate como si tuviera un chip en su espalda. Luke llevaba sus condecoraciones para que las vieran sus padres, presumiendo de cómo había ganado el enfrentamiento.

—¡Bien hecho, Luke! –le dijo su padre.

—Sí, he ganado. ¡Soy el mejor! Oliver no tenía nada que hacer conmigo –alardeaba Luke mientras les mostraba algunos de sus movimientos. Su padre rápidamente apartó al hermano pequeño de Luke para evitar algún golpe o patada de kárate.

—¡Luke, fíjate en dónde das patadas! –exclamó su padre.

La madre de Luke también estaba orgullosa de él, pero empezó a explicarle que estaba empezando a tener un gran ego debido a sus éxitos. Le dijo que dejara sus condecoraciones y que se pusiera con sus deberes antes de cenar. Luke empezó a hablar a su madre con una actitud inapropiada, diciendo que ya no necesitaba estudiar más porque iba a ser un buen actor de artes marciales para el cine, como Jet Li o Jackie Chan. Subió a su habitación con una actitud desafiante y dura, apartando del camino a su hermano pequeño.

—Debes calmarte y domesticar a ese dragón interior antes de que bajes a cenar –le dijo su madre a Luke.

Igual que las hojas que nacen de los árboles en primavera, los niños madera se comportan con una actitud que viene a decir lo siguiente: «¡Aquí estoy! Prestadme atención». Quieren que los padres y los profesores escuchen sus ideas, pero también desafían a la autoridad, e irán más allá de los límites. Tienden a una asertividad subyacente hacia todo lo que dicen. Pueden ser verdaderos engreídos.

A los niños madera les gusta correr riesgos, como subir a los árboles y saltar sobre cosas. Sus cuerpos son fuertes y fiables, bien equipados, con formas angulosas y sólidos. Nada puede derribarlos. Están hechos para los deportes, en los que suelen concentrarse cuando son más mayores, especialmente en el instituto. A los niños madera les encantan las competiciones de cualquier tipo y suelen ser los capitanes de los equipos de los colegios y de los clubes. Pueden ser muy críticos consigo mismos si cometen un error o pierden, pero en lugar de reducir su autoestima, los contratiempos les impulsan a mayores logros. Compiten con ellos mismos como con cualquier otra persona.

Los niños madera empoderados traspasan los límites para comprobar lo lejos que pueden llegar con los adultos a su alrededor. Como adolescentes, pueden llevar esta actitud mucho más lejos. Les encanta debatir cada punto de vista y, en muchas ocasiones, pueden poner fin a una discusión conflictiva cuando los demás no ven su brillante perspectiva. Podemos pensar en la energía de un bulldog. Los madera siempre parecen estar listos para algún reto o alguna respuesta rápida. Les gusta ser únicos y expresar lo que tienen en su mente. Si se limita su libertad creativa, pueden volverse muy hostiles. Cuando las cosas no salen de acuerdo con sus planes, pueden frustrarse mucho y actuar de forma destructiva.

Cuando los madera son jóvenes, pueden ser muy físicos. Cuando las hormonas están en sus más altos niveles cuando son adolescentes, los niños madera, cuya emoción gobernante es la ira, pueden romper cosas o descargar su frustración sobre otras personas. Hay que hacerles conscientes de la relación que existe entre el comportamiento y las consecuencias que se siguen. Los niños madera pueden ser abusones si se sienten pequeños. Para sentirse mejor, pueden acosar a otros. Aunque a veces intimidan, los niños madera, en realidad, pueden ser muy agradables. Cuando están equilibrados, pueden defender a los indefensos y hacerse amigos de quienes necesitan algo. Protegen a sus amigos, e incluso se vuelven agresivos si ven que sus amigos están sufriendo.

Los madera son pequeños emprendedores que se mueven con confianza siguiendo sus ideas. Crean los planes detallados necesarios para alcanzar sus objetivos. Son líderes y dirigen cada paso del camino, siguiendo a su familia y amigos con las normas adecuadas para cubrir sus necesidades. Hay que asegurarse de elogiar sus tareas o sus logros, porque se enorgullecen de alcanzar sus objetivos Los niños madera trabajan duro y pueden tener buenos hábitos para los deberes del colegio cuando se centran en ellos. Su hora es la noche; tienden a cobrar vida de las once de la noche a las tres de la madrugada, por lo que es difícil hacer que duerman por la noche, cuando tienen que ir a la escuela al día siguiente, y evitar que duerman durante las horas del colegio.

Si se les pide que hagan algo, lo mejor es que tenga sentido para ellos. Los niños madera buscan la verdad, y saben cuándo se les miente. Si se les da un descanso, hay que asegurarse de ofrecerles una buena explicación para ello, igual que cuando se les pide que hagan algo. Los niños madera necesitan desahogarse; de lo contrario, su ira no tendrá ninguna forma de expresarse. Si se deja que repriman su ira, surgirá en otra ocasión y será incluso peor. Incitarles a que hagan algún ejercicio enérgico o que golpeen almohadas en lugar de a alguien o a alguna otra cosa, puede contribuir a tranquilizarlos. Después, se puede hablar con ellos sobre qué ejercicio eligen y por qué, generando un diálogo para tratar la situación estresante.

Los padres, los cuidadores y los profesores deben comprender que decir no a un niño madera sin una buena razón no servirá para ganarse su respeto. Probablemente se enfadarán y tirarán algo. Hay que intentar comunicarse con ellos, en lugar de limitarse a gritar y a repetir las cosas. Háblales de forma tranquila y clara, y relájate en tu propio lenguaje corporal. Esto calmará sus propias respuestas al estrés. Encuentra formas para elogiarlos, y después muéstrales dónde se han equivocado. Ayúdales a generar sus propias soluciones al problema. Esto les permitirá desarrollar su conciencia y apartarles de su pensamiento en términos de blanco y negro. Cuando los madera se hacen adultos, este pensamiento en blanco y negro puede afectarles y ser difícil de corregir.

# Cómo ayudar a tu hijo madera

- Dale responsabilidades y ayúdale. Los niños madera quieren ser los líderes y controlar. Tienen buenas ideas, así que hay que ofrecerles tareas adecuadas para ayudar a este rasgo de carácter propio de ellos. Hazles sentir que son especiales y que aprendan a ser responsables, pero también ofréceles pautas para que no se les vaya la mano, lo cual es fácil que les suceda.
- Reconoce los puntos fuertes de lo que hacen. A los madera les encanta ganar y odian perder, por lo que, si pierden, hay que ayudarles a buscar nuevos objetivos y a sentirse mejor con ellos mismos. Ayúdales a comprender también las sensibilidades de los demás.
- Preséntales otras culturas y diferencias sociales. Los niños madera pueden concentrarse demasiado en sí mismos. Preséntales todas las culturas y formas de vida que puedas. Esto ampliará sus horizontes y les ayudará a ser más tolerantes con los otros a medida que crezcan.
- Ayúdales a decir «lo siento». Esto es difícil para los madera en general. Pueden ser muy críticos y decir todo lo que se les pasa por la mente. Sin embargo, después suelen lamentarse y a veces expresan palabras en ese sentido, pero puede que no sepan pedir perdón.
- Recompensa a los niños madera. Les encanta ver de dónde vienen, dónde se encuentran y adónde van. En casa o en la escuela, ofréceles pegatinas y recompensas por sus logros. Las recompensas por su buen comportamiento serán más eficaces que los castigos por su mala conducta.
- Encuentra a un intermediario. Si no puedes acceder tú mismo a los niños madera, encuentra a alguien a quien puedan respetar. A menudo, alguien ajeno a la familia, al tener más distancia, considera más fácil ganarse el respeto de los niños madera.
- Aprovecha su ira. Dales una válvula de escape física para su ira, como tocar la batería o practicar artes marciales. La batería puede ser una herramienta muy curativa y ayudar a liberar las energías frustradas de los niños madera. Las artes marciales son disciplinas estrictas y sagradas que enseña un *sensei* («profesor»). Su práctica puede ayudar a los niños a controlar sus emociones y a respetarse mientras se les ofrece una competición saludable. Las artes marciales ayudarán a todas sus relaciones, así como para cuando se conviertan en jóvenes adultos.

# Resumen del niño madera

| | |
|---|---|
| **Arquetipos del niño madera** | El guerrero, el director. |
| **Arquetipo de animal** | El bulldog (robusto, fuerte y listo para cualquier cosa). |
| **Superpoderes del madera** | Los madera ayudan a sus amigos. Pueden ser muy agradables, considerados y útiles cuando están equilibrados. |
| **Miedos del madera** | Los madera temen quedar mal o perder en un juego. No les gusta cometer errores ni perder el control. |
| **Retos del madera** | Visión efecto túnel. Los madera piensan que tienen la razón la mayoría de las veces, incluso por encima de la autoridad. Pueden mostrar falta de sensibilidad hacia los demás niños. Pueden considerar que es difícil perdonar. |
| **Respuestas al estrés** | Los madera se enfadan, y, cuando son niños, gritan. A veces pueden intentar golpear y atacar a cualquier persona o cosa que tengan delante. Si no se trata su ira, pueden reprimirla y después expresarla de forma destructiva. |

| | |
|---|---|
| **Necesidades de un madera** | Los madera necesitan límites con buenas razones para obedecer a sus padres y cuidadores. Precisan sentir verdaderos elogios por sus logros de boca de figuras de autoridad. |
| **Reacciones físicas** | Migrañas, estreñimiento, rigidez o articulaciones débiles, problemas oculares, vértigo, espasmos musculares. |
| **Lecciones para un madera** | Practicar para liberar la ira en lugar de explotar y después lamentarse. Intentar aceptar a las personas que son diferentes. Practicar el perdón y las verdaderas disculpas. |
| **El padre madera** | El padre policía. Al educar a sus hijos, establecen normas firmes y límites. Pero hay que ser flexible y no forzar mucho las cosas. Hay que vigilar que el lenguaje corporal y el tono de voz no sean autoritarios. |
| **Movimiento para el madera** | Dar patadas y movimientos de kárate. Los niños madera también necesitan estirar sus cuerpos. El yoga puede ser bueno para ellos. |
| **Ejercicio para el madera** | Domesticar a su dragón interior. |

# Ejercicio para el madera: domestica a tu dragón interior

La ira es la emoción de los madera. Es muy importante expulsar esta ira del cuerpo, no acumularla dentro. Haz que el niño madera piense en alguna fuente de ira o frustración, o algo de lo que necesite liberarse.

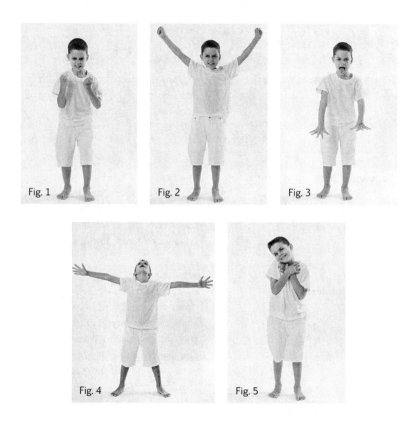

Fig. 1    Fig. 2    Fig. 3

Fig. 4    Fig. 5

1. Comienza con los puños cerrados. Con una respiración profunda, balancea los brazos a los lados, como si estuvieras levantando tus poderosas alas de dragón. Completa el círculo llevándolos por encima de tu cabeza (fig. 1).
2. Recoge un poco de «energía de enfado» con tus alas de dragón y lleva los brazos por encima de tu cabeza mientras aprietas los dos puños (fig 2).

3. Del mismo modo que un poderoso dragón con una respiración de fuego, haz un sonoro «¡Rooooaaarrr!» mientras espiras. Lleva las manos apretadas rápidamente hacia abajo, por delante del cuerpo, abriéndolas en la parte inferior para librarte de esa «desagradable energía de enfado». Ofrécesela a la Tierra. (Hay que decir al niño que la Tierra siempre puede reciclar nuestra energía negativa y convertirla en energía positiva. No es bueno guardarla en tu interior porque puede convertir tu actitud en cada vez más negativa, o incluso hacer que enfermes).

4. Repite el ejercicio cuatro veces. La tercera vez, hazlo poco a poco. Cuando lleves las manos a la parte inferior, expulsa la última energía de enfado que quede en tu garganta y saca la lengua como si quisieras expulsar las últimas gotas de veneno de la garganta del dragón, así: «Aahhhh» (fig. 3).

5. Lleva las manos hacia arriba, por el centro de tu cuerpo. Cuando alcancen la parte superior de la cabeza, traza un gran corazón alrededor de tu cuerpo con tus alas de luz. Interioriza sentimientos positivos (fig. 4).

6. Cierra las alas en torno a ti y deja que tus manos aterricen en el centro de tu cuerpo o date a ti mismo un buen abrazo. Tu dragón ahora se ha domesticado y vuelve a estar bien (fig. 5).

**Ideas para la clase.** Cuando tu clase tenga el bajón propio de primera hora de la tarde, puede beneficiarse de la energía de algún madera. Haz que los niños finjan que hacen movimientos rápidos, que den golpes y que desechen su ira o sus obstáculos con sonidos como «¡Shhhh!» o «¡Ah!». Consigue que tu clase sea una manada de dragones o dinosaurios que vuelan en medio de una gran tormenta, eliminando obstáculos. Música: *La cabalgata de las valkirias* de Wagner.

# El niño fuego

*El niño del verano
es fuego*

La vibrante personalidad de Kayleigh estaba controlada por su naturaleza fuego. De repente, entró en la sala con una boa de color rosa brillante al-rededor de su cuello. Llevaba un vestido de princesa de color púrpura con los zapatos, una tiara y un cetro a juego.

—¡Tachán! ¡Hoy es mi cumpleaños! —anunció, haciendo una pirueta y una reverencia. Estaba entusiasmada porque todos sus amigos iban a celebrar con ella su propia fiesta de princesa de las hadas. Le encantaban las fiestas y las celebraciones de todo tipo, y había planeado los detalles de ésta con la ayuda de su madre. El patio trasero estaba decorado con globos y luces de cuento de hadas. De repente, Kayleigh gritó:

—¿Dónde están mis alas de hada?

No podía encontrarlas y creyó que era el fin del mundo. Todo parecía perfecto, pero ahora no lo era.

—Cálmate, Kayleigh, las encontraremos —dijo su madre.

—¡No, no las encontraremos! ¡No las encontraremos! Tenemos que cancelar la fiesta si no puedo encontrar mis alas de hada.

Las lágrimas empezaron a deslizarse por la cara de Kayleigh. El primero de sus invitados llegó mientras estaba en su dormitorio hecha una loca. Afortunadamente, el payaso del cumpleaños ya estaba haciendo animales con globos para que los invitados se entretuvieran cuando llegaran. Todos sus amigos iban a tener sus alas de hada, y ella, ¡la chica del cumpleaños!, no las tendría. ¡No era justo!

Kayleigh gritó como una histérica y se colapsó con un montón de plumas de color rosa y púrpura brillante. Su madre acudió a calmarla antes de buscar las queridas alas. Estaban detrás de una silla que estaba cubierta de disfraces y juguetes. Tras arrojarlos con un gozo entusiasmado, Kayleigh se fue a su fiesta de cumpleaños, celebrándola como si no ocurriera nada.

Los niños fuego se expresan en el exterior, les encanta jugar fuera, en un patio o una playa, y odian estar recluidos. ¡El sol ha salido y ellos también tienen que salir! Son como fuegos artificiales.

A los niños fuego salvajes les encantan las celebraciones de todo tipo, en especial si son en su homenaje. También les agradan las fantasías y llevar ropas llamativas y de colores. Halloween puede ser un momento estimulante para ellos.

A los niños fuego les encanta reír y divertirse de forma natural. Suelen tener tendencia a reír nerviosamente al hablar. Hablan con las manos, y sus experiencias pueden ser exageradas de la forma más dramática. Algunos niños fuego necesitan aprender sobre la conciencia espacial, porque, cuando se estimulan, su energía se expande, y sus manos y su cuerpo, que son expresivos, pueden chocar con cosas o golpear a personas.

A los niños fuego les encanta ser el centro de atención y pueden parecer egoístas y querer toda tu atención en los peores momentos posibles. También les gusta presumir y ser los payasos de la clase, de manera que actúan de un modo espontáneo. A veces, en su alegría, los niños fuego sueltan abruptamente lo que tienen en sus mentes. No les importa hacer daño a otros; tan sólo necesitan bajar el ritmo y pensar antes de tomar decisiones o de hablar. Con tanto carisma, pueden también convencer a sus compañeros de clase para que secunden sus bromas.

Los niños fuego tienen grandes personalidades vibrantes y pueden ser muy populares en la escuela, con muchos amigos. También les gusta coquetear. Cada semana pueden estar hablando sobre un nuevo «amor adolescente». Cuando son pequeños, son tus mejores pequeños amigos, les encanta charlar y compartir sus dramas diarios contigo. El elemento fuego es propio de la adolescencia. Hay que enseñarles desde una temprana edad a mantener unos límites saludables y una conducta sexual adecuada. Son los niños fuego quienes sucumben a la presión de los compañeros o a su propia curiosidad al buscar el placer y cambian drásticamente sus vidas cuando tienen problemas sexuales. Hay que hacerles saber que estamos ahí para ellos y ponerles límites de forma suave, rodeados de amor. Hay que ser paciente; esta etapa pasará. Los adolescentes fuego darán la vuelta a tiempo. Los fuego son muy físicos, por lo que los abrazos son una buena opción si hablar no resulta fructífero.

Los niños fuego tienen períodos breves de atención en clase y dificultades para retener la información, en especial si no les interesa. Anhelan la estimulación en todo momento y odian aburrirse. Son los niños a los que se les suele diagnosticar hiperactividad con déficit de atención o sin déficit de atención, aunque, en realidad, lo que ocurre es que tienen mucho elemento fuego. Las asignaturas necesitan cobrar vida para ellos con muchos efectos visuales de colores y actividades. Una vez que se comprometen, son estudiantes excelentes y se interesan por las actividades de la escuela.

Estos niños pueden ser impredecibles en sus emociones. Igual que el fuego, cambian de energía con el momento. Hay que asegurarse de limitar el azúcar en su dieta. La Asociación Americana del Corazón recomienda no excederse de tres cucharadas de azúcar para los niños de cuatro a ocho años. Más azúcar que esto puede llevar a niños ya estimulados a la locura y la hiperactividad, generando un estrés y un agobio innecesarios para ellos mismos y para los demás.

Los cerebros de los niños funcionan de forma distinta a los de los adultos, sobre todo en los grandes traumas emocionales. Muchos adultos intentan razonar con sus hijos. Durante los momentos de estrés, hay tantas cosas en el interior de tu hijo fuego que sintonizan con un adulto mientras sueltan lágrimas y lo pasan mal. Antes de hablar con los niños fuego, espera a que haya remitido la fase aguda. Cuando lo hagas, asegúrate de que utilizas maneras tranquilas y suaves. Bajo presión, los niños fuego pueden tartamudear o buscar en vano las palabras. Hay ser pacientes mientras les ayudamos a expresarse y reconocer sus sentimientos. Sus mentes y sus emociones funcionan tan rápido que sus palabras suelen quedarse atrás.

Como se dejan llevar por los sentimientos de alegría en lugar de por la lógica, los fuego pueden olvidar lo que han prometido o dicho días antes. Los adultos también necesitan ser pacientes con los niños fuego.

Tomar decisiones también puede resultarles difícil a los fuego. Un momento feliz puede tornarse un drama extremo para ti o para el niño cuando tiene que afrontar una decisión difícil e inesperada. Si tienen que hacer frente a demasiadas cosas a la vez, los fuego pueden confundirse fácilmente. Hay que enseñarles a tener buen criterio desde que son pequeños, de forma que, cuando lleguen a la adolescencia, puedan afrontar las numerosas elecciones y presiones de la juventud sin agobiarse.

Los fuego pueden tener sus habitaciones desordenadas y crecer siendo muy desorganizados en su entorno y su trabajo. Una habitación desordenada con muchas cosas puede convertir a un niño en hiperactivo, incontrolable y a veces incluso poco sano. Pon un poco de música y ayúdale a limpiar. Haz que se interese por el feng shui, el antiguo arte de equilibrar los elementos yin y yang en el ambiente de alguien para crear paz y armonía. Si trabaja contigo, podrás conseguir más calma y paz en el hogar familiar.

Una de las cosas más satisfactorias de los niños fuego es que hacen realidad todos los días una animada experiencia de alegría y magia. Sus carismáticos espíritus fuego aportarán estímulo a tu rutina. Viven para celebrar la alegría, los momentos estimulantes de la vida, y te mantendrán alerta y te sentirás joven si sigues su camino.

## Cómo ayudar a tu hijo fuego

- Mantén una rutina diaria. Sigue horarios similares todos los días. A los niños fuego les encanta la espontaneidad si se trata de una sorpresa divertida, pero si es un evento no planeado, pueden desequilibrarse y portarse mal en público. Necesitan tiempo para prepararse para los cambios, porque siempre están ensimismados en sus experiencias. Las cuentas atrás son buenas, pero permite siempre cierto tiempo para que se adapten cuando les dices que ha llegado el momento de irse.
- Mantén tus promesas. Los niños fuego construyen expectativas cuando haces alguna promesa o un plan. Ten cuidado con las promesas no cumplidas; se acordarán de ellas.
- Equilibra sus actividades sociales con el descanso. Los niños fuego resuenan con los eventos de mucha energía. Asegúrate de que descansen lo suficiente para equilibrar sus actividades.
- Relájales un rato antes de que se acuesten. Los niños fuego pueden estar tan estimulados por la excitación del día que no tengan sueño. Por otra parte, pueden estar tan sobreestimulados que no quieran irse a la cama. De cualquier forma, comienza a tranquilizarlos a primera hora de la no-

che. Pinta sus habitaciones con sombras de color azul para que tengan calma, tranquilidad y un buen sueño.

- Permíteles que intervengan en la planificación de celebraciones y fiestas. Los niños fuego disfrutan de este sentido de la responsabilidad y se sienten orgullosos cuando cumplen tareas especiales.
- Dales tiempo para las decisiones. A los niños fuego les resulta difícil tomar decisiones. Déjales reflexionar sobre sus elecciones y actuar al día siguiente. Si deciden de inmediato, pueden elegir algo que no quieren realmente. Sé consciente de que los niños fuego tienen tendencia a cambiar su opinión en el último segundo.
- Empodérales para resistir la presión de los compañeros Los fuego pueden verse influidos por otros y pueden ser manipulados con facilidad. Ayúdales a ver el conjunto completo de las situaciones en lugar de dejarse llevar por la diversión del momento.
- Ayúdales a concentrarse. Establece objetivos claros con ellos. Crea un resumen visual que destaque sus objetivos. Con respecto a los deberes, anímales a respirar de vez en cuando. Un ejercicio de energía o baile puede mantenerles alerta y concentrados.
- Implícales en una clase de teatro. A los niños fuego les encanta estar en el escenario y tienen cierta tendencia al drama. Aprovecha esta oportunidad. Ayudará a empoderarlos.
- Ayúdales a comer de manera regular. El metabolismo de los fuego es rápido y cálido, y estos niños pueden tener una tendencia hacia la hipoglucemia, los cambios de estado de ánimo y el sobrecalentamiento. Establece una programación regular de las comidas. Los fuego se encuentran tan en el momento que pueden olvidar comer.

# Resumen del niño fuego

| | |
|---|---|
| **Los arquetipos del niño fuego** | El espíritu libre, el payaso de la clase o la mariposa social. |
| **Arquetipo de animal** | Mono o cachorro de perro (energía feliz que va a todas partes y no puede controlarse). |
| **Superpoderes del fuego** | Creen en el bien en todas las personas y ponen alegría a cada momento. |
| **Miedos del fuego** | Temen quedarse sin amigos. |
| **Retos del fuego** | Pueden emprender demasiadas cosas, agobiarse y sentir pánico. La vida es una telenovela todo el tiempo. Pueden ser exagerados. |
| **Respuestas al estrés** | Pueden dar gritos y retraerse. |
| **Necesidades de los fuego** | Quieren ser amados y que los necesiten. Asegúrate de darles mucho amor incondicional y aprecio. |
| **Reacciones físicas** | Ansiedad, nerviosismo, ataques de pánico, problemas en el habla, insomnio, sobrecalentamiento, cambios de humor, hipersensibilidad, problemas circulatorios, desmayos. |

| | |
|---|---|
| **Lecciones para los fuego** | Los fuego necesitan respirar y tomar distancia. Precisan aprender a salir de las situaciones antes de reaccionar de manera repentina. |
| **El padre fuego** | El padre que organiza fiestas. Cada día es una celebración. Quieren ser los mejores amigos de sus hijos. Los padres fuego a veces actúan como adolescentes, por lo que esto dificultaría que sus hijos establecieran límites. |
| **Movimiento fuego** | Salsa, zumba y danza africana. |
| **Ejercicio para los fuego** | La luciérnaga. |

# Ejercicio para los fuego: la luciérnaga

Este ejercicio refleja la emoción y el ritmo del niño en ese mismo momento y le permite retornar a una conducta tranquila. Es bueno para relajarse por la noche, antes de acostarse.

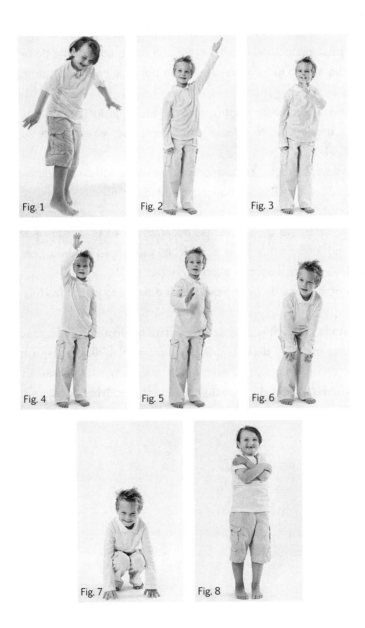

Fig. 1   Fig. 2   Fig. 3

Fig. 4   Fig. 5   Fig. 6

Fig. 7   Fig. 8

1. Crea un fuego con tus manos y brazos, agitándolos y haciéndolos vibrar, y moviéndolos con fuerza como si fueran llamas. Haz que las llamas sean grandes y salvajes a tu alrededor, quemando por encima de tu cabeza. ¡Finge que eres un fuego! ¡Baila enérgicamente por la habitación! Contonéate como una luciérnaga que ilumina la habitación. ¿Qué sonido hace tu luciérnaga? (fig. 1).

2. Cuando el fuego se ha elevado todo lo posible, deja que se queme. Cálmalo, trasladándolo al suelo. Levanta un brazo por encima de tu cabeza como un ala de tu luciérnaga y bájalo por la línea central de tu cuerpo (figs. 2, 3).

3. A continuación, eleva el otro brazo o ala de la luciérnaga por encima de tu cabeza y bájalo directa y totalmente por el centro de tu cuerpo (figs. 4, 5).

4. Mueve las alas poco a poco arriba y abajo, llevando un brazo hacia abajo y después el otro. Respira con tranquilidad (fig. 6).

5. Ahora desciende la energía de tu cuerpo con las manos moviéndose por la parte delantera de tus piernas mientras haces el sonido «Aaaaah...». Sigue moviéndote hasta que te agaches y alcances el suelo. Con las manos, lleva esa loca energía al corazón (figs. 6, 7).

6. Ahora permanece de pie inmóvil y date a ti mismo un abrazo (fig. 8).

**Ideas para la clase.** Si la clase se vuelve demasiado alborotada, tendrás que afrontar su energía y dejarles que se descarguen. Utiliza música frenética y salvaje, como los bailes irlandeses. Después pasa a una música tranquila y reposada, volviendo al suelo para descansar. Música: «Can-can», de Offenbach.

# El niño tierra

*El niño del equinoccio
es tierra*

—¡Sarah! —llamó su padre por la puerta trasera—. ¡Tenemos que irnos y todavía no estás vestida!

Sarah acudió lentamente, subiendo sin prisa las escaleras, descalza y sonriendo, llevando un ramillete de flores.

—Mamá, sólo estaba ayudando a la abuela en el jardín. Aquí te traigo algunas flores recién cogidas.

Sarah era una soñadora y se tomaba su tiempo para todo lo que hacía.

—Sarah, gracias por las flores, pero tus manos están sucias y tenemos que irnos. Ve a lavártelas y ponte el vestido. Vamos a llegar tarde a la noche de los padres.

Sarah no estaba especialmente deseosa de mostrar su proyecto de ciencias a un gran grupo de personas esa noche. No estaba terminado; se había interesado más por ayudar a sus amigos a terminar *su* trabajo que a hacer el suyo propio. Estaba preocupada por tener una mala nota y no quería afrontar las consecuencias. En su dormitorio, en lugar de vestirse rápidamente, se retrasó a propósito. Su estómago empezó a revolverse, algo que solía sucederle cuando estaba preocupada.

—Mamá, no me siento bien —gritó Sarah mientras bajaba las escaleras tocándose la barriga. Su madre, que había visto antes este comportamiento, le preguntó a su hija qué le sucedía en realidad. Así que Sarah le explicó sus preocupaciones con el proyecto de ciencias. Su madre la cogió en brazos y le dijo que, ocurriera lo que ocurriera, sabía que Sarah se había esforzado mucho. Todo terminaría bien. La madre abrazó a Sarah.

—Ahora me siento mejor, mamá. Gracias. Te quiero. —Saltó de las rodillas de su madre y fueron juntas a la noche de los padres.

Los equinoccios son momentos de transición y cambio. Es el instante en que el elemento tierra se encuentra en completo equilibrio. Es el verano de India, los días perezosos deteniéndose al final de la estación de calor y antes de que llegue el clima más fresco del otoño. Es el comienzo de la temporada de la cosecha, la que lleva al Día de Acción de Gracias, cuando disfrutamos de los frutos de nuestro trabajo.

Los niños tierra albergan una energía armoniosa dentro de ellos mientras oscilan y caminan con el ritmo de la Tierra, deteniéndose siempre a oler las flores a lo largo del camino. Son comprensivos y cariñosos, sin prejuicios. Hacen amigos con facilidad, les encanta formar parte de un grupo y adoran la comunidad y la familia. No entablan amistad con cualquiera con quien hablan, sino con aquellos que son rechazados, acosados o excluidos por los demás. Los niños tierra ven la verdadera belleza. Pueden defender a sus amigos, especialmente si creen que se les trata de manera injusta, pero es más difícil para ellos defenderse a sí mismos. Los niños tierra cariñosos olvidan cuidar de sus propias necesidades.

Se preocuparán de verdad si alguien está dañado, enfermo o se siente mal, y querrán eliminar el dolor, aunque sean demasiado jóvenes o pequeños para hacerlo. Creen que su obligación personal solucionará el problema. Son los niños que envían postales y tarjetas de buenos deseos, o que llevan flores a quien necesita consuelo.

Como los agua, viven en mundos de fantasía, pero se concentran más en matrimonios de cuentos de hadas y vidas familiares perfectas. Creen en los cuentos de hadas, en los príncipes azules, en las hermosas princesas y en las historias con final feliz. Las niñas pequeñas tierra tienen muñecas, mientras que los niños pequeños tierra pueden tener animales de peluche. Los dos sexos se preocupan por sus juguetes, que parecen estar vivos, y tienen espíritus animados viviendo con ellos. En el patio, las niñas tierra juegan a las tareas del hogar, y a veces también lo hacen los niños tierra.

Los deberes escolares son un caso aparte en la naturaleza fantasiosa de los tierra. Cuando obligan a sus mentes a hacer los deberes, los niños tierra pueden terminarlos; sólo necesitan ir por el buen camino. Los niños tierra intentan agradar, especialmente si les gusta la asignatura o el profesor. Desean participar en la clase de la mejor forma posible. Con facilidad pueden convertirse en los preferidos del profesor.

Los niños tierra pueden encarnar el arquetipo del niño o niña pequeños buenos. Nunca quieren estorbar y siempre tienen el objetivo de gustar a la figura de autoridad que hay a su lado, nunca se quejan. Los niños tierra pueden adecuarse muy bien a la agenda de todo el mundo. Están tranquilos la mayor parte del tiempo y suelen hablar sólo cuando se les dirige la palabra. Los niños tierra no necesitan ser el centro de atención. Hacen sitio para que brillen todos los demás, pero siempre intentan hacer lo mejor y ser reconocidos por sus padres, cuidadores o profesores. Pueden ser pequeños camaleones, que ajustan su energía y personalidad para encajar en su entorno y con quienes les rodean. Dicho esto, es posible que digan mentiras piadosas para evitar hacer daño a los demás. Pueden decir mentirijillas para proteger una amistad o evitar la confrontación. El esfuerzo fracasa a menudo, pero los niños tierra pueden sentirse culpables, aunque no lo sean.

Los niños tierra son centrados, pacíficos y tranquilos. Puesto que necesitan encontrar su propia agenda con su propio ritmo, no se les puede dar prisa. Tomar una decisión con demasiada rapidez puede resultarles muy molesto. No les gusta enfrentarse ni que se enfrenten a ellos, por lo que no abordan los problemas en el preciso momento en que se producen. De hecho, pueden evitar admitir que existe un problema, y tienen tendencia a no avisar cuando algo va mal. Se gobiernan por el estómago y el bazo, que metabolizan los alimentos y las situaciones emocionales. Como paredes, querrán examinar las emociones cuando se quejen de problemas digestivos.

Los niños tierra no se sienten cómodos con el cambio. Cuando las cosas cambian o les llegan con excesiva rapidez, se dispersan y confunden. Mudarse a una casa nueva, añadir un nuevo miembro a la familia, vivir un divorcio o sufrir la muerte de un ser querido pueden afectarles más de lo que afectan a otros. Los niños tierra funcionan bien haciendo las mismas cosas cada día.

A tu dulce niño tierra le encanta cuidar de los animales y suelen llevar a casa a cualquiera que se encuentre perdido o que se haya herido. Las mascotas pueden ayudar a calmar sus energías deprimidas o confusas, en especial si están sufriendo una transición importante o una pérdida en sus vidas. Cuidar a las mascotas también les enseña a ser responsables.

A los niños tierra les encanta estar en la naturaleza. En sus paseos, recogen cosas como conchas, piedras, flores y bichos, haciendo que la salida tenga una duración mayor de lo que querían en un principio. Sus dormitorios suelen estar llenos de estas colecciones. Puede que no vivan bien en una ciudad cuando no hay mucha naturaleza en la que fundamentar su energía. Los niños tierra de ciudad encontrarán consuelo en sus casas y en los parques.

La casa y la familia son las cosas más importantes para los niños tierra. El primer día de colegio puede ser una separación traumática para ellos; de igual modo, suelen ser los últimos en abandonar la casa cuando se acerca la edad adulta. Sueñan con crear su propia familia algún día, pero siempre están cerca de sus familias originales. Cuando sus hogares son armoniosos están muy satisfechos. Te ayudarán a cocinar, arreglar el jardín o curar una herida de uno de sus animales. Si están contentos serán tu mejor pequeño ayudante. Sin embargo, cuando sus hogares son estresantes, los niños tierra reflejan la falta de armonía en su comportamiento, las tareas del colegio y, sobre todo, en su salud y sistema digestivo.

Los cuerpos de los niños tierra son redondos o rechonchos, y tienden a conservar la grasa de la infancia durante más tiempo que otros. Sufren dificultades al metabolizar los alimentos y las emociones, especialmente cuando su entorno es estresante. El estrés o la energía desequilibrada pueden acumularse en sus cuerpos. Les gustan los dulces más que a los niños de otros elementos y esto probablemente durará toda su vida. Hay que vigilar el consumo de azúcar, ya que suelen tener hipoglucemia y la diabetes suele aparecer muy pronto. También pueden tener cierta tendencia a las alergias alimentarias. Cuando se preocupan, suelen tener problemas digestivos. La preocupación es una de las principales emociones de los tierra.

# Cómo ayudar a tu hijo tierra

- Encárgale tareas importantes en casa. Les encanta ayudar y quieren hacerlo. Darles tareas les hará sentirse especiales. Reconóceles su labor siempre que puedas. Los niños tierra pueden albergar un resentimiento oculto si no se les agradece lo suficiente.
- Anímales a correr más riesgos. Los niños tierra se quedan en sus zonas de comodidad durante toda su vida. En su juventud, ayúdales a superar sus límites mientras se sienten seguros.
- Ayúdales a tener relaciones sanas. Los niños tierra y fuego pueden ser extremadamente adorables y afectivos con sus amigos y familiares, porque sienten mucho amor por ellos. Muéstrales sus límites y conductas apropiadas en determinados contextos.
- Dales tiempo para que procesen los cambios. Prepara bien a los niños tierra antes de los cambios para que tengan tiempo para procesarlos. Explicarles las actividades del día por la mañana, lo antes posible, evitará problemas.
- Ayúdales a identificar sus emociones. Los niños tierra son tan empáticos que pueden perder de vista sus *propias* emociones. Por tanto, pueden considerar difícil saber lo que ocurre en su interior. Ponte en contacto con ellos y ayúdales a conseguir un equilibrio.
- Ayúdales a controlar sus problemas digestivos. El estómago y el bazo son los dos órganos que gobiernan el elemento tierra. Cuando los niños tierra están estresados, sus digestiones pueden sufrir. Un ejercicio de medicina energética Eden, el abrazo de la mariposa, es muy bueno para aliviar su estrés.
- Ayúdales a distinguir la fantasía de la realidad. Los niños tierra creen en los cuentos de hadas. Su primera relación íntima seria puede romperles el corazón si el cuento no se hace realidad. Pueden tardar cierto tiempo en recuperarse. Léeles muchos cuentos distintos, no sólo los que tengan un final feliz, y después explícales las historias.
- Empodérales para que desarrollen amor por sí mismos. Los niños tierra quieren agradar a los demás antes que a sí mismos. Siempre buscan la aprobación en lugar de desarrollar la autoconfianza. Ayúdales a fortalecer su amor por sí mismos.

# Resumen del niño tierra

| | |
|---|---|
| **Arquetipos del niño tierra** | El pequeño ayudante de papá y mamá, el Soñador. |
| **Arquetipo de animal** | Ciervo o vaca (tranquilos, se toman su tiempo). |
| **Superpoderes de los tierra** | Tienen una actitud comprensiva, considerada y cariñosa hacia cualquier persona y cualquier cosa de la vida. |
| **Miedos del tierra** | Tienen miedo de que cambie la realidad. |
| **Retos del tierra** | Pueden sufrir y preocuparse demasiado por los demás. Pueden reprimir su ira, y así los demás tal vez no sepan nunca que existe un problema. |
| **Respuestas al estrés** | Se preocupan mucho por las cosas antes de que ocurran. Pueden tener emociones confusas y pensamiento disperso. |
| **Necesidades del tierra** | Necesitan aportarse más amor y autoestima. |
| **Reacciones físicas** | Problemas digestivos, comer en exceso, síndrome del intestino irritable, diabetes, gases, encías sensibles. |

| | |
|---|---|
| **Lecciones para el tierra** | Los tierra necesitan tener compasión por ellos mismos, igual que la tienen por sus mejores amigos. |
| **El padre tierra** | Madre tierra perfecta y padre amable. No obstante, pueden también ser padres helicóptero, que controlan demasiado y dirigen las necesidades de su hijo. |
| **Movimiento para los tierra** | Un ritmo fácil, como un compás 4/4. Bailar en círculo con un grupo. |
| **Ejercicio para los tierra** | El abrazo de la mariposa. |

# Ejercicio para los tierra: el abrazo de la mariposa

Una gran lección para los niños tierra es recordarles que se quieran a sí mismos. En este ejercicio juntan los dos lados de su cuerpo en el abrazo de la mariposa. Sus brazos rodean el bazo y el hígado. El bazo gobierna el elemento tierra y es el metabolizador de las energías emocionales; el hígado gobierna el elemento madera y en la medicina tradicional china, las personas con un hígado dominante suelen ser difíciles para sí mismas. Acunar al bazo y al hígado puede conllevar equilibrio y tranquilidad para el sistema nervioso y todo el cuerpo.

Fig. 1    Fig. 2

1. Abre tus brazos ampliamente a ambos lados como si fueras una hermosa mariposa o un pavo real que muestra las plumas de su cola. Inspira (fig. 1).
2. Date un gran abrazo con tus alas, rodeando firmemente tu cintura. Espira (fig. 2).
3. Con los brazos alrededor del cuerpo, balancéate de lado a lado como si estuvieras acunando a un bebé y di «Shhhh...». Piensa en algo bueno que hiciste para otra persona y date ese amor a ti mismo.
4. Repite, abriendo ampliamente los brazos, y después cambia la posición de los brazos para abrazar tu cuerpo con fuerza una vez más.

**Ideas para la clase.** Crear una comunidad con baile en círculos, cantando o tocando instrumentos musicales juntos es una buena forma de conectar con tu clase. Llevar animales a la clase, cuidar un poco el jardín o cocinar ayuda a estabilizar la energía tierra de tu clase. Ese tipo de actividades también les gusta a los niños tierra y fuego, porque fortalecen las relaciones sociales. Música: danzas folclóricas, canción africana con invocación y responsorio, canciones de cuentos de hadas con un compás 4/4, como «Paf, el dragón mágico».

# El niño metal

*El niño del otoño*
*es metal*

Jacob, un niño listo e intelectual, amaba la escuela y aprender. Siempre sacaba buenas notas, terminaba todos sus proyectos y era todo un reto para sus profesores, no por su mal comportamiento, sino por hacer preguntas tan académicas que tenían que investigar para contestarle. Les encantaba el reto y a Jacob le gustaban sus profesores. Jacob era una enciclopedia de información, siempre concentrado en los detalles de todos los proyectos o asignaturas que tenía.

Jacob hacía que sus padres se sintieran orgullosos de él, pero era muy distinto a ellos. Aunque él les quería, a veces pensaba que había nacido en la familia equivocada. Consideraba que su madre y su padre se despreocupaban demasiado por sus tareas cotidianas. A veces él limpiaba después de pasar ellos porque el desorden le molestaba mucho. Papá era un músico en apriertos y mamá era camarera; tenían dos hijos que mantener, por lo que andaban justos de dinero. Jacob ansiaba más oportunidades, como los demás niños del colegio que tenían sus propios ordenadores. Se retraía, pasaba el tiempo en la sala de ordenadores del colegio y le consideraban un bicho raro.

La madre y el padre de Jacob sabían que su hijo sobresalía del resto. En realidad querían que estudiara en un colegio mejor que cubriera sus necesidades, pero no podían permitirse mudarse ni pagar un colegio privado. Jacob se sintió desanimado al no poder satisfacer su curiosidad. Empezó a tener problemas respiratorios que se convirtieron en asma. Llevar encima un inhalador no le ayudaba a que le quitaran la etiqueta de empollón.

El metal es el otoño, el momento en que caen las hojas de los árboles y muchas formas de vida se preparan para hibernar. El metal es el último elemento de la rueda y está relacionado con los finales, la muerte y la reflexión profunda. También tiene que ver con la contemplación. Los niños metal son quienes hacen preguntas sobre el universo y más allá. Se comprometen en proyectos y los llevan a buen término. El detalle forma parte de su lenguaje. Te dirán, de una manera muy detallada, lo que observan, lo que necesitan y cómo hacerlo mejor. Suelen tener un gran don de palabra.

Los niños metal son perfeccionistas, desde ordenar sus juguetes y clasificarlos por categorías hasta trabajar con diligencia en los deberes del colegio. Incluso muestran al profesor formas mejores de hacer las cosas. A los niños metal orgullosos les encanta que sus logros sean reconocidos con buenas notas, premios y certificados. Les gusta ver de dónde vienen y adónde van. Valoran las gráficas que describen sus logros y que reflejan su arduo trabajo mientras anticipan sus próximos objetivos.

Los niños metal son pequeños científicos, siempre concentrados seriamente en su trabajo. Cuando trabajan en un proyecto, son más minuciosos y precisos que la mayoría de los niños. Les gusta separar las cosas para averiguar cómo volver a juntarlas de nuevo. Les gustan los rompecabezas; adoran resolver misterios. Son pequeños magos que pueden convertir lógicamente las ideas en objetivos realistas. Los niños metal reúnen información valiosa para que les sirva en la vida. Los hechos científicos y la investigación les entusiasma, y recitarán los nuevos términos que han aprendido con el aplomo de un profesor de universidad.

Los niños metal suelen crecer con miembros largos y cuerpos esbeltos. Pueden sentirse mal en su propia piel, carecer de conciencia de sus propios límites y parecer físicamente descoordinados, por lo que se les acosa a nivel social.

Siempre intentan mantener el sentido del orden. Mientras trabajan en sus proyectos, establecen altos estándares de excelencia. Cuando ven que algo va mal, no se relajarán hasta que se recupere el orden. Trabajarán sin cesar, sin importarles el paso del tiempo ni la hora del día. Permanecen concentrados hasta que terminan.

Los metal son los estudiantes más serios, siempre pegados a sus ordenadores o muy implicados en leer e investigar. Tienen grandes mentes y aprenden con rapidez. Pero a veces también actúan como sabelotodos. Para empeorar más las cosas, los niños metal se concentran tanto en sus brillantes ideas que tal vez rechacen las opiniones de otros. Son secos al expresar sus propias opiniones y, aunque su franqueza pueda parecer crítica, en realidad están intentando entender y poner todo en una perspectiva lógica.

Los niños metal sacan buenas notas y se sienten motivados por brillar. Les encanta agradar a sus padres y profesores. Cuando saben que han molestado a alguna figura de autoridad pueden sentirse muy mal.

Pueden ser quisquillosos con la comida, y no les gusta que ciertos productos toquen su plato, por ejemplo. Les encantan los sabores picantes. Como adolescentes y jóvenes adultos pueden volverse muy compulsivos en sus hábitos alimenticios y desarrollar trastornos de la imagen corporal.

Los niños metal adoran habitaciones limpias y ordenadas con muchos trastos. El desorden les altera. Sus habitaciones son santuarios en los que disfrutan estando solos. Se retraen y suelen no tener amigos, aunque a veces anhelan tener cierta compañía, y este deseo privado puede causarles un poco de dolor.

Cuando juegan con otros niños, les gustan los juegos de tablero que requieren estrategia. Cuando los demás rompen las reglas, los metal pueden frustrarse, por lo que, para que haya paz tal, vez reciten y repitan las reglas estoica y metódicamente. A los niños metal no les gustan las actividades desorganizadas, como pintar con los dedos o saltar en los charcos. Suelen interesarse por el espacio exterior y por descifrar teorías, patrones y códigos, por lo que los telescopios y los modelos del sistema solar son buenos regalos para ellos, como los equipos de ciencia o de magia y los rompecabezas.

Los pulmones gobiernan a los metal, y estos niños pueden tener problemas con la respiración y el asma, sobre todo cuando están sometidos a estrés. Muchos de los niños que nacen actualmente tienen alergias, pero los niños metal son en especial propensos a ellas. Pueden sufrir alergias adicionales a los alimentos o los materiales que les rodean. También pueden padecer problemas cutáneos y erupciones en momentos traumáticos. Durante la adolescencia, la angustia en las transiciones difíciles puede expresarse en la piel en forma de acné.

# Cómo ayudar a tu hijo metal

- Proporciónale estructura con consistencia. Los niños metal se sienten seguros con las rutinas y programaciones familiares. Dales seguridad y apoyo ofreciéndoles limitaciones.
- Equilibra su tiempo con el ordenador. Los niños metal pueden ser demasiado serios, incluso adictos al ordenador, y en especialmente a los videojuegos. Hay que equilibrar esto haciendo que tengan descansos y conectándoles con la naturaleza.
- Anímale a jugar más. Ayúdale a divertirse y a no ser tan serio. ¡Dile que se limite a ser un niño! Utiliza el humor y las bobadas para ayudarles a reírse de sí mismos. Programa días de juego con otros niños de intereses parecidos.
- Elógiale. Los cumplidos específicos les ayudarán aún más a mejorar que los elogios en general. Especialmente, no señales sus defectos en público. Puede resultar devastador.
- Los niños metal necesitan moverse. Dado que los metal permanecen durante demasiado tiempo metidos en sus cabezas, dejan pasar los aspectos normales de la infancia. Inscríbeles a clases de estiramientos, yoga o natación. Estar en el agua los ayuda a fluir llevando el movimiento a sus extremidades inferiores y les permite superar su torpeza física.

# Resumen del niño metal

| | |
|---|---|
| **Arquetipos del niño metal** | El científico, el mago. |
| **Arquetipos de animal** | Jirafa (desde lo alto pueden ver el combate). |
| **Superpoderes del metal** | Normalmente sacan buenas notas y se concentran y aplican bien. |
| **Miedos del metal** | No tener tiempo para sus proyectos. No ser la persona más sabia o inteligente de la reunión. |
| **Retos del metal** | Pueden desestimar a los demás y alejarse de los amigos. |
| **Respuestas al estrés** | Pueden ser desdeñosos, introvertidos y obstinados. (No hay que dejarles progresar demasiado por este camino). |
| **Necesidades del metal** | Jugar más, divertirse y ser solo un niño. |
| **Reacciones físicas** | Asma, problemas respiratorios, resfriados, problemas de la piel y del cabello, hipersensibilidades, malas defecaciones. |

| | |
|---|---|
| **Lecciones para un metal** | Los metal necesitan dejarse llevar, rendirse a la situación y relajarse. |
| **El padre metal** | Padre profesor. Cada momento es una oportunidad para aprender; raramente se limitan a divertirse y disfrutar. |
| **Movimientos para un metal** | Respiración, estiramientos, yoga y meditación. La natación puede ayudarles a fluir mejor. |
| **Ejercicios para un metal** | Flecha de Hiawatha. |

# Ejercicio para un metal: la flecha de Hiawatha

Este ejercicio es para el meridiano del pulmón, para dejarse llevar y seguir moviéndose. Ayuda a los niños metal a no vivir demasiado en su mente. Aumenta su fuerza interior y les ayuda a dejarse llevar.

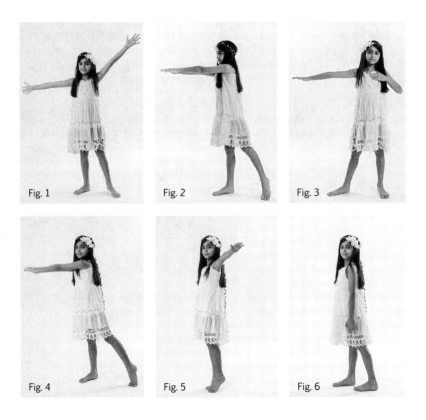

Fig. 1    Fig. 2    Fig. 3

Fig. 4    Fig. 5    Fig. 6

1. Inspira y extiende una mano por detrás de tu cuerpo y hacia arriba. Finge que recibes tu flecha personal de los dioses y las diosas (fig. 1).
2. Espira cuando lances tu otro brazo extendido por delante de ti. Finge que introduces la flecha en el arco mientras observas un blanco frente a ti (fig. 2).
3. Inspira cuando prepares la flecha para lanzarla, doblando el codo mientras pasa por delante de tus pulmones. Mantén el otro brazo extendido delante de ti (fig. 3).

4. Espira cuando sueltes la flecha, llevando el brazo posterior a encontrarse con el anterior. Coloca los pies juntos (figs. 4, 5).
5. Inspira mientras abres tus brazos como un avión, a los lados de tu cuerpo, mientras te pones de puntillas (fig. 5).
6. Espira mientras llevas tus brazos a los lados y tus talones vuelven a pisar el suelo.
7. Repite con el otro lado.

**Ideas para la clase.** Practica yoga, meditación y trabajo de respiración con los niños metal. Finge que sois una bandada de pájaros y que bailáis y voláis juntos. Sus brazos se convierten en alas mientras respiran haciendo los movimientos. Haz que se posen sus nidos y que sientan la calma cuando se detengan. Música: música clásica ligera o ninguna.

Nuestros hijos necesitan nuestra guía para ayudarles a ser adultos empoderados y equilibrados que se respetan los unos a los otros y viven íntegramente. Utilizar los cinco elementos para interactuar y guiar a tus hijos hará posible un planeta más tranquilo y próspero, y unas generaciones más sanas de aquí en adelante. ¡Diviértete!

# Recursos útiles

A continuación, ofrecemos una lista de formas de estar conectados y de aprender sobre los cinco elementos:

www.facebook.com/DondiDahlinFanPage. Únete a mí en Facebook y hablaremos de los cinco elementos.

www.LearnTheFiveElements.com. Aprende más sobre los cinco elementos y mantente actualizado con programas de radio y televisión en los que profundizo en los cinco elementos y la medicina energética.

www.LearnEnergyMedicine.com. Puedes pasar horas en esta página web aprendiendo más sobre medicina energética Eden, los cinco elementos y la obra de mi madre, Donna Eden.

BEINFIELD, HARRIET y KORNGOLD, EFREM: *Entre el cielo y la tierra: los cinco elementos en la medicina china.* Es un libro sobre los cinco elementos que resiste el paso del tiempo y que muchas personas utilizan para estudiar profundamente la salud y el bienestar. Durante años tomé prestado el libro que tenía mi madre hasta que por fin me compré el mío propio. Te ayudará a entender tu salud y tus elementos de un modo profundo.

EDEN, DONNA: *Medicina energética: manual para conseguir el equilibrio energético del cuerpo para una excelente salud, alegría y vitalidad.* Este libro se considera la biblia de la medicina energética. Ha cambiado muchas veces y, como decía una reseña, es «un libro de obligada lectura para cualquiera que respire».

MOSS, CHARLES A.: *Power of the Five Elements: The Chinese Medicine Path to Healthy Aging and Stress Resistance.* Berkeley, CA, North Atlantic Books, 2010. Es un libro muy útil que resultará de ayuda para todas las edades, pero especialmente para aquellos que quieran mantenerse vitales y sanos cuando envejecen.

SCHWARTZ, CHERYL: *Four Paws, Five Directions: A Guide to Chinese Medicine for Cats and Dogs*. Berkeley, CA: Celestial Arts, 1996. Se trata de un manual iluminador, divertido y exhaustivo para el cuidado de las mascotas utilizando los cinco elementos.

WALKER, LAUREN: *Energy Medicine Yoga: Amplify the Healing Power of Your Yoga Practice*. Sounds True, 2014. Lauren combina la medicina energética Eden y el yoga para conseguir una poderosa práctica que los yoguis principiantes y avanzados considerarán intrigante y estimulante.

# Agradecimientos

Hace años viví sola en una pequeña cabaña en la playa y soñaba con escribir un libro. Han transcurrido veinte años y estoy escribiendo un libro mientras cuido a mi hijo de cinco años que va a la escuela y trabajo a jornada completa. Es un baile totalmente distinto al de aquellos días de soledad en el océano, y habría sido casi imposible hacerlo sin la cantidad increíble de ayuda que he recibido.

Mamá, tú me enseñaste los cinco elementos. Sigues enseñándome amor, aceptación, generosidad y comprensión. Ves mi corazón, ves mi alma, me haces sentir segura y me tienes «atrapada». Mis partes más amables y cariñosas surgieron observándote toda mi vida y utilizándote como mi mejor profesora. Siempre has confiado en mí y me has hecho sentir como si fuera un gran ser humano. Me has enseñado a celebrar los momentos y a comer antes el postre, metafórica y literalmente. Has hecho que mi vida sea infinitamente más significativa, comprensiva y saludable, cuando de otro modo me habría convertido en una persona madera bloqueada Siempre me dices que soy inteligente y sabia. ¡Tú me haces sentir inteligente y sabia!

Mamá y David, vosotros dos habéis vivido vuestras vidas estando décadas «centrados en el corazón» antes de que la expresión se hiciera popular. Sois los modelos perfectos de generosidad y comprensión, y me encanta trabajar para vosotros. El apoyo que me dais en mi carrera, en el acto de escribir y en todas mis otras empresas me mantiene activa. Aprecio mucho que valoréis y honréis mi duro trabajo y que me hagáis sentir como si cada pequeño trozo valiese la pena. Además, sois el «equipo de ensueño» de los abuelos para Tiernan Ray.

Tanya, gracias por completar este libro escribiendo el valioso epílogo, que beneficiará a muchas personas. Gracias por tus risas compartidas: hay una risa mágica y curativa que experimentamos y que nunca ha experimentado nadie más. Parece que nos leemos las mentes, nos contamos chistes y reímos con tanta fuerza que nos tiramos en el suelo sin salir ningún sonido de nuestras bocas, para solo retener nuestra respiración minutos después, gritando hasta que no podamos reír. Nuestro vínculo transciende las palabras. Espero, en esta vida, que por fin consigas ser lo increíblemente hermosa y maravillosa que quieres ser. Te quiero, Tanya. Jeff, gracias por querer a Tanya de manera incondicional, y también por ser mi amigo.

Todo el mundo necesita un amigo que le diga «descansa un poco, escribe, yo cuidaré de tu hijo, saca todo lo que tienes en tu mente y haz lo que debas hacer, termina este libro». Gracias, Roger. Me apoyas y eres el mejor padre del mundo para nuestro hijo, Tiernan. Eres el padre que todo niño merece tener. Nunca la unión es poco convencional, y, sin embargo, nuestro vínculo y nuestro amor son innegables.

Nunca he conocido un amor como mi amor por Tiernan Ray. Tiernan, eres mi mejor testamento para una vida bien vivida y decisiones bien tomadas. Nos conocemos el uno al otro por completo y a menudo sentimos que somos una sola persona. Antes de que llegaras, yo tenía un vacío, pero no tenía ni idea de lo que me faltaba y no sabía cómo llenarlo. Tuve una exitosa carrera por todo el mundo, una vida glamurosa y una maravillosa cabaña en la playa, en California. Me sentaba y miraba el océano Pacífico y me asombraba. «¿Qué es este agujero que siento y cómo puedo llenarlo?». Eras tú. Con cuarenta años he descubierto que mi vida está completa contigo; has llenado el vacío, y ahora estoy completa.

Gracias a todo el mundo que se ha involucrado en la publicación de este libro. La familia Tarcher: Joel Fotinos, Sara Carder, Joanna Ng, Brianna Yamashita, Angela Januzzi y Cathy Serpico; disfruto de los momentos en que estamos juntos en Nueva York y me siento muy orgullosa de gritar al mundo que soy una escritora Tarcher. Fotógrafos: Jill Stevens y Elizabeth Watts, de la empresa Hip Chicks Create; teneros como fotógrafos ha sido una bendición para este proyecto (sé que fue una gran tarea filmar en Hawái y Miami). Fotógrafos: Rick Unis y Bernadette Unis-Johnston; sois muy buenos en instruir a todos los niños y adultos para hacer fotografías tremendas. Kelly Notaras y Joelle Hann: me habéis dado consejos muy valiosos y me habéis guiado en la dirección correcta. Jack Canfield y Steve

Harrison: habéis creído en mí y también me habéis motivo, inspirado e impulsado para seguir en el buen camino y para hacer que este libro sea mucho mejor.

Personal del equipo interno: siempre estáis ahí cuando os necesito, incluso cuando os aviso en el momento. Sois el mejor equipo del mundo. Gracias por mejorar los fragmentos de texto durante mis intensos días de escritura.

Facultad del Programa de Certificación de medicina energética Eden y su comunidad: os agradezco las cálidas sonrisas, los abrazos y los votos de confianza. Siempre valoro vuestro apoyo en clases y seminarios por todo el mundo, así como en las redes sociales.

Hay amigos que me han animado durante mis años como bailarina, desde Los Ángeles hasta Miami, desde Jordania hasta Dubái. Ahora todos me animáis en mi carrera como escritora. Las llamadas telefónicas positivas, los correos electrónicos de apoyo, los textos divertidos y las palmadas en la espalda me han ayudado a conseguir mis objetivos más elevados. Gracias desde mi alma y mi corazón.

Gracias a las celebridades y a las personas conocidas que he mencionado en este libro. He intentado decir a qué elemento pertenecéis. Para ello, me he basado en mi trabajo o mis estudios con vosotros, pero tal vez haya captado vuestra personalidad pública más que la privada. La verdad es que muchos de vosotros sois una mezcla de elementos, y tal vez seáis más fuertes en elementos que no vemos cuando estáis a puerta cerrada y no en público. Me he esforzado para describir vuestros elementos dentro de los límites de lo que os conozco.

Gracias a mis afortunados inicios cada día. Soy una mujer bendecida por tener tantas personas que me quieren y me apoyan con entusiasmo. Siempre lo tendré en cuenta.

# Acerca de la autora

*LOS CINCO ELEMENTOS* es el segundo libro de Dondi. Es coautora de *The Little Book of Energy Medicine*, libro que escribió junto con su madre, la pionera de la medicina energética Donna Eden. Dondi es una conferenciante que ha sido galardonada en diversas ocasiones. Además, también es una bailarina y actriz de fama internacional que ha participado en trabajos para la televisión, el cine y el teatro, y que es miembro del Gremio de Actores de la Pantalla desde 1991. Ha impartido clases sobre los cinco elementos con su hermana, Titanya Dahlin, en el renombrado Instituto Omega de Nueva York, desde 2001, así como otros seminarios y conferencias por todo el mundo. Dondi vive en California y educa a su hijo en su hogar, una casa victoriana de 1904. Durante dos años Dondi tuvo que luchar para que el edificio se considerase histórico y se inscribiera en el Registro Histórico de San Diego.

# Créditos de las fotografías

# Índice